AS PRIMEIRAS VÍTIMAS DE HITLER

TIMOTHY W. RYBACK

As primeiras vítimas de Hitler

A busca por justiça

Tradução
Paulo Geiger

Copyright © 2014 by Timothy W. Ryback. Publicado mediante acordo com o autor.
Todos os direitos reservados.
Proibida a venda em Portugal, Angola, Moçambique, Macau, São Tomé e Príncipe, Guiné-Bissau e Cabo Verde.

Grafia atualizada segundo o Acordo Ortográfico da Língua Portuguesa de 1990, que entrou em vigor no Brasil em 2009.

Título original
Hitler's First Victims: The Quest for Justice

Capa
Kiko Farkas e Ana Lobo/ Máquina Estúdio

Foto de capa
Contributor/ Getty Images

Preparação
Alexandre Boide

Índice remissivo
Luciano Marchiori

Revisão
Clara Diament
Carmen T. S. Costa

Dados Internacionais de Catalogação na Publicação (CIP)
(Câmara Brasileira do Livro, SP, Brasil)

Ryback, Timothy W.
  As primeiras vítimas de Hitler : a busca por justiça / Timothy W. Ryback ; tradução Paulo Geiger. — 1ª ed. — São Paulo : Companhia das Letras, 2017.

  Título original: Hitler's First Victims : The Quest for Justice.
  Bibliografia
  ISBN 978-85-359-2900-3

  1. Alemanha – História – 1933-1945 2. Hartinger, Josef, 1883- -1984 3. Holocausto, judaico (1939-1945) 4. Hitler, Adolf, 1889- -1945 5. Ministério Público – Alemanha – Biografia 6. Nazismo – Alemanha – História 7. Vítimas I. Título.

17-02205   CDD-943.086

Índice para catálogo sistemático:
1. Nazismo : História   943.086

[2017]
Todos os direitos desta edição reservados à
EDITORA SCHWARCZ S.A.
Rua Bandeira Paulista, 702, cj. 32
04532-002 — São Paulo — SP
Telefone: (11) 3707-3500
www.companhiadasletras.com.br
www.blogdacompanhia.com.br
facebook.com/companhiadasletras
instagram.com/companhiadasletras
twitter.com/cialetras

*Em memória das primeiras quatro
vítimas do Holocausto*

Rudolf Benario, 24 anos, m. 12 de abril, 1933
Ernst Goldmann, 24 anos, m. 12 de abril, 1933
Arthur Kahn, 21 anos, m. 12 de abril, 1933
Erwin Kahn, 32 anos, m. 16 de abril, 1933

Como é que coisas assim são possíveis num país que já foi tão ordeiro, que já esteve entre as principais nações culturais de nossa época e que, segundo sua constituição, é uma república livre, democrática?
E. J. Gumbel, *Four Years of Political Murder*

Sumário

Prelúdio à justiça 11

PARTE I: INOCENTES 19
1. Crimes da primavera 21
2. Notícias do fim da tarde 40
3. Wintersberger 53
4. Testemunho da atrocidade 62

PARTE II: ... ATÉ QUE SE PROVEM... 71
5. O estado da Baviera 73
6. Rumores da Floresta do Moinho de Würm 89
7. A utilidade da atrocidade 101
8. Steinbrenner fora de controle 114
9. O relatório Gumbel 123
10. Lei e desordem 136
11. Um reino voltado a si mesmo 150
12. A evidência do mal 166

PARTE III: CULPADOS 175
13. Poderes presidenciais 177
14. Sentença de morte 199
15. Acordos em boa-fé 216
16. Domínios da lei 224

Epílogo: A convicção de Hartinger 236
Apêndice: Os registros de Hartinger 252

Agradecimentos 269
Nota sobre as fontes 276
Notas 279
Créditos das imagens 310
Índice remissivo 313

Prelúdio à justiça

Na tarde 19 de dezembro de 1945, uma quarta-feira, pouco depois do recesso do meio-dia, o major Warren F. Farr, um advogado formado em Harvard, subiu ao pódio diante do Tribunal Militar Internacional em Nuremberg para defender a aplicação do duvidoso conceito legal de culpa coletiva. O consultor jurídico assistente da equipe americana de promotores naquele julgamento tencionava provar, assim ele disse ao tribunal, que os *Schutzstaffel*, os "esquadrões de proteção" de Adolf Hitler, com seus uniformes negros, eram uma "organização criminosa" e que seus membros deveriam ser considerados coletivamente responsáveis pela miríade de atrocidades perpetradas em seu nome.

Durante as últimas semanas, o tribunal ouviu evidências sobre o programa criminoso desses conspiradores para uma guerra de agressão, para campos de concentração, para o extermínio dos judeus, para o trabalho escravo de estrangeiros e a utilização ilegal de prisioneiros de guerra, para a deportação e para a germanização de territórios conquistados.

O major Farr reiterou asperamente. "Em todas essas evidências o nome da ss corria como um fio condutor. De novo e de novo" — enquanto discursava, Farr brandia seu lápis no ar —

> essa organização e seus componentes eram mencionados. É meu propósito demonstrar por que ela desempenhou um papel de responsabilidade em cada uma dessas atividades criminosas, e por que ela foi — e, na verdade, teria de ser — uma organização criminosa.[1]

Farr falava numa voz ao mesmo tempo firme e resoluta, mas notadamente contida, procurando manter o ar solene com que Robert H. Jackson, o promotor-chefe da delegação dos Estados Unidos, tinha aberto a acusação quatro semanas antes. "Os malfeitos que estamos buscando condenar e punir foram tão calculados, tão malignos e tão devastadores", tinha observado Jackson, "que a civilização não pode tolerar que sejam ignorados, porque não poderá sobreviver caso se repitam."[2] Jackson enumerou uma tríade de transgressões — crimes contra a paz, crimes de guerra e crimes contra a humanidade —, enquanto a falange de 21 acusados o observava do banco dos réus.[3] Eles ostentavam uma indiferença desafiadora, um ar de beligerância e arrogância. O ex-chefe da Luftwaffe Hermann Göring esparramava-se no canto, ao lado de Rudolf Hess. O estatuesco ideólogo nazista Alfred Rosenberg vestia um terno de três peças, assim como o banqueiro do Terceiro Reich, Hjalmar Schacht. O alto-comando militar estava fardado. Wilhelm Keitel punha a culpa em Hitler: "Hitler deu-nos ordens — e nós acreditamos nele", disse Keitel. "Depois ele comete suicídio e nos deixa para carregar a culpa."[4] Julius Streicher, o virulento antissemita, editor do *Der Stürmer*, culpava os judeus. Ernst Kaltenbrunner, o oficial da ss de mais alta patente submetido a julgamento em Nuremberg, objetava, alegando ter sido forçado a "servir como substituto de Himmler", que tinha evitado a justiça mordendo uma cápsula de cianureto.[5] Somente Hans Frank, o ex-governador-geral da Polônia ocupada — "advogado de profissão, digo isso envergonhado",[6] conforme assinalou Jackson —, admitiu prontamente sua própria culpa e a de seu país. Depois de assistir a cenas filmadas nos campos de concentração libertados, Frank disse a seus colegas acusados: "Que Deus tenha piedade de nossas almas". Ele mostrou-se também contrito ante o tribunal. "Mil anos hão de passar", ele diria à corte, "e a culpa da Alemanha não se apagará." Mas Jackson sabia que em Nuremberg estavam em julgamento o crime e também a punição. Ele lembrou à corte: "Não devemos jamais esquecer que a forma como estamos julgando estes réus é a forma como a história vai nos julgar amanhã".[7]

No 23º dia do julgamento, enquanto Farr preparava-se para deixar sua marca na história judicial, a solenidade com que a corte recebera Jackson dera lugar à distração. Os colegas juristas de Farr folheavam documentos. Os réus conversavam entre si ou olhavam de forma inexpressiva para um espaço distante. Göring apoiava sua papada no encosto do banco dos réus, como um estudante entediado. Frank, de óculos escuros, permanecia sombrio, num silêncio sinistro. Antes disso, o presidente do tribunal, Sir Geoffrey Lawrence, vinha se mostrando cada vez mais impaciente, enquanto o coronel Robert Storey, conselheiro executivo do julgamento, apresentava com minúcias um caso muito bem embasado contra a *Sturmabteilung* nazista, as tropas de choque SA, os camisas-pardas. Telford Taylor, suplente de Jackson e depois seu sucessor, lembra que os réus "riam às gargalhadas" toda vez que o presidente do tribunal interrompia Storey.[8] Agora chegara a vez de Farr. "Farr teve seus problemas com o tribunal", lembrou Taylor.[9] "Seus membros ainda nutriam a irritação que Storey tinha suscitado, e talvez quisessem evitar a impressão de que ele fora escolhido como o único alvo de críticas." Somando-se a isso, como notou Taylor, "era o penúltimo dia antes do recesso de Natal, e todos estavam cansados e ansiosos para ir embora".

Farr não se deixou abater pela fadiga do tribunal. "Cerca de uma semana ou dez dias atrás apareceu num jornal que circula em Nuremberg um relato da visita do correspondente da publicação a um campo no qual estavam confinados prisioneiros de guerra da ss", disse ele. "O que deixou o repórter especialmente chocado foi uma pergunta feita pelos prisioneiros da ss. Por que estamos sendo acusados de sermos criminosos de guerra? O que fizemos além do nosso dever normal?"[10] Era sua intenção naquela tarde, informou Farr a Sir Geoffrey e a seus colegas juízes, responder àquela pergunta com evidências que provariam que a ss era a "própria essência do nazismo". Mas, quando Farr começou a detalhar a estrutura e a natureza da ss, apontando com o lápis para um diagrama que ocupava toda a parede descrevendo esse monstro com cabeça de Hidra — a ss geral, a Gestapo, o Departamento de Segurança, a Unidade da Caveira, a Waffen ss — e que tinha como líder o Reichsführer-ss Heinrich Himmler, Sir Geoffrey ficou irritado. "Major Farr", disse ele, "é preciso entrar em tal nível de detalhe quanto à organização da ss?"

O juiz americano, Francis Biddle, fez coro à alfinetada. Quando Farr leu uma ordem altamente secreta de Hitler relativa à estrutura do quadro de membros e às responsabilidades da ss, datada de 17 de agosto de 1938, fez menção depois a um discurso de Himmler de outubro de 1943 em Poznan à polícia militarizada da ss nos territórios ocupados e citou um artigo de Himmler, Biddle interveio: "O que tem a ver o que o senhor acabou de ler com o caso que está sendo apresentado?", ele perguntou com irritação. Farr insistiu na necessidade de estabelecer que a ss era uma "arma criminosa" do regime nacional-socialista. "Sim, mas, major Farr, o que o senhor tem de demonstrar não é a criminalidade das pessoas que usaram a arma", objetou Sir Geoffrey, "mas a criminalidade das pessoas que criaram a arma."

Farr não se abalou. "Concordo plenamente que devo demonstrar isso", ele disse. "Suponho que, antes de demonstrar que as pessoas envolvidas sabiam quais eram os objetivos criminosos da organização, devo demonstrar quais eram esses objetivos criminosos." Isso, Farr sabia muito bem, era o cerne de seu caso. Durante os 23 dias anteriores, a acusação tinha apresentado centenas de páginas de evidências, citações de discursos, diretivas e memorandos altamente secretos. Tinha exibido filmes de campos de concentração, verdadeiros pesadelos. Tinha mostrado como prova fragmentos de carne tatuada e cabeças humanas encolhidas. "É desnecessário apresentar mais uma vez as provas de toda a brutalidade, tortura e assassinatos cometidos pelos guardas da SS", disse Farr. "Não foram crimes esporádicos cometidos por indivíduos irresponsáveis, mas parte de uma política definida e calculada, uma política que resultou necessariamente da filosofia da SS, uma política que foi conduzida a partir do início da criação dos campos."

Farr citou literalmente e sem pedir desculpa um discurso de Himmler de 1942, Documento 1919-PS, sobre a necessidade dos campos de concentração.

> Deveremos ser capazes de ver depois da guerra que grande bênção foi para a Alemanha o fato de, a despeito de toda essa conversa tola sobre humanitarismo, termos aprisionado todo esse estrato sub-humano do povo alemão em campos de concentração. Eu me responsabilizo por isso.

Farr fez uma pausa. Olhou para o banco dos réus, onde Himmler estava ausente.

"Mas ele não está aqui para se responsabilizar por isso", apontou Farr. Ele voltou-se para Sir Geoffrey. "Certamente não houve 'humanitarismo tolo' na maneira como os homens da ss realizaram suas tarefas", ele disse ao aristocrata britânico. "Só para ilustrar", disse. "Tenho quatro relatórios referentes às mortes de quatro prisioneiros no campo de concentração de Dachau entre 16 e 27 de maio de 1933." Farr dispunha de um maço de documentos de evidências coletadas no primeiro semestre de 1933 pelo gabinete do promotor de Munique.

> Cada um dos relatórios é assinado pelo promotor público do Tribunal Distrital de Munique e é dirigido ao promotor público da Suprema Corte em Munique. Os quatro relatórios demonstram que durante esse período de duas semanas em 1933, quando os campos de concentração mal tinham começado a existir, homens da ss assassinaram um interno do campo, um guarda diferente a cada vez.

Não eram manuais ou discursos ou diretivas ou memorandos confidenciais. Era uma prova material, do tipo com o qual se constroem acusações criminais bem-sucedidas: depoimentos assinados; relatórios da polícia; desenhos de cenas do crime; relatórios médico-legais; autópsias; fotografias originais em preto e branco de corpos humanos torturados, com costas e nádegas laceradas, pescoços quebrados, e carnes com talhos profundos e tendões pendentes, com vislumbre de ossos; e, o mais importante, os nomes dos membros da ss indiciados por esses assassinatos. Era "uma ilustração do tipo de coisa que acontecia nos campos de concentração na data mais remota que se pôde documentar, em 1933. Estou preparado para oferecer esses quatro relatórios como evidência, e a fazer citações a partir deles" — e aqui Farr fez uma pausa antes de observar acidamente — "se o tribunal achar que esse ponto não é demasiado insignificante".

"Onde eles estão?", perguntou Sir Geoffrey.

"Estão aqui comigo", disse Farr. "Vou apresentá-los como evidência. O primeiro é nosso Documento 641-ps."[11]

Os documentos que Farr ofereceu a Sir Geoffrey naquela tarde de final de dezembro contêm algumas das primeiras evidências médico-legais da execução sistemática de judeus pelos nazistas. Apesar de esses primeiros assassinatos em Dachau não representarem o processo homicida em todo o seu terrível âmbito e aspecto, o assassinato de prisioneiros judeus em Dachau naquele primeiro semestre de 1933 envolvia os elementos constitutivos do processo de genocídio — intencionalidade, cadeia de comando, seleção, execução — que acabou conhecido como o Holocausto.

Tomei conhecimento pela primeira vez dos assassinatos em Dachau quando exercia a função de correspondente para a *New Yorker*, no começo da década de 1990. Na época, Hans-Günter Richardi já tinha coberto de forma detalhada os assassinatos em seu soberbo relato sobre o início do campo de concentração de Dachau, *Schule der Gewalt* [Escola de violência], assim como o fizera o professor dr. Lothar Gruchmann em seu fascinante e intelectualmente assustador compêndio de 1200 páginas, *Justiz im Dritten Reich* [A justiça no Terceiro Reich]. Eu achava que não havia muito mais a ser acrescentado.

Mais tarde, descobri um relato não publicado e aparentemente esquecido num arquivo de Munique, feito por Josef Hartinger, o vice-promotor do estado da Baviera, que tinha reunido a evidência médico-legal que Farr apresentaria em Nuremberg doze anos e meio depois. Em duas longas cartas — uma datada de 16 de janeiro de 1984, a outra com data de 11 de fevereiro de 1984 — Hartinger, então com noventa anos, revelava um plano incrivelmente audacioso para prender o comandante do campo, Hilmar Wäckerle, sob acusações de assassinato, e os guardas da ss que se evadiram do complexo do campo de concentração.

Na época, Hartinger era promotor em Munique, tinha 39 anos e era uma estrela em ascensão no serviço público. Como muitos outros naquela primavera, percebera a horrível natureza do regime de Hitler, mas, como poucos, ele identificara suas fissuras e sua fragilidade inicial, e como menos ainda, estava disposto a arriscar tudo — sua carreira, seu bem-estar, até mesmo sua vida — numa resoluta busca de justiça. Embora a luta de Hartinger por responsabilidade e credibilidade não tenha conseguido deter a onda de atrocidades nazistas, sua trajetória sugere como a história poderia ter sido diferente se mais alemães tivessem agido com a mesma coragem e convicção em uma época de um fracasso coletivo da humanidade.

PARTE I: INOCENTES

1. Crimes da primavera

Na manhã de quinta-feira de uma semana da Páscoa, em 13 de abril de 1933, o céu estava clareando, uma perspectiva promissora para o fim de semana de feriado que se aproximava. Eram esperadas temperaturas amenas na Baviera, assim como em toda a Alemanha meridional, com previsão de poucas chuvas na sexta-feira, mas de céu claro e sol para o sábado e o domingo. Gerações anteriores celebravam dias assim com o termo *Kaiserwetter*, um clima digno de um cáiser, um imperador, numa brincadeira debochada com o pai do ex-monarca, que só aparecia *en plein air* quando a luz solar era suficiente para permitir que sua presença fosse registrada pelos fotógrafos. No primeiro semestre de 1933, alguns falavam, agora com mais ânimo e em tom mais reverente, de um *Führerwetter*.[1] Era a primeira primavera de Adolf Hitler como chanceler.

Pouco depois das nove horas naquela manhã, Josef Hartinger estava em seu escritório de segundo andar na Prielmayrstrasse 5, junto à Karlsplatz, no centro de Munique, quando recebeu um telefonema informando que quatro homens tinham sido mortos a tiros numa tentativa frustrada de fuga de uma instalação para prisioneiros políticos recém-erguida no terreno pantanoso dos arredores da cidade de Dachau. Vice-promotor de uma das maiores jurisdições da Baviera, Munique II, Hartinger era responsável por investigar potenciais crimes num abrangente âmbito rural na periferia urbana de Munique. Conforme ele escreveu mais tarde:

> Minhas responsabilidades incluíam, juntamente com os Tribunais Distritais em Garmisch e Dachau, todos os assuntos criminais juvenis e de maior importância financeira em toda a jurisdição, além dos assim chamados crimes políticos. Logo, para o campo de Dachau, minha responsabilidade era dupla.[2]

O vice-promotor Hartinger era um modelo de funcionário público da Baviera. Era conservador em sua fé e suas convicções políticas, um católico devoto e um membro registrado do Bayerische Volkspartei, o "partido do povo" centrista do Estado Livre da Baviera, fundado pelo dr. Heinrich Held, um colega jurista e ferrenho defensor da autonomia bávara. Em abril de 1933, Hartinger tinha 39 anos e pertencia à primeira geração de promotores públicos formados nos processos e valores de uma república democrática. Perseguia comunistas e nacional-socialistas com igual vigor e, desde a nomeação de Hitler como chanceler, vinha observando o caos e os abusos que se seguiram, certo de que um governo como aquele não poderia durar muito. O presidente do Reich, Paul von Hindenburg, tinha demitido três chanceleres nos últimos dez meses: Heinrich Brüning em maio, Franz von Papen em novembro e Kurt von Schleicher em janeiro daquele ano. Nada impedia que Hindenburg fizesse o mesmo com seu mais recente chanceler, Adolf Hitler.

Até então, as transações diárias de Hartinger com o crime

envolviam celeiros incendiados, furtos insignificantes, uma ou outra agressão e, com base nas entradas remanescentes no registro de casos de departamento, os muito frequentes incidentes de transgressões de adultos contra menores. Por exemplo, Max Lackner, de 41 anos, foi internado numa instituição durante dois anos por "abuso sexual de crianças menores de catorze anos". Ilya Malic, um vendedor da Iugoslávia, foi preso depois de ter "forçado uma criança de catorze anos a um beijo de língua". Hartinger se referia a isso com discrição, como "questões juvenis". Homicídios eram raros. O único assassinato registrado naqueles anos foi um crime passional cometido por Alfons Graf, de 47 anos, que disparou quatro balas na cabeça de sua companheira, *Frau* Reitinger, quando descobriu que ela estava no banco traseiro do carro de sua empresa com outro homem.

Mas naquele ano, depois da nomeação de Hitler como chanceler em janeiro e do dramático ataque incendiário um mês depois, que deixou a imagem de pesadelo do imponente Reichstag de Berlim a se consumir numa conflagração de vidros quebrados, aço retorcido e chamas crepitantes, a jurisdição foi varrida por uma onda sem precedente de prisões em nome da segurança nacional.[3] Em Untergrünberg, o fazendeiro Franz Sales Mendler foi preso por ter feito observações depreciativas sobre o novo governo. Maria Strohle, a mulher do proprietário de uma central elétrica em Hergensweiler, contou a um vizinho que tinha ouvido falar que Hitler pagara 50 mil reichmarks para encenar um ataque ao Reichstag; ela foi condenada a três meses de prisão, assim como Franz Schliersmaier, que fixou o valor em 500 mil. Um bávaro foi indiciado por comparar Hitler a Stálin, e outro por tê-lo chamado de homossexual, e outro ainda por insinuar que ele não "parecia" alemão. "Hitler é um estrangeiro que se contrabandeou para dentro do país", disse Julie Kolmeder numa cervejaria ao ar livre em Munique, a poucas ruas do gabinete de Hartinger. "Basta olhar para seu rosto."[4] Um cocheiro de Munique transgrediu a lei com um aparte indelicado: "*Hitler kann mich im Arsch lecken*". Eufemisticamente: Hitler pode ir à merda. Mais de uma pessoa foi processada por chamar um nazista de "bazi".* Milhares de outras foram levadas em *Schutzhaft*, ou "custódia preventiva", sem qualquer razão aparente.[5]

O assassinato de quatro homens numa fuga frustrada do campo de concentração de Dachau deve ter atingido a sensibilidade católica de Hartinger como algo particularmente infeliz, por ocorrer só dois dias antes da Sexta-Feira Santa, logo quando o arcebispo de Munique e Freising fizera um apelo por uma anistia pascal. "Em nome e da parte dos bispos da Baviera, tenho a honra, sua excelência, de apresentar a seguinte petição", assim escreveu o imponente e imperioso cardeal Faulhaber ao governador do Reich da Baviera em 3 de abril, "de que os procedimentos para a investigação referente aos que estão em prisão preventiva sejam providenciados o mais rápido possível para aliviar os detidos e suas famílias de um tormento emocional."[6] Faulhaber expressou o desejo de que os detidos pudessem ir para casa no fim de semana da Páscoa, lembrando ao governador que não havia ocasião mais sagrada para os cristãos do que a Semana Santa. "Se, em razão do prazo restrito, não se possam completar as investigações até a Sexta-Feira Santa", propôs Faulhaber, "então, talvez, por razões puramente cristãs e humanitárias se possa conceder uma anistia a partir da Sexta-Feira Santa até o fim da Páscoa." O cardeal lembrou ao governador que em dezembro de 1914 o papa

---

* O termo "bazi" pode ser traduzido como "vigarista", ou "patife", "canalha", e deriva do dialeto bávaro, assim como o termo "nazi", originalmente um apelido para Ignatius, nome bávaro popular em geral associado a camponês rústico, e aplicado de forma depreciativa aos seguidores de Hitler. Um nazista nunca chamava outro nazista de "nazi". Referiam-se uns aos outros como nacional-socialistas, ou "camaradas de partido".

Bento xv tinha invocado um armistício de Natal que silenciara as armas em ambos os lados da frente de batalha. O que funcionara em tempos de guerra certamente funcionaria em tempos de paz, essa era a sugestão. Afinal, no mês anterior, o próprio chanceler Hitler tinha declarado que sua "maior ambição" era "trazer de volta à nação os milhões que tinham se desencaminhado, em vez de destruí-los".[7] Que maneira melhor de instilar um sentimento de lealdade nacional do que por meio de um gesto de clemência cristã na festa que comemora a ressurreição de Jesus Cristo? Nesse recanto profundamente católico do país, quando o arcebispo de Munique e Freising, a mais antiga e mais poderosa das dioceses do estado, falava, a grande maioria dos 4 milhões de católicos da Baviera ouvia, assim como seus governantes.

Uma semana depois, o ministro do Interior do estado, o gauleiter Adolf Wagner, respondeu em nome do governador.* "Muito honorável *Herr* Cardeal, tenho a honra de responder a sua carta ao governador de 3 de abril de 1933", ele escreveu, "para informar a vossa eminência que estamos em processo de rever os casos de todos os que estão atualmente detidos, e que para a Páscoa mais de mil indivíduos serão soltos da prisão preventiva."[8] Wagner transmitiu mais uma boa notícia. O governo do estado permitiria que se celebrasse a missa pascal para os que ainda ficassem detidos contanto que isso não constituísse "uma carga para o orçamento do Estado". Wagner recomendou que "as autoridades religiosas responsáveis façam contato direto com a administração dos campos de detenção individualmente, às quais transmitirei as correspondentes instruções sobre como tratar essa questão".

---

* O gauleiter, ou líder distrital, era o oficial do Partido Nazista responsável pelos assuntos locais. Esses distritos correspondiam aos 33 distritos eleitorais nas eleições para o Reichstag. Em 1941, o número de gauleiters e seus correspondentes distritos aumentou para 43.

Mas agora, em meio a essas alvissareiras notícias de uma anistia pascal, vinham as notícias das mortes em Dachau. O telefonema para Hartinger naquela manhã de quinta-feira foi feito em conformidade com o parágrafo 159 da *Strafprozessordnung*, ou Código de Processo Criminal, que requeria aos oficiais de polícia "comunicar imediatamente ao promotor ou magistrado locais" todo caso em que "uma pessoa tenha morrido de causas que não fossem as naturais".[9] O parágrafo 160, por sua vez, obrigava Hartinger a um recurso imediato: "Assim que o promotor for informado de uma ação suspeita de ser criminosa, seja por um relato ou por outros meios, ele deve investigar a questão até poder determinar se é preciso fazer uma acusação".[10] Em função das responsabilidades inerentes ao parágrafo 160, Hartinger ligou para o dr. Moritz Flamm, o médico patologista da jurisdição Munique II, responsável pelos exames post mortem e autópsias nas investigações criminais.

Hartinger gostava do dr. Flamm. Ambos tinham trabalhado juntos na Munique I, Hartinger como promotor assistente e Flamm como eventual assistente de médico patologista. Como Hartinger, era um homem de inteligência aguçada que obtivera excelentes notas na escola.[11] E, como Hartinger, Flamm era imbuído de um profissionalismo genuíno. As autópsias de Flamm eram modelos de precisão e eficiência — nem um só minuto desperdiçado, nenhum detalhe desapercebido. Frequentemente estendendo-se em trinta páginas, poderiam suportar a mais rigorosa arguição numa corte de justiça. Flamm era proficiente em especial no exame de ferimentos causados por bala. Tinha completado sua formação médica na Universidade de Munique Ludwig-Maximilians em julho de 1914, a tempo de se juntar ao Segundo Regimento Bávaro de Infantaria. Foi enviado à frente de batalha em agosto de 1916 com a Terceira Companhia Médica, na qual serviu com méritos, sendo agraciado com a Cruz de Ferro, a

Ordem Militar Bávara e a Cruz Friedrich August. "Particularmente notáveis são sua absoluta confiabilidade e seu profissionalismo médico, que o tornam, sem contestação, apto para qualquer tipo de serviço", comentara após a guerra o cirurgião da companhia.[12] "Na frente de batalha, [Flamm] tornou-se praticamente indispensável quando a situação dos suprimentos médicos se deteriorou", ele escreveu, "demonstrando ao mesmo tempo, ao que tudo indica, uma inesgotável dedicação ao trabalho."[13] O cirurgião observou que Flamm era notavelmente "modesto" e "de natureza bem sensível", mas sempre com inteligência, sensatez e humor, mesmo "nas situações mais desesperadoras". O cirurgião afirmou ainda que via em Flamm um médico "a quem não raro se pode expressar todo o merecido reconhecimento e transmitir conscientemente um irrestrito louvor". A caligrafia de Flamm, precisa e refinada, com divertidos e elegantes floreios, refletia sua competência calma e descontraída.

Flamm também demonstrava uma ferrenha independência e vontade de agir de acordo com sua consciência quando as circunstâncias assim exigiam. No primeiro semestre de 1919, no meio de um golpe bolchevique em que milhares de pessoas foram postas em prisão preventiva — com ou sem uma causa —, ele exercera sua autoridade como médico-chefe de um hospital militar para ordenar a libertação de dois pacientes detidos por suspeita de colaboração com os comunistas. Flamm foi acusado de ter simpatia pelos bolchevistas, mas foi posto sob a "proteção pessoal" de seu superior, que se responsabilizou por ele "administrativa, profissional e politicamente" e insistiu no fato de ser um homem isento "de qualquer mácula pessoal, moral ou política".[14] Depois de passar dois anos com Flamm na jurisdição de Munique II, Hartinger veio a compartilhar dos mesmos sentimentos elevados.[15] Além disso, Flamm tinha habilitação para dirigir e automóvel próprio.

* * *

Dachau ficava a apenas vinte minutos de carro ao norte de Munique, passando primeiro pela cidade de Allach, onde a BMW tinha uma fábrica, depois pelas charnecas de Dachau, ao longo de pistas margeadas por árvores atravessando campos abertos. A cidade, cujo nome derivou de *dah*, "lama", e *au*, "capina" — a "campina lamacenta" —, era na realidade um encantador conjunto de ruas calçadas com pedras e fachadas de madeira situado numa elevação proeminente com vista para o terreno pantanoso ao redor. Os moradores do lugar, um contingente de sólidos aldeões bávaros com a reputação de serem particularmente *gerschert* — rústicos e provincianos —, conduziam sua história adiante com passos firmes, conseguindo, ao longo dos séculos, cultivar seus campos e negociar suas mercadorias sob o governo de monarcas, comunistas, constitucionalistas, e agora nacional-socialistas.

No século XVIII, os Wittelsbach, que tinham governado a Baviera por mais de oitocentos anos, construíram lá sua residência de verão, um alegre palácio em estilo rococó com uma fachada de janelas que brilhavam esplendidamente ao sol da tarde. No final do século XIX, pintores paisagistas descobriram as charnecas de Dachau, cujos matizes suaves combinavam com o estilo impressionista que era o furor da época. Na década de 1880, Dachau recebeu duas estrelas no Guia Michelin. Munique recebeu apenas uma. No final do século, estimava-se que mais de mil artistas viviam e trabalhavam nas cercanias de Dachau.

Durante a Primeira Guerra Mundial, foi construída a Fábrica Real de Pólvora e Munições, a leste da cidade, numa floresta pantanosa banhada pelo riacho do Moinho de Würm, isolada o bastante para proteger a população local de um acidente industrial, mas acessível à estação de trens de Dachau na principal linha ferroviária entre Munique e Stuttgart e, a partir daí, às frentes de combate. Durante vários anos, a fábrica produziu milhões de projéteis que foram adaptados às configurações cambiantes dos combates. Além das costumeiras balas para pistolas, fuzis e metralhadoras, foram desenvolvidas munições especiais capazes de romper arame farpado, derrubar balões de observação e perfurar blindagem. Depois da guerra, em abril de 1919, os bolcheviques obtiveram por lá uma vitória militar, durante a malfadada República Soviética da Baviera, quando o estado rompeu brevemente com o Reich, para voltar à mais longeva, porém igualmente tumultuada, e no fim fracassada, República de Weimar.[16]

O Tratado de Versalhes tornou ociosa a produção de munições, tirando o ganha-pão de milhares de trabalhadores. Durante a década seguinte, a fábrica erguia-se como uma agourenta lembrança não só da derrota militar e da humilhação política, mas também do ruinoso impacto do acordo na economia local. "Desde 1920, os numerosos postos de trabalho têm estado ociosos", publicou o *Dachauer Zeitung*, "os muitos prédios e galpões, construídos com tanto custo, estão mortos e abandonados."[17] Um autor local, Eugen Mondt, que circulava por eminentes círculos literários — era amigo do poeta Rainer Maria Rilke e assistiu a uma sessão de leitura de Franz Kafka* —, morava junto à instalação abandonada. Ao ver a construção vazia entrar em decadência, uma assustadora e aparentemente kafkiana ruína assomou em sua mente. "A instalação me parecia sinistra", ele escreveu. "Era como uma cidade dos mortos."[18]

---

* Na noite de 22 de março de 1922, Mondt estava entre os cinquenta e tantos convidados que assistiram a uma sessão de leitura em Munique, na qual Kafka apresentou sua novela *Na colônia penal*, uma aterrorizante história sobre uma instalação digna de pesadelo, na qual homens são mantidos presos por tempo indeterminado por razões desconhecidas e no fim são destruídos por uma maquinaria assassina. "As palavras deixaram a plateia aturdida", escreveu Mondt. O próprio Kafka considerou o evento um fracasso e nunca mais leu em público fora de sua Praga natal.

Ninguém tinha certeza sobre o responsável por transformar aquela ruína caindo aos pedaços em um centro de detenção. Alguns achavam ter sido o novo chefe de polícia, Heinrich Himmler, de 32 anos, cujo primeiro emprego fora num negócio de fertilizantes agrícolas numa cidade próxima, Oberschleissheim. Outros achavam que podem ter sido figuras de destaque da própria Dachau. Em janeiro de 1933, algumas semanas antes de Hitler chegar ao poder, o *Amper-Bote* [Mensageiro do Amper] publicou um ambicioso plano para readaptar a instalação industrial abandonada como um campo público de trabalho para desempregados. Os escritórios poderiam ser reequipados, as instalações de cozinha e sanitárias, renovadas, e os barracões, remobiliados. Aos moradores do campo se daria o trabalho de cultivar a lavoura, reforçar as margens do rio Amper e reconstruir as estradas locais. "Naturalmente, seria preciso desenvolver de forma cuidadosa essa organização com os maiores detalhes", alertava o artigo, "fazendo que em todos os aspectos se ofereça a melhor organização, a maior segurança e as melhores condições de trabalho aos que quiserem trabalhar aqui." A única questão que restou a ser esclarecida era se a moradia em tal instalação seria "compulsória" ou "voluntária". A proposta foi levada à consideração das autoridades de Munique.

No dia 13 de março, uma quinta-feira, o ministro do Interior Wagner enviou uma equipe a Dachau para avaliar a possibilidade de concentrar num só lugar os milhares de prisioneiros políticos que abarrotavam cadeias, prisões e centros de detenção improvisados da Baviera. No domingo, uma coluna de caminhões carregados de "voluntários" nazistas adentrou a instalação abandonada, onde foi hasteada uma bandeira com a suástica. "Na torre da caixa-d'água da antiga fábrica de pólvora, visível a uma grande distância, a bandeira negra, branca e vermelha ondulava ao vento", publicou o *Dachauer Zeitung*, "um sinal de que uma vida nova tinha chegado à outrora desolada grande fábrica de pólvora de

Dachau."[19] Em 20 de março, o chefe da polícia, Heinrich Himmler, deu uma entrevista à imprensa em seu gabinete no Palácio Wittelsbach para anunciar a abertura do campo de concentração de Dachau.[20]

Hartinger e Flamm chegaram ao campo com um anotador pouco antes das dez horas daquela manhã.* A instalação era cercada por um muro com mais de três metros de altura, que outrora protegia o parque industrial contra atos de sabotagem; os brasões de pedra com a heráldica dos Wittelsbach ainda ornavam o portão de entrada. O centro de detenção fora oficialmente batizado de *Konzentrationslager Dachau*, mas na realidade estava situado no distrito de Prittlbach, uma localidade tão obscura e isolada que os nazistas tomaram emprestado o nome da cidade maior e com conexão ferroviária de Dachau, alguns quilômetros a oeste. Era a primeira visita de Hartinger a esse ponto remoto de sua jurisdição desde que Himmler anunciara a abertura do campo, três semanas antes.

Hartinger ficou preocupado logo de início. Não havia por ali nenhuma farda verde da polícia estadual. Em vez disso, a entrada era guardada por um punhado de homens armados em uniformes marrons de paramilitares, com quepes negros que indicavam seu status elevado na elite da ss. Hartinger sabia que o governador do estado tinha emitido uma instrução especial em 10 de

---

* Essa equipe de três homens era conhecida como *Gerichtskommission*, ou comissão judicial, e operava em cooperação com uma equipe de investigação da polícia estadual, chamada *Mordkommission*, ou comissão de homicídios, que era responsável por coletar evidências, tomando depoimentos, fazendo desenhos da cena do crime etc. O promotor preparava indiciamentos criminais que eram então apresentados ao juiz, que poderia emitir ordens de prisão a serem cumpridas pela polícia.

março, permitindo que tropas paramilitares ajudassem a realizar a onda de detenções para custódias preventivas — "Estas deverão ser armadas pela polícia com pistolas"[21] —, mas previa que esses guardas iriam atuar sob a supervisão da polícia estadual.

Hartinger pediu para entrar. Uma chamada telefônica foi feita. O portão de ferro foi aberto. Flamm conduziu o carro pela passagem estreita. Quando passaram por construções com acessos cobertos com tábuas e viram detentos em macacões cinzentos, cabeças raspadas, guardados por tropas paramilitares armadas com fuzis, a inquietação de Hartinger se aprofundou. Ele tinha algum conhecimento sobre centros de detenção. Seu primeiro emprego depois da universidade fora como assessor para questões relativas a prisões junto ao escritório do procurador-geral de sua cidade natal, Amberg. Logo de cara Hartinger soube, à primeira vista, que naquele lugar se estava transgredindo quase todos os regulamentos estaduais para esse tipo de instalação.

No quartel do comandante do campo, um prédio de dois andares, a comissão judicial foi recebida não por um oficial da polícia estadual, mas por um capitão da ss, ss Haumptsturmführer Hilmar Wäckerle, com um impecável uniforme negro da ss, botas de montaria imaculadamente engraxadas que lhe chegavam aos joelhos e um quepe preto pontiagudo, um verdadeiro menino-propaganda da superioridade ariana. Em uma das mãos, Wäckerle segurava um cão de ataque preso a uma correia e usando uma focinheira. Na outra, empunhava um rebenque. Ele exalava crueldade e arrogância. Wäckerle era, sem dúvida, um homem que compreendia a linguagem da força bruta, mas pouco apreciava as menos evidentes e mais sutis fontes do poder. Não compreendia que aquele funcionário público de meia-idade, já com sinais de calvície, com óculos de armação grossa, um homem de aparência e estatura modestas — no escritório, Hartinger era descrito como o "sujeito baixo e obscuro" —, estava respaldado por toda a autoridade legal do estado da Baviera.

Hartinger entrara no campo não por condescendência do capitão da ss, mas por força do parágrafo 159 do Código de Processo Criminal. Da mesma forma, o capitão não parecia ciente de suas próprias obrigações, de acordo com o parágrafo 161, que o obrigava a colaborar totalmente com "autoridades e membros da polícia e dos serviços de segurança" e cumprir "todas as regulamentações de modo a evitar que se obscureçam os fatos relativos ao caso".[22] O campo de concentração de Dachau poderia estar sob a responsabilidade de Wäckerle, mas continuava na jurisdição legal de Hartinger.

Hartinger foi levado à cena dos assassinatos atravessando uma pequena pinguela sobre o riacho do Moinho de Würm e ao longo de um caminho arborizado até uma área distante onde estava sendo aberta uma clareira para servir de campo de tiro para os guardas do campo. Mais tarde, Hartinger relatou o que conseguiu apurar.[23] Na tarde anterior, por volta da cinco horas, os quatro prisioneiros tinham sido munidos de picaretas e pás e levados à clareira — para remover restolhos e vegetação rasteira — pelo tenente da ss Robert Erspenmüller, ex-oficial de polícia, então vice-comandante do campo.[24] Segundo Erspenmüller, os quatro homens demonstravam um comportamento bastante "relapso" e tiveram de ser repreendidos repetidas vezes. Só estavam ali por alguns momentos quando, supostamente, o mais moço deles, um estudante de medicina de Würzburg de 21 anos chamado Arthur Kahn, correu para o meio das árvores. Os guardas que os acompanhavam, Hans Bürner e Max Schmidt, afirmaram ter gritado a Kahn que parasse. De repente, disseram, dois outros prisioneiros, Rudolf Benario e Ernst Goldmann, ambos de 24 anos e ambos da cidade de Fürth, perto de Nuremberg, também saíram em disparada. Os dois guardas disseram que gritaram novamente, e depois abriram fogo.

Erspenmüller tinha se mantido a certa distância, para supervisionar o trabalho. Ele também sacou sua pistola e começou a atirar. Segundo o tenente, o quarto prisioneiro, Erwin Kahn, um vendedor em Munique de 32 anos que parecia ter a intenção de correr de volta para o campo, cruzou a linha de fogo, sendo atingido no rosto por vários tiros. Erspenmüller disse que saíra em perseguição a Arthur Kahn, sempre atirando, até derrubá-lo uns cem metros ou algo assim dentro do bosque. Mais adiante, na clareira, Benario e Goldmann estavam deitados de bruços, ambos mortos. Erwin Kahn ainda estava consciente, mas delirava. Foi carregado numa maca por dois homens da ss para a enfermaria do campo, e colocado sobre uma mesa. "Um dos maqueiros era um homem de baixa estatura de Grünwald, sem força o bastante para erguê-lo", lembrou uma testemunha, "e assim tive de pular para ajudar a pôr o homem ferido sobre a mesa."[25] Uma bala tinha atravessado seu osso malar, logo abaixo do olho esquerdo, e saíra pela parte de trás do crânio. Fragmentos de ossos eram visíveis, mas Kahn estava lúcido e pediu para ver um rabino.[26] Foram feitos curativos, e ele foi conduzido ao hospital local.

Ali de pé, no frio da charneca escura naquela manhã de abril, com manchas de sangue a marcar os lugares em que os homens foram atingidos, talvez fosse fácil compreender a tentação de fugir que acometera os jovens. O caráter não oficial do campo de detenção e a proximidade das árvores, sem mencionar a evidente inexperiência dos guardas, poderiam ter se revelado uma combinação fatal. Seria facilmente possível atribuir essas mortes a uma trágica subestimação da gravidade das circunstâncias. Mas não haveria desculpas para o tratamento dispensado aos corpos dos jovens. Os corpos tinham sido descartados de forma desrespeitosa, como refugos de uma caçada, no chão de um galpão de munições isolado nas profundezas do bosque.[27] As cabeças estavam raspadas, mas eles ainda vestiam suas roupas.[28] Um sentimento mínimo de decência exigiria um tratamento mais respeitoso aos mortos. Hartinger começou a sentir que algo ali estava terrivelmente errado.

Os corpos foram despidos das vestes ensanguentadas, e o dr. Flamm começou a trabalhar em seu exame médico-legal. Arthur Kahn, o estudante de medicina que, segundo os relatos, fora o primeiro a tentar fugir, tinha levado cinco tiros.[29] Uma bala perfurara seu torso direito superior, uma segunda atravessara seu braço direito, uma terceira, sua coxa direita; a quarta estava alojada em seu calcanhar direito, e a quinta — a que se revelou — atravessara seu crânio, entrando por trás e saindo pelo lobo frontal. O dr. Rudolf Benario, um cientista político, tinha sido alvejado duas vezes.[30] Benario parecia ter uma constituição frágil, com mãos delicadas e unhas bem-cuidadas. Uma bala amputara seu anular direito, e a segunda penetrara em seu crânio por trás. Ernst Goldmann, mais robusto, com membros grossos e mãos ásperas, tivera a mão e o antebraço esquerdos atravessados por tiros, e levara mais três balas atrás da cabeça.[31] Flamm contou quinze ferimentos de munição no total. Com certeza mais tiros foram disparados, mas esses tinham atingido o alvo. Quando terminou, o dr. Flamm virou-se para Hartinger. Não havia necessidade de autópsia, afirmou. A causa da morte era clara em cada um dos casos: uma bala atrás da cabeça. Flamm então voltou-se para Wäckerle. "Seus guardas atiram muito bem com as pistolas", ele observou acidamente.[32]

Hartinger pediu para ver os alojamentos dos homens. Foi levado por um jovem da SS, Hans Steinbrenner, para um "campo interno", um complexo cercado por arame farpado com cerca de uma dúzia de barracões térreos, pouco mais do que uma gaiola humana dentro de uma extensa instalação industrial abandonada. Steinbrenner levou Hartinger até o barracão II, onde entrou sozinho.

Não sabemos especificar com quem Hartinger conversou, ou detalhes do que lhe foi relatado, mas alguns prisioneiros tinham testemunhado os acontecimentos que levaram aos tiros. Willi Gesell estivera com Benario, Goldmann e Arthur Kahn no transporte dos trinta homens que chegaram um dia antes dos tiros. Gesell lembrou muito tempo depois que Wäckerle mandara Benario, Goldmann e Kahn dar um passo à frente quando chegaram ao campo, depois ordenara a Steinbrenner e a vários outros guardas que avançassem contra eles. "Eles começaram a bater nos judeus e a chutá-los com violência", lembrou Gesell.[33] Quando a aglomeração de uniformes marrons se dispersou, Gesell viu Benario, Goldmann e Kahn contorcendo-se no chão sujo, "sangrando do nariz e da boca e de outras partes do corpo". Steinbrenner ordenou que se levantassem e marchassem para o barracão II, o tempo todo fustigando-os com seu rebenque. Os três mal se tinham instalado no barracão quando Steinbrenner voltou, ordenando que, com Erwin Kahn, se integrassem a um grupo de trabalho com cerca de outros trinta prisioneiros. Os quatro judeus foram escalados para esvaziar enormes latões de lixo do lado de fora dos barracões. "Enquanto faziam isso eles eram brutalmente espancados por Steinbrenner, que fora encarregado de supervisionar o trabalho", relembrou mais tarde outro prisioneiro, Horst Scharnagel.[34] Quando Steinbrenner viu que Scharnagel estava olhando, também o incluiu no serviço, chicoteando e espancando os cinco homens enquanto pelejavam com os latões. Naquela noite, eles voltaram para os alojamentos ensanguentados e exaustos.

Por volta das três horas da manhã, Steinbrenner apareceu no barracão com outros três guardas da SS, todos nitidamente embriagados.[35] Steinbrenner atirou no teto com sua pistola, depois reuniu todos os homens do lado de fora para uma contagem. Os nomes foram chamados. Os homens foram dispensados. Quatro horas depois Steinbrenner estava de volta, mais uma vez. Agora, convocou Benario, Goldmann e Arthur Kahn, e acrescentou Willi Gesell. Ordenou que enchessem um recipiente com lixo e o carregassem até uma vala de cascalho que estava sendo usada como aterro sanitário do campo. "Foi só com o maior dos esforços que conseguimos erguer o latão e arrastá-lo alguns metros", lembrou Gesell. "Éramos espancados o tempo todo, durante o percurso." Steinbrenner fez os homens trabalharem durante quatro horas, depois os mandou de volta aos alojamentos.

Às duas horas daquela tarde, Steinbrenner convocou Benario, Goldmann e os dois Kahn mais uma vez. Obrigou-os a marchar para fora da cerca de arame farpado para trabalhar abrindo uma clareira para o estande de tiro dos ss, além do perímetro do campo. Eles voltaram às quatro horas. O que aconteceu exatamente depois disso não está claro. Um prisioneiro, Heinrich Ultsch, lembra-se de que estava descansando do lado de fora com Benario, Goldmann e Arthur Kahn. "No dia crítico, à tarde — aos poucos estava escurecendo —, estávamos deitados na grama entre os barracões II e III", relatou Ultsch. "Conversávamos sobre dinheiro, e Kahn disse que tinha contrabandeado uma nota de um dólar para o campo e que estava com medo."[36] Ultsch ofereceu-se para esconder a nota para ele. Arthur Kahn, que pretendia estudar numa faculdade de medicina na Escócia, entrou no barracão para pegar o dinheiro. Nesse momento, Steinbrenner apareceu e chamou por Kahn, Goldmann e Benario. "Os dois últimos, que estavam bem ali, responderam imediatamente, e enquanto isso começamos a chamar por [Arthur] Kahn, que tinha entrado no barracão. Ele saiu no exato momento em que outro respondia que se chamava Kahn e que tinha vindo de Munique. Quando Steinbrenner ouviu isso, ele disse: 'Você vem conosco também.'"[37] Ele entregou aos quatro pás e picaretas, os fez caminhar até a pinguela sobre o riacho do Moinho de Würm e os entregou a Erspenmüller.[38]

Willi Gesell tinha uma lembrança distinta do incidente. Ele relatou que os prisioneiros estavam em fila para a distribuição diária de cartas e pacotes quando Steinbrenner apareceu de repente.

"Parem todos!", ele teria gritado. "Onde está Kahn?"
"Aqui!"
"O outro Kahn!"
"Aqui!"
"E Goldmann?"
Um homem idoso deu um passo à frente.
"Não, você não, o judeu ali."
Ernst Goldmann deu um passo à frente.
"Benario!"
"Aqui!"
"Vocês quatro, venham comigo!"[39]

Segundo o relato de Gesell, Steinbrenner entregou as pás aos homens, os fez marchar para a pinguela sobre o riacho do Moinho Würm e os entregou a Erspenmüller, que os levou para o bosque.[40] Após alguns minutos, pouco depois da cinco horas, uma série de barulhos de tiros rompeu a quietude vespertina, acompanhados de gritos. Não houve testemunhas oculares dos tiros.

Hartinger percebeu o medo e a tensão que reinavam no alojamento. "Tenho uma clara lembrança de um jovem apavorado que abriu passagem à força pelo ajuntamento", lembrou Hartinger. "Estava soluçando, e disse que estava com medo de ser assassinado."[41] Hartinger tentou acalmá-lo. Disse que não se preocupasse, que tudo ficaria bem. Depois foi embora.

Quando voltavam para seus escritórios em Munique, Hartinger disse a Flamm que suspeitava de que a morte dos homens havia sido intencional, por ordem explícita do comandante. "Minhas razões baseavam-se não apenas nas circunstâncias físicas, mas particularmente em meu juízo das personalidades que encontrei no campo, e em especial na avaliação do caráter do comandante do campo, Wäckerle, do qual tive uma impressão devastadora", escreveu mais tarde Hartinger. "Também me vi obrigado a incluir em minhas considerações o fato de que todos os baleados eram judeus."[42]

2. Notícias do fim da tarde

Enquanto Hartinger e Flamm investigavam os tiros na floresta do riacho do Moinho de Würm, 160 quilômetros ao norte, na cidade de Fürth, a dez minutos de bonde de Nuremberg, Leo e Maria Benario estavam preparando um pacote de provisões para enviar a seu filho, Rudolf.[1] Ele tinha sido transferido dois dias antes, súbita e inesperadamente, de uma instalação de detenção provisória em Fürth para o recém-erigido campo de concentração de Dachau.

Durante várias semanas antes disso, os Benario vinham mandando mudas de roupa e outros itens de necessidade básica a seu filho, especialmente remédios para a bronquite crônica da qual sofria. Rudolf fora levado para a prisão preventiva por um grupo de tropas de choque nas primeiras horas da manhã de 10 de março durante uma ronda de uma dúzia de ativistas políticos locais, que também prendeu seu amigo Ernst Goldmann. Como a cadeia da cidade era pequena demais para acomodar todos os prisioneiros, eles ficaram detidos no ginásio esportivo local.[2]

O problema da prisão preventiva era a óbvia incerteza que

implicava. *Schutzhaft* era uma medida de segurança que remontava ao século XIX, segundo a qual uma pessoa podia permanecer detida sem causa explícita.* Era um instrumento legal ambíguo, usado para proteger um indivíduo da intimidação ou da ameaça de uma multidão enfurecida, ou para proteger o grande público de uma potencial ameaça. Como não havia indiciamentos ou ordens de prisão, não havia acusações a serem contestadas, nem o recurso de uma apelação. Os juízes eram irrelevantes, e os advogados, inúteis. O filho dos Benario tinha caído numa zona legal cinzenta além do alcance de um processo judicial normal.

Os Benario vinham encontrando consolo na natureza provisória da detenção e na proximidade de Rudolf, além de suporem que ele tinha cessado sua atividade política no ano anterior para se concentrar em sua tese de doutorado em economia política na Universidade Friedrich Alexander, em Erlangen. De fato, ainda naquele mês de novembro, quando a polícia política da Baviera abordara o reitor da universidade para se informar a respeito da militância comunista no campus, ele isentara Benario de qualquer suspeita. "Entre os alunos a serem mencionados individualmente está Benario, um ex-estudante de economia política que de acordo com a informação que me foi passada pela polícia política estaria envolvido de forma ativa em atividades comunistas", escreveu o reitor num memorando datado de 12 de dezembro de 1932.[3] O reitor o tinha visto na universidade pouco tempo antes

---

* O termo legal *Shutzhaft* remonta à Lei para Proteção da Liberdade Pessoal, da Prússia, de 1850 (*Gesetz zum Schutze*), segundo a qual era possível manter pessoas detidas sem uma causa, mas elas deveriam "ser libertadas o mais tardar no dia seguinte", ou entregues às "autoridades competentes". Os parâmetros para *Schutzhaft* foram ampliados em 1916, devido às preocupações com a segurança em tempo de guerra, e depois restringidos na República de Weimar, para posteriormente serem aplicados com radicalismo pelos nazistas.

— muito provavelmente na defesa da tese de Rudolf — e se mostrou firme em sua convicção de que Benario não era afiliado ao movimento comunista.

Rudolf tinha se envolvido com ativistas políticos em Fürth, mas distanciara-se desses elementos, anunciando seu engajamento em um estilo de vida adequado à situação de sua família e a seu status, oficialmente reconhecido, de *doctor rerum politicarum*, ou seja, doutor em economia política. Mas sua transferência para o campo de concentração de Dachau frustrou qualquer esperança de uma libertação imediata. A iminente anistia, que faria com que milhares de detentos fossem soltos a tempo do feriado de Páscoa, dificilmente se aplicaria a uma família cujo nome derivava de *Ben Ari*, que em hebraico significa "Filho de Ari".

Leo e Maria Benario preparavam-se para uma longa detenção, que poderia durar toda a primavera. As previsões do tempo para o fim de semana pareciam promissoras, mas eles sabiam como o clima na Baviera era temperamental, especialmente na charneca de Dachau. Um dos irmãos mais velhos de Maria, o dr. Siegmund Bing, tinha frequentado círculos artísticos de Dachau em sua juventude, e conhecia tanto a beleza como os rigores da região.[4]

As chuvas primaveris podiam ser frias e ininterruptas. As tempestades tardias do inverno podiam deixar uma camada de até trinta centímetros de neve nas elevações mais altas. Eles empacotaram o casaco de inverno de Rudolf, assim como suas botas impermeáveis, e decidiram incluir os chinelos que usava dentro de casa, além de três camisas, quatro mudas de roupa de baixo, dez pares de meias e doze lenços.[5] Maria acrescentou um suprimento de Dicodid, Adalin e Chinosol para a bronquite de Rudolf, bem como um termômetro, para que ele pudesse monitorar sua temperatura.

* * *

Dois anos antes, no verão de 1931, quando os Benario se mudaram de sua elegante casa na Erlenstegstrasse, num bairro elegante de Nuremberg, para o modesto apartamento de segundo andar na Moststrasse, em Fürth, parecia ser o refúgio ideal para uma família judia acuada. A pitoresca cidade, com seu mosaico de pedras no calçamento das ruas e fachadas de vigas de madeira, oferecia consolo e um refúgio seguro para os semitas desde 1528, quando o margrave George, o Pio, um nobre alemão, abrigara dois mercadores judeus durante seis anos em troca de um "dízimo de proteção". Por volta do século XVII, Fürth ostentava uma escola de Talmude, uma sinagoga, um cemitério judaico e o primeiro hospital judaico em solo alemão.[6] Três séculos depois uma família judia podia frequentar seu culto em uma das seis sinagogas de Fürth e educar seus filhos na Escola Elementar Israelita. A essa altura já havia dois cemitérios judaicos. Nessa província da Baviera setentrional, a Francônia, Fürth era conhecida como "a Jerusalém franconiana".

A mudança dos Benario para Fürth tinha acompanhado uma dramática reviravolta na sorte de uma das mais importantes famílias industriais de Nuremberg. Maria era filha de Ignaz Bing, um dos dois irmãos Bing que, no final do século XIX, tinham fundado a Metalúrgica Bing, uma firma industrial que começou fabricando pratos de estanho estampados mas rapidamente emergiu como uma das principais empresas industriais da Baviera para utensílios de cozinha e brinquedos de metal.[7] A lendária Bing Eisenbahn, pioneira no mercado de trenzinhos de brinquedo, deixou para trás a marca Märklin na Alemanha, estabeleceu a bitola "00" para trens de brinquedo na Inglaterra e por algum tempo equiparou-se aos trenzinhos Lionel no vasto mercado americano. Ignaz Bing pagava seus empregados generosamente e os tratava bem. Numa época de greves frequentes e de inquietação trabalhista, ele se jactava de nunca ter enfrentado uma única greve de seus 3 mil empregados. Desfrutava de uma relação também amigável com Nuremberg, onde surgia como um dos principais filantropos locais, fundando abrigos para os pobres e hospitais e ajudando a manter os museus da cidade. Foi feito membro do Conselho Privado e, em 1891, agraciado com a medalha de prata de Nuremberg por serviços prestados à cidade. Foi visitado pelo rei da Baviera. Durante a Primeira Guerra Mundial, a Metalúrgica Bing fabricou capacetes, cantis e outros suprimentos para os soldados na frente de combate. Por volta de 1923, a fábrica, reequipada para tempos de paz, ocupava um quarteirão inteiro da cidade, empregando mais de 16 mil trabalhadores, e se proclamava com orgulho "a maior fabricante de brinquedos no mundo".

Leo Benario entrou, por casamento, na dinastia familiar dos Bing em 1907, mas manteve sua posição em Frankfurt como editor de assuntos financeiros do conceituadíssimo jornal *Frankfurter Zeitung*, predecessor do *Frankfurter Allgemeine Zeitung*. Em 1913, Leo ajudou o barão d'Estournelles de Constant, nobre francês ganhador do Prêmio Nobel, a estabelecer a seção alemã do Comitê Internacional de Conciliação, uma preeminente iniciativa de paz do pré-guerra. "Essa seção parece estar destinada a ter grande influência sobre os líderes da Europa", observava naquele verão uma publicação americana, *Advocate of Peace*, citando Leo como um dos mais influentes defensores da paz na Alemanha.[8]

Em 1918, quando seu sogro morreu, Leo transferiu sua família de Frankfurt para Nuremberg, onde assumiu uma vida de acadêmico. Ele era professor em cursos de técnicas bancárias e de investimento na Escola Profissional de Negócios e Ciências Sociais de Nuremberg. Em 1924, fundou o Instituto para Pesquisa de Jornais, e dois anos depois publicou uma história do ramo de jornais no século XVII na Baviera setentrional. Uma fotografia da família daqueles anos apresenta Leo como um cavalheiro elegante de cinquenta e muitos anos, com uma postura nitidamente profissional, vestindo um terno de três peças. Maria está de pé ao seu lado, uma mulher de ar severo e postura despretensiosa (embora pareça ser uma mulher que está sempre preocupada). Outra fotografia mostra Rudolf sentado de forma descontraída numa espreguiçadeira de madeira num jardim sombreado de árvores. É um jovem de boa aparência, de pele pálida e feições delicadas. Um par de óculos com uma fina armação de metal empresta-lhe um aspecto distintamente acadêmico.

Há uma vívida inteligência no olhar que Rudolf dirige à câmera, mas com um afiado toque de desafio que poderia ser interpretado como arrogância. Ele era, segundo todos os relatos, uma criança difícil mas estudiosa, de constituição frágil. Ficava doente com frequência. Em 1927, Rudolf matriculou-se na Universidade Friedrich Alexander, em Erlangen, que a essa altura já era um bastião de conservadorismo político e nacionalismo radical.

A praça central era dominada por uma imponente estátua de um musculoso soldado alemão com torso nu, os punhos acorrentados a um penhasco — símbolo das restrições impostas em 1919 pelo Tratado de Versalhes —, a fisionomia bem-talhada com um queixo saliente e olhos brilhando intensamente na direção da França, e na cabaça um capacete de trincheira do tipo fabricado durante a guerra pela Metalúrgica Bing. Hitler discursou para os estudantes e para o corpo docente em diversas ocasiões. "Quando alguém alega que todos os seres humanos são iguais", declarou o líder nazista para uma densa multidão de estudantes e professores no mais amplo auditório de Erlangen, em 26 de fevereiro de 1928, "está rejeitando todo o futuro de nosso povo". A "fonte do poder em cada pessoa", insistiu Hitler, estava na "qualidade de seu sangue".[9] Ele denunciou em igual medida o pacifismo, o comunismo e a democracia, e recebeu uma estrondosa aclamação.

Quando Rudolf chegou ao campus, no primeiro semestre de 1927, ao se ver excluído de uma miríade de clubes de estudantes puros-sangues, fundou com outro aluno o Clube dos Estudantes Republicanos — uma menção aos valores democráticos da República de Weimar — e permitiu a filiação de "todos os estudantes que pertencem a partidos republicanos, seja o Partido Democrático Alemão, o Partido Social-Democrata da Alemanha, o Partido Centrista Alemão, ou a organizações pacifistas, ou que compartilham de valores semelhantes". O clube organizava debates públicos e informava sobre políticas da universidade, além de oportunidades de trabalhar em rede com outros clubes de estudantes com a mesma mentalidade, em outras universidades, inclusive o Clube de Acadêmicos Independentes em Berlim e o Cartel de Estudantes Republicanos da Alemanha e da Áustria. Seu papel de líder de um clube de estudantes deu-lhe um lugar no conselho estudantil, onde se confrontou com a crescente influência dos militantes de direita, e em uma ocasião ele protestou junto ao próprio reitor.

Em novembro de 1929, os nacional-socialistas obtiveram a maioria dos votos nas eleições estudantis, assumindo catorze das 25 cadeiras do conselho. Em 15 de janeiro de 1930, o corpo recém-eleito realizou sua primeira reunião do ano, na qual os delegados nacional-socialistas expressaram sua objeção à presença de Benario. "O estudante Benario representa com suas ações uma influência destrutiva na unidade do corpo de estudantes de Erlangen", declarou o porta-voz.[10] Foi solicitado que ele abandonasse a assembleia. Benario se manteve firme, e os catorze nacional-socialistas se ergueram e marcharam "como uma unidade" para sair da sala, desfazendo o quórum e obrigando o presidente a suspender a sessão. O conselho estudantil tornou a se reunir no dia seguinte sem Benario. Quando um membro do conselho expressou sua objeção à ausência de Benario, a questão foi submetida à votação. Os delegados mantiveram-se unidos. "O estudante Winterberg, falando pela facção dos Movimentos Juvenis e Estudantes em Ação, declarou que eles endossavam totalmente a posição da facção nacional-socialista depois de terem feito mais investigações sobre o estudante Benario", relatou o *Erlanger Nachrichten*. Benario foi declarado uma influência desagregadora e banido do conselho.

Um dia antes de uma nova rodada de eleições estudantis, Hitler voltou ao campus. "Não creio haver nada que expresse com mais força a vitória do movimento nacional-socialista do que o fato de que um número ainda maior de jovens alemães, especialmente a ala jovem da intelligentsia alemã, esteja indo ao encontro de nossas convicções", observou o líder nazista. "Não pode haver movimento de libertação de um povo se ele não for abraçado nas universidades, nenhum triunfo de uma nação se não começar ali."[11] No dia seguinte, 14 de novembro de 1930, os nacional-socialistas tiveram um desempenho arrebatador nas eleições em todo o âmbito universitário, com 83% dos votos dos estudantes. Friedrich Alexander foi celebrada como a "primeira universidade nacional-socialista do Terceiro Reich".

Àquela altura, os pais de Benario viviam em condições menos privilegiadas. A crise econômica de 1929 abalara a fortuna da família Bing. Em meio a uma economia em deterioração, a companhia se encontrava insolvente, e em novembro de 1931 a Metalúrgica Bing entrou em falência. Leo e Maria deixaram a mansão em Nuremberg e se mudaram para a Moststrasse, em Fürth, junto à principal praça da cidade e a algumas ruas do apartamento que o promotor-chefe Robert Jackson ocuparia uma década e meia depois. Rudolf morava com sua irmã e seus pais, trabalhando em sua tese de doutorado, sobre a estrutura legal dos conselhos de trabalhadores entre 1840 e 1849, precursores dos atuais sindicatos de trabalhadores, e rapidamente acabou envolvido na cena política.

Rudolf entrou no Clube de Remo de Fürth, que servia de cobertura para ativistas políticos locais depois do "Decreto Presidencial sobre a Supressão da Violência nas Ruas", publicado em novembro de 1931, que bania manifestações públicas em meio aos cada vez mais violentos confrontos entre as facções militantes dos partidos de esquerda e de direita. Rudolf trabalhava para conquistar seu lugar entre o proletariado local, plantando árvores e transportando carrinhos de mão cheios de sujeira para ajudar a limpar as margens do rio em frente à sede do clube. Era chamado, de forma jocosa mas afetuosa, de "*Herr* Doktor".

Rudolf logo fez amizade com Ernst Goldmann, um desempregado que abandonara os estudos no ensino médio — tinha frequentado a Escola Secundária Israelita de Fürth — e se afastara dos pais, Siegfried e Meta Goldmann, donos de uma sapataria na Schwabacherstrasse, no mesmo quarteirão da residência dos Benario. Ernst Goldmann também estava envolvido com o Partido Comunista.

Em julho, Rudolf foi preso durante uma manifestação em frente ao escritório da agência de empregos de Fürth, onde uma multidão belicosa cantava "Deem-nos pão! Deem-nos trabalho!". Foi acusado, ao lado de três outros manifestantes, de descumprir o decreto contra a violência de rua.

Em seu julgamento, Rudolf admitiu sem hesitar sua afiliação política de esquerda, observando que o Partido Comunista Alemão, do qual não era membro, era uma organização oficialmente registrada, que participava de forma regular de eleições estaduais e nacionais e estava representada por delegados tanto no parlamento estadual, em Munique, como no Reichstag, em Berlim. Negou, no entanto, ter responsabilidade como líder da manifestação. Afirmou ter sido pouco mais do que um observador passivo. O promotor asseverou que Benario estivera nas proximidades da multidão aos berros e que depois de sua prisão tanto o protesto como os gritos se acalmaram. Ele instou o juiz a sentenciar os quatro homens a três meses de prisão, de acordo com o parágrafo 2 do decreto presidencial, e, além disso, a multar Benario em cinquenta marcos por seu papel de líder. No fim, o juiz rejeitou as denúncias contra os outros três acusados, mas considerou Benario responsável, uma vez que ele não só expressara sua "solidariedade interior com os manifestantes", mas também tinha "participado o maior tempo possível" no ato ilegal. O juiz deu a Benario a opção de escolher entre oito dias na prisão ou uma multa de oitenta marcos.

Tendo aprendido com a experiência, ao que parece Rudolf se afastou do ativismo político e concentrou sua atenção em completar sua tese. Quatro meses depois, quando a polícia interveio em outra atividade comunista, Rudolf estava comprovadamente ausente. Naquela noite de 23 de novembro de 1931, a polícia de Fürth invadiu o restaurante Cordeiro Dourado e prendeu trinta comunistas locais, inclusive Ernst Goldmann. Em seu julgamento, Goldmann, assim como Benario, afirmou ao juiz a legalidade do Partido Comunista Alemão e alegou que a reunião no Cordeiro Dourado não tinha sido nada mais do que um encontro entre membros do partido, e não uma manifestação, e portanto não constituía uma violação do decreto presidencial. O juiz absolveu Goldmann e os outros 29 acusados. Mas agora tanto Goldmann como Benario estavam fichados na polícia.

No outono seguinte, Benario fez a defesa oral de sua tese. Em 28 de janeiro de 1933, obteve seu doutorado em economia política. Dois dias depois, Adolf Hitler era nomeado chanceler da Alemanha. Na noite de 9 de março, na esteira das eleições do domingo anterior, nas quais os nacional-socialistas obtiveram 44% da votação nacional, um delegado do parlamento do estado da Baviera apareceu na sacada da prefeitura de Fürth e anunciou uma "revolução nacional-socialista". "Vamos fazer de Fürth também, uma cidade que já foi vermelha e completamente judaizada, uma cidade alemã limpa e honesta", ele discursou. "Hoje começa a grande limpeza da Baviera!"[12]

Naquela noite, ecoaram pelas ruas o tropel das botas nas pedras do calçamento e o bater de punhos nas portas, quando pelotões de policiais locais, acompanhados de tropas de choque, percorreram a cidade, prendendo aqueles que acreditavam ser comunistas. Por volta das duas e meia da manhã invadiram o apartamento de segundo andar dos Benario para levar Rudolf Benario em custódia preventiva. Seus pais protestaram, alegando que o filho estava de cama com uma febre de quarenta graus. As tropas de choque ordenaram a Rudolf que se levantasse, obrigaram-no a se vestir e o empurraram escada abaixo. Vizinhos ouviram gritos e berros, depois o ruído surdo dos passos cambaleantes do jovem descendo a escada. No dia seguinte, o *Fürther Anzeiger* anunciava que quinze comunistas tinham sido detidos, entre eles "o muito notório comunista e judeu Benario".[13] A breve notícia tinha como manchete "Noite tranquila em Fürth".

Duas semanas depois de Rudolf ser levado em custódia, Leo soube que seu cargo de professor tinha sido extinto. "O editor aposentado e professor visitante na Escola Profissional de Negócios e Ciências Sociais de Nuremberg estará de licença no semestre de verão de 1933", anunciou o reitor, "e seus serviços não serão mais requisitados a partir daí."[14] Não houve uma explicação imediata para a demissão, mas em 7 de abril, uma sexta-feira, a Lei para a Restauração do Serviço Civil Profissional inviabilizou qualquer tentativa de recurso administrativo ou judicial. "Para restaurar um serviço civil nacional e profissional e para simplificar a administração, servidores públicos poderão ser demitidos de suas funções de acordo com os seguintes regulamentos", estipulava a nova lei, "mesmo quando não houver fundamentos para tal ação sob a lei ora prevalente."[15] Funcionários públicos que não fossem de ascendência ariana seriam aposentados, e aqueles que tivessem títulos honorários seriam "destituídos de seu status oficial". A lei provia uma exceção para não arianos "que tinham lutado na frente de combate pelo Reich alemão ou seus aliados na Guerra Mundial, ou cujos pais ou filhos tivessem falecido na Guerra Mundial". Como um defensor do pacifismo e um judeu que passara os anos de guerra como editor do *Frankfurter Zeitung*, Leo não tinha argumentos para apelar contra sua demissão. Não sabemos exatamente que sentimentos assombraram a casa dos Benario daquele dia em diante, mas as palavras de Victor Klemperer, um professor judeu em Dresden que lutara na guerra, certamente são representativas das apreensões existentes na época. "Por enquanto ainda estou em segurança, mas é a segurança de quem está no cadafalso com uma corda em torno do pescoço", ele observou em seu diário naquele mês. "A qualquer momento uma nova 'lei' pode dar um chute na escada sobre a qual estou equilibrado, e então serei enforcado."[16]

Em 13 de abril, Leo estava sentado à sua escrivaninha esboçando a carta que acompanharia o pacote de roupas e remédios para seu filho. Ele sabia que Rudolf era obstinado, tinha opiniões próprias e às vezes podia ser agressivo, por isso queria dar à carta um tom que abrandasse eventuais sentimentos de raiva ou irritação que o comportamento dele pudesse ter provocado nos guardas. Como ex-editor, Leo era sensível às nuances de linguagem, e buscava calibrar e medir suas palavras numa carta que transmitisse respeito pela autoridade e compreensão das regras e dos regulamentos, mas também expressasse um sentimento de preocupação paternal.

"À administração do campo de concentração de Dachau", escreveu Leo. "Peço respeitosamente que entreguem a meu filho Rudolf Benario, do conteúdo deste pacote, os itens que são permitidos, e talvez guardem para ele os demais itens." Leo chamou a atenção em especial para a saúde relativamente frágil do filho e expressou seu agradecimento antecipado por todo "gentil envio de informações que o atualizasse" quanto a seu estado, "uma vez que, a não ser em curtos intervalos, está sofrendo de bronquite desde novembro". Ele terminou com uma cortesia dupla — primeiro com o tradicional e formal "Com a maior consideração", seguido de um aceno subserviente, "Muito obedientemente seu" — e assinou a carta com suas duas iniciais desenhadas de modo elegante com uma caligrafia cuidadosa que sugeria um homem de modos refinados e organizado. Convenientemente, Leo anexou uma lista completa do conteúdo do pacote.[17]

Naquela tarde, o *Further Anzeiger* publicou uma breve notícia sob a manchete: TRÊS COMUNISTAS MORTOS A TIROS DURANTE UMA TENTATIVA DE FUGA DO CAMPO DE CONCENTRAÇÃO DE DACHAU.[18] No texto lia-se: "Na quarta-feira à tarde, de acordo com um relato da polícia, quatro comunistas internos em Dachau tentaram escapar. Como não obedeceram aos gritos dos guardas, que lhes ordenavam que parassem, os funcionários atiraram neles, matando três dos comunistas e ferindo gravemente o quarto". O artigo não mencionava nomes.

O *Amper-Bote* trazia a história, mas incluía notícias sobre a anistia antecipada de Páscoa. "Nestes dias, novamente, vários detidos foram liberados de sua custódia preventiva, inclusive os trabalhadores de Dachau Schwalbe, Schelkopf e Zellner", noticiou o jornal.[19] Foi uma antecipação de outros indultos concedidos antes do feriado da Páscoa.

3. Wintersberger

Na manhã seguinte, Sexta-Feira Santa, dia em que muita gente na Baviera não trabalha em virtude dessa ocasião solene, Josef Hartinger compareceu ao gabinete de Karl Wintersberger para relatar a suposta fuga frustrada do campo de concentração de Dachau. "Não hesitei em expressar minha opinião de que toda a história da fuga tinha sido inventada", recordou Hartinger. "Lembro-me especificamente de ter dito que em minha opinião os três homens da ss tinham agido seguindo instruções do comandante."[1]

Depois de dois anos como promotor sênior na jurisdição de Munique II, Wintersberger estava acostumado com as conclusões impulsivas de Hartinger sobre investigações. Mas sabia que seu vice tinha "muitos anos de experiência em prática criminal legal e combinava uma mente rápida, uma grande agilidade e largueza intelectual a uma lúcida capacidade de julgamento", como registrou em junho de 1931 a avaliação de desempenho de Hartinger.[2] Os relatórios de Hartinger em matéria legal eram elogiados por sua precisão, clareza e inteligência. Suas intervenções tanto nas reuniões de departamento como nos tribunais eram marcadas pela "eloquência" e geralmente por um "arrebatamento comedido", exceto quando confrontado com injustiça. Hartinger era conhecido por atirar violentamente pastas sobre sua mesa, e colegas lembram-se de ouvir sua voz a estrondar pelos corredores. Não obstante, Hartinger era louvado pelo respeito que demonstrava a seus superiores, colegas e subordinados, assim como ao grande público. A fotografia em preto em branco grampeada nas fichas pessoais de Hartinger mostra um homem de meia-idade de terno e gravata, com sinais de calvície, óculos com armação grossa e um princípio de papada. Sua mandíbula está cerrada com determinação. Existe nele algo de um buldogue.

Wintersberger era mais velho e mais conservador do que seu vice. Estava a doze anos da aposentadoria, viúvo com um filho, e nos anos finais de sua carreira na expectativa de uma possibilidade de ser nomeado presidente de uma corte distrital para se aposentar em 1945 com 65 anos de idade. Wintersberger tinha começado sua carreira legal sob a monarquia e continuava a ser, em espírito, um monarquista, obediente e sempre a serviço da autoridade. Hartinger lembrou que Wintersberger conduzia a jurisdição de Munique II "de um modo que em geral beirava o autoritário".[3] Wintersberger era o responsável exclusivo pela ligação com o procurador-geral do estado e o ministro de estado da Justiça, e o detentor da autoridade para assinar todos os memorandos e correspondências de Munique II. "Com toda a razão", observava Hartinger, "pois ele precisava ter uma visão completa, especialmente nos casos políticos."[4] Wintersberger tinha marcado modestos três pontos, de vinte possíveis, em seus exames legais em 1907, comparados com o escore perfeito de Hartinger em 1926. Wintersberger, no entanto, compensava suas limitações acadêmicas com uma "diligência férrea".[5] Ele e Hartinger mantinham um relacionamento "colegial".

Como vice-procurador na jurisdição de Munique I, no início da década de 1920, Wintersberger conduzia seus casos com um espírito resoluto e comprometido com a ideia de que se fizesse justiça. Era uma época na qual muitos membros do judiciário bávaro permaneceram desafiadoramente conservadores e perigosamente antidemocráticos, questão levantada em um relato controverso, *Quatro anos de assassinatos políticos*, publicado por Emil Gumbel em outubro de 1922. Em seu estudo, o professor de estatística e ex-colaborador de Albert Einstein revia os procedimentos judiciais para centenas de assassinatos perpetrados por radicais da direita e da esquerda entre 1919 e 1922, e buscava responsabilizar caso a caso juízes e promotores por falhas nos processos judiciais.[6] O relato de Gumbel, apresentado formalmente numa sessão pública do Reichstag, representava uma devastadora condenação do sistema judicial alemão em geral, e as jurisdições de Munique I e Munique II em particular. "Das 35 jurisdições chamadas a prestar contas, 26 não responderam, Munique em particular, onde havia ocorrido a maioria dos casos", reportava Gumbel. "Trezentos e trinta assassinatos políticos, dos quais quatro foram perpetrados pela esquerda e 326 pela direita, nunca resultaram em processos e continuam sem processo até hoje."[7] Gumbel alertava que essa negligência no âmbito jurídico, acompanhada pela ausência de uma responsabilização de cada envolvido, criava um precedente perigoso que poderia levar a uma espiral de violência e solapar os fundamentos do processo democrático e a futura estabilidade da república. "Em outra época, havia certo risco político no assassinato, até mesmo certo heroísmo", asseverava Gumbel. "Mas, com tal leniência hoje em dia, uma pessoa pode matar sem correr o risco das consequências."[8]

Hitler comprovou a tese de Gumbel um ano depois, na noite de 8 de novembro de 1923, quando atirou com uma pistola no teto da cervejaria Bürgerbräu, em Munique, e anunciou a derrubada do governo do estado da Baviera, com o objetivo de marchar sobre Berlim, como Mussolini fizera em Roma no ano anterior, e estabelecer uma ditadura fascista na Alemanha. Os planos de Hitler foram abruptamente interrompidos na manhã seguinte, quando um destacamento da polícia estadual e de militares abriu fogo contra uma turba de direita na Odeonsplatz, deixando dezoito mortos e Hitler com uma luxação no ombro.[9] A reação da justiça bávara confirmava as piores expectativas de Gumbel. Como o objetivo declarado de Hitler era derrubar a República de Weimar, ele poderia ser enviado para o Tribunal do Reich em Leipzig, onde uma condenação por traição poderia resultar em pena de morte. A canhestra tentativa de golpe tramada na cervejaria, de fato, nunca passou dos limites da cidade de Munique, e foi decidido processar os acusados dentro da jurisdição de Munique I. Sob os auspícios de um juiz que lhe era simpático, Hitler transformou o processo com um mês de duração num espetáculo midiático, que terminou com sentenças escandalosamente leves e um réu não arrependido. "Vocês podem nos julgar culpados mil vezes seguidas", proclamou Hitler em sua fala de encerramento, "mas a eterna deusa do eterno tribunal da história vai rir e rasgar em pedaços o relatório do promotor estadual e a sentença deste tribunal, porque vai nos absolver."[10] A sentença de Hitler foi de apenas cinco anos, e no Natal do mesmo ano ele estava fora da prisão.

    Poucas semanas depois do triunfo de Hitler no tribunal, Karl Wintersberger e seus colegas de Munique I foram encarregados de processar os quarenta membros da *Stosstrupp Hitler* (Tropa de Assalto de Hitler, precursora da ss) como coconspiradores, em virtude de seu papel no putsch frustrado.[11] Esse núcleo duro de pessoais leais que serviam como esquadrão de proteção de Hitler na cervejaria tinha desencadeado o malfadado putsch bloqueando as entradas da cervejaria Bürgerbräu com metralhadoras, destruindo a sede do Partido Social-Democrata no centro de Munique, demolindo a gráfica do esquerdista *Münchner Post* e tomando seis líderes políticos bávaros como reféns. Quando o putsch fracassou, os membros da Tropa de Assalto foram presos. Wintersberger foi o responsável pelas investigações e por preparar os indiciamentos.

Wintersberger usou contra a Tropa de Assalto a mesma acusação de culpa coletiva que Warren Farr montaria duas décadas depois em Nuremberg, contra a ss e entidades afins. Como Farr, Wintersberger argumentou que os membros tinham participado de forma consciente e intencional de uma atividade criminosa coletiva. "É portanto irrelevante em termos de culpa individual dos réus", ele argumentou, "se estavam e em que medida estavam envolvidos em ações individuais."[12]

Em 23 de abril, dia de abertura do julgamento, os quarenta réus entraram desfilando no Palácio de Justiça de Munique para o que a mídia apelidou de "o minijulgamento de Hitler".[13] Os membros da Tropa de Assalto se mostraram despreocupados, zombando e vaiando Wintersberger, então com 43 anos, quando entrou no recinto do tribunal. Ele não se perturbou. Tinha preparado de forma sistemática e meticulosa seus indiciamentos, acusado por acusado, fato por fato. Se, por um lado, o julgamento de Hitler tinha sido marcado por frases de efeito, hipérboles e repetidas e ruidosas interrupções de todas as partes, por outro, a acusação de Wintersberger foi sempre no mesmo tom, comedida, precisa ao detalhar hora por hora, homem por homem, a cumplicidade dos acusados na tentativa fracassada "de eliminar por meio de violência o governo do Reich e o governo da Baviera, e alterar por meio de violência a constituição do Reich alemão e o do Estado Livre da Baviera".[14]

Wintersberger sabia que os quarenta membros da Tropa de Assalto tinham se encontrado no boliche da cervejaria de Torbräu às seis horas daquela tarde de 8 de novembro de 1923, embarcado em caminhões na Balanstrasse um pouco mais tarde e chegado à Bürgerbräu, na Rosenheimerstrasse, às oito e meia. Sabia também que Karl Fiehler e Emil Dannenberg haviam apontado cada um a sua metralhadora para as entradas da cervejaria. Sabia que Josef Gerum tinha liderado o ataque dentro do salão. Wintersberger também tinha anotado o número de vidraças quebradas nos escritórios saqueados do *Münchner Post* — 380 na conta do promotor — e quem era o responsável individualmente pelas ações, em ordem decrescente de culpabilidade.[15] Ele descreveu a subsequente marcha da Tropa de Assalto no dia seguinte até a Odeonsplatz, onde se envolveram com o "escritor Adolf Hitler" — era essa sua profissão legalmente registrada — no tiroteio com a polícia.[16]

Wintersberger utilizou-se de "todos os meios da retórica e da sofística judicial", segundo um dos acusados, para provar sua culpa no "crime coletivo de traição". Diante das arrasadoras e incontroversas evidências, o juiz, malgrado sua evidente simpatia pelos acusados, foi compelido a sentenciar todos os quarenta membros da Tropa de Assalto à prisão. Depois, exerceu a prerrogativa judicial de suspender as sentenças, permitindo que os não arrependidos nazistas saíssem do Palácio da Justiça marchando em triunfo.

Wintersberger não se deixou abalar. Uma semana depois, voltou à corte trazendo na mão uma decisão apelatória que revertia o veredicto. Segundo a nova instrução, os acusados tinham demonstrado "uma medida excepcional de crueldade e brutalidade", e "absolutamente nenhum sinal de arrependimento". "É necessário", argumentou Wintersberger, "demonstrar aos acusados, que não exibiram o menor remorso, a seriedade de nosso sistema legal." Em uma semana, a Tropa de Assalto inteira estava na prisão de Landsberg para começar a cumprir suas sentenças. Essa reviravolta no veredicto gerou uma duradoura admiração entre muitos dos colegas de Wintersberger, além de uma renitente animosidade por parte dos nacional-socialistas residentes em Munique.

Agora, uma década depois, numa notável reviravolta, Wintersberger encontraria muitos desses condenados golpistas da cervejaria em posições de governo, Hitler como chanceler e Hermann Göring, que escapara do processo em 1923 fugindo pela fronteira da Áustria, como presidente do Reichstag. Ironicamente, esses homens agora eram obrigados a agir com as restrições impostas pela responsabilidade governamental, em última instância prestando contas ao presidente Hindenburg, que tinha a autoridade constitucional de nomear ou demitir, por sua própria vontade, o chanceler e seus ministros. Dois anos antes, Hindenburg emitira uma ordem presidencial, o "Decreto para Ordem Pública", que criminalizava o "terror contra comunidades religiosas" ou uma "linguagem que fosse injuriosa ou maliciosa".[17] Diante de um número crescente de ataques aos judeus, Hitler condenara publicamente os excessos das tropas de choque e instruiu-as a interromper seus ataques.[18] Himmler também saiu em defesa dos judeus. "Para nós, o cidadão de fé judaica é tão cidadão quanto os que não são de fé judaica", ele declarou em 12 de março numa coletiva de imprensa sobre a custódia preventiva, "e sua vida e sua propriedade são igualmente protegidas. Não enxergamos nenhuma diferença quanto a esse aspecto."[19]

Em 13 de abril de 1933, o jornal nazista *Volkische Beobachter* ressaltava a seriedade dessa declaração num informe sobre o assassinato de um advogado judeu ocorrido no início daquela semana. "Em Chemnitz o advogado judeu dr. Wiener foi atacado em seu apartamento por três homens de uniforme verde com braçadeiras da SA, sequestrado e levado num automóvel. Na terça-feira seu corpo foi encontrado no prado de Wiederauer com uma marca de tiro na cabeça."[20] O jornal afirmava que fora claramente uma ação de assassinato, e não de roubo, assinalando que no corpo tinham sido encontrados "objetos de valor e 440 marcos alemães". Os nacional-socialistas locais instaram seus membros a cooperar com a polícia na identificação dos três assassinos, continuava o artigo, observando que o partido estava revendo as listas de seus membros dos seis últimos meses, em busca de potenciais suspeitos. Eles também determinaram que tropas de choque formassem barreiras nas estradas ao redor de Chemnitz para inspecionar carros e verificar documentos de identidade, e distribuíram descrições detalhadas dos suspeitos que teriam perpetrado o crime. Dois deles eram "altos, esguios e louros" e o terceiro, "atarracado com um rosto estreito e um tanto pontiagudo, e óculos".[21] Todos os três estavam na casa dos vinte anos. O jornal deixava claro para seus leitores que estava em jogo nada menos do que a reputação do Partido Nacional Socialista dos Trabalhadores Alemães. "Tudo leva a crer que se trata de provocadores que podem estar fora ou dentro de nossas fileiras", observava a matéria, "e que buscam desqualificar nosso movimento."

Um dia depois, Wintersberger estava sentado à mesa na frente de seu vice, Hartinger, afirmando que os judeus estavam sendo executados num campo de concentração dirigido sob os auspícios de Himmler. Apesar de suas naturezas distintas e diferentes estilos de investigação, Wintersberger e Hartinger, em seus dois anos juntos na jurisdição de Munique II, invariavelmente chegavam às mesmas conclusões, mas dessa vez Wintersberger descartou as suspeitas de seu vice. O promotor conhecia em primeira mão o potencial nazista para a violência. Mas também achava que conhecia suas limitações. "*Das machen die nicht*", ele disse categoricamente a Hartinger.[22] Nem mesmo os nazistas fariam isso.

Hartinger sabia qual era o limite a que poderia chegar com seu superior. Mas ele olhara bem dentro dos frios olhos azuis de Wäckerle e vislumbrara sua aptidão para a atrocidade. Sabia que Wintersberger estava errado no que dizia respeito às mortes em

Dachau. Também sabia que um indiciamento criminal, em especial um que envolvesse a responsabilidade de uma cadeia de comando e assassinatos múltiplos, exigiria evidências sólidas e incontestáveis. Era preciso estar em conformidade com os padrões de Wintersberger. Enquanto isso, a vítima sobrevivente dos tiros, Erwin Kahn, um vendedor de Munique de 32 anos, jazia numa cama de hospital no outro lado da cidade, totalmente consciente e lúcido.

4. Testemunho da atrocidade

Às onze e meia da noite de 12 de abril, um homem foi levado à ala de emergências da clínica cirúrgica de Munique, no número 35 da Nussbaumstrasse. Seu rosto estava horrivelmente desfigurado por dois ferimentos de bala. Um projétil tinha penetrado em seu crânio bem acima do osso malar, ferindo o tecido em volta e cegando seu olho esquerdo, que apresentava grande sangramento em torno da córnea.[1] Segundo o boletim médico, o olho arruinado estava "distendido" como resultado da lesão. O outro apresentava um sangramento subcutâneo, mas estava intacto. O homem se mostrava lúcido. Ele relatou o incidente, que o médico que o atendeu anexou à ficha do paciente:

> O homem ferido declarou: Em 12 de abril, o paciente e três outros judeus foram convocados para uma urgente atribuição de tarefas. Enquanto a refeição vespertina era servida, alguém chamou repentinamente: "Os quatro judeus devem dar um passo à frente". Quando estavam sendo levados embora dali, subitamente foram disparados tiros [contra eles] de [uma distância de] 2-3 metros. O

homem ferido caiu, mas não perdeu a consciência e pouco depois foi levantado pelos guardas, e como estava ferido na cabeça foi levado para o tratamento médico do dr. Welsch, em Dachau. Lá seus ferimentos foram tratados, e ele foi levado ao hospital em Dachau, e de lá para a Clínica Cirúrgica.[2]

Erwin Kahn não poderia ter sido confiado a mãos mais capacitadas do que aquelas. A clínica da Nussbaumstrasse era referência na Baviera para cirurgia reconstrutiva e, na verdade, havia mais de um século, um dos principais centros cirúrgicos do país. Foi lá que Joseph Lister deu início ao uso de antisséptico líquido — até então, o instrumental cirúrgico era esterilizado diretamente sobre uma chama —, reduzindo em 70% a mortalidade em operações e estabelecendo um padrão médico para toda a profissão.[3] Também foi lá que o dr. Erik Laxer, um aluno do lendário Ernst von Bergmann, de Berlim, reuniu seu compêndio em dois volumes *Reconstrução cirúrgica completa*, que serviu como obra de referência profissional no mundo inteiro. A clínica tratava no ambulatório nada menos do que duzentos pacientes por dia, a maioria dos quais sofrera acidentes domésticos ou de trabalho, embora houvesse também vítimas ocasionais de violência nas ruas.

Para Kahn, a chegada numa hora tardia da noite à clínica da Nussbaumstrasse marcou o fim de um suplício que já durava um mês, tendo começado no início da tarde de 11 de março. Kahn era um homem de boa índole que nunca fora particularmente inclinado à política, mas a visão dos camisas-marrons nazistas hasteando uma bandeira com a suástica num gabinete do estado tinha-o compelido a agir. A ele se juntaram cerca de cinquenta outros conterrâneos bávaros, e o protesto acabou virando confusão, em consequência da qual Kahn foi levado em custódia preventiva junto com os outros.[4] Depois de passar os três dias seguintes na delegacia de polícia da Ettstrasse, foi transferido para a prisão de Stadelheim, nos arredores de Munique. Estava vivendo separado de sua mulher, Eva, mas ela o visitou diariamente nos dez dias seguintes, trazendo roupas limpas e contando as novidades sobre a jovem filha do casal.

Em 22 de março, Kahn estava entre os primeiros detidos a serem transferidos para o recém-aberto campo de concentração perto de Dachau. "Você provavelmente foi hoje à Stadelheim e a esta altura já sabe que fui obrigado a mudar para meu atual, e muito indesejado, domicílio", ele escreveu para Eva. "Estou agora em Dachau, especificamente num prédio da antiga fábrica de pólvora."[5] Kahn explicou que ainda estava aguardando um interrogatório formal que determinasse de fato qual o motivo de sua detenção, mas assegurou que estava tudo bem. "Não há por que ter medo, já que não sou membro do partido e nunca tive nele qualquer função, como você sabe", ele escreveu. Sua única queixa real foi contra o chão frio dos barracões. Pediu a sua mulher que lhe enviasse "meias grossas" junto com material para se barbear e cigarros. "Só estou curioso para ver quanto tempo ainda vai levar até que sejamos, ou pelo menos até que eu seja, interrogados", informou. "Não quero ficar só comendo e dormindo e esperando, e gostaria de voltar a meu trabalho. Seja como for, por favor não tenha preocupações." Ele acrescentou um pós-escrito. Eva não deveria se preocupar quanto a sua situação financeira. Os funcionários do campo lhe tinham dito que ou a prefeitura ou o governo estadual providenciaria um subsídio às famílias dos detidos durante o tempo em que estivessem presos.

Cerca de uma semana depois, Kahn enviou uma segunda carta. E agradeceu à mulher pela comida que lhe tinha enviado e de novo expressou o desejo de ter a situação resolvida o mais depressa possível. "Só tenho um único desejo, o de ser finalmente interrogado para que as coisas se esclareçam", escreveu. "Eu não fui de nenhum partido e não era um capitalista. O que eles querem de mim? Estou tentando me manter de cabeça erguida."[6] Eva sabia que seu marido era paciente e otimista, mas entendia que a situação era desgastante, se não preocupante.

Alguns dias depois, Kahn escreveu a seus pais. Agradeceu-lhes por um pacote de comida, informando-lhes que em 1º de abril tinha requerido oficialmente seu interrogatório para esclarecer a situação. Pediu que não se preocupassem.

> Eu lhes asseguro mais uma vez que não sei por que fui preso. Em toda a minha vida nunca estive em qualquer partido, e simplesmente fui preso na rua por um homem da SA. O principal, no entanto, é que ainda gozo de saúde, o que me ajuda a manter a cabeça erguida. Em geral, não posso reclamar. Peço-lhes que não se preocupem demais comigo: Espero!! estar solto o quanto antes.[7]

Cinco dias depois, a jurisdição sobre o campo de concentração foi transferida da polícia bávara para a SS. Na tarde seguinte, Erwin Kahn respondeu por engano ao chamado por "Kahn!" de Steinbrenner e foi levado para fora do complexo do campo com outros três judeus, onde levou os tiros no rosto.[8] Erspensmüller aproximou-se devagar, com a arma na mão, mas alguém lhe gritou que parasse.[9] Erspenmüller hesitou, e então guardou a pistola. Kahn foi erguido do solo e carregado de volta à pinguela, e depois para a enfermaria do campo. Foi chamada uma ambulância, e Kahn foi transportado para o hospital local em Dachau, e de lá para a clínica na Nussbaumstrasse.

"Homem de compleição média com pressão sanguínea um tanto baixa", registrou o médico que examinou Kahn na sua internação.[10] Ele notou que o paciente sofrera lesões e sangramentos significativos devido a múltiplos tiros, observando: "Um ferimento de bala sobre o malar esquerdo já tinha sido operado". Ele registrou o dano causado ao olho esquerdo. Como o olho direito estava preservado, Kahn podia "enxergar claramente os que estavam em torno dele. Não dava sinal de inconsciência ao chegar".

Kahn foi medicado e colocado em tratamento intensivo. Ele permaneceu estável durante a noite. "Seu estado segue basicamente inalterado", registrou o médico naquela sexta-feira.[11] "O paciente continua totalmente consciente. Ligeiro aumento de temperatura." No sábado, a clínica informou a Eva que seu marido tinha sido ferido e queria vê-la. Ela correu até o hospital e foi ao encontro do marido no leito dois da galeria 126, uma enfermaria com dezesseis leitos com grades na janela e dois guardas de tropa de choque na porta. Quando lhe negaram entrada, ela mandou chamar o médico que cuidava do caso, dr. Hecker, que desautorizou secamente os guardas e a levou até o leito de seu marido. Ela passou várias horas à cabeceira do leito. Ele descreveu o ataque de forma detalhada. Disse que viu um guarda da ss erguer sua pistola, apontar para Benario e atirar. Benario caiu, depois Goldmann, e depois, de repente, ele mesmo foi atingido por balas, contou Kahn. "Meu marido continuou, explicando que ele então pôs as mãos sobre o rosto e caiu", relembrou Eva. "Não tinha ideia do que acontecera em seguida, pois perdeu os sentidos."[12] Depois disso, Eva pediu informações ao dr. Hecker. Ele a avisou que seu marido havia resistido bem à operação e provavelmente se recuperaria, embora fosse bem possível que viesse a sofrer de alguma paralisia como consequência das lesões. Ela partiu, tencionando voltar no dia seguinte.

"Febre subindo. O paciente está um pouco aturdido, as lesões têm bom aspecto. Em geral não há mudança nos resultados dos exames clínicos", assinalava o boletim médico.[13] "À noite o paciente está inquieto e já não responde adequadamente." O estado de Kahn se deteriorou cada vez mais rápido no decorrer da madrugada. Sua respiração ficou mais difícil.[14] Sua garganta, com sangue coagulado, começou a se fechar. Os seios paranasais estavam cheios de pus em decorrência da infecção. Nas primeiras horas do Sábado de Aleluia, ele começou a agonizar, falecendo por fim às quatro da manhã.

Como previsto, a Páscoa mostrou-se um dia festivo, com céu limpo e clima ameno. Cortejos, procissões e missas de celebração realizaram-se por toda a região, a mais católica da Alemanha. No campo de concentração de Dachau, um barracão foi adaptado como capela para cumprir a promessa do gauleiter Wagner de que haveria uma missa para os detentos que não pudessem estar em casa a tempo de comemorar o evento com suas famílias. Como a maioria era comunista, apenas 28 dos 539 prisioneiros tiraram proveito dessa benevolência administrativa. "Todavia, esses 28, como um 'pequeno rebanho', receberam esse comovente momento de serviço religioso com profunda gratidão", relatou mais tarde o padre Friedrich Pfanzelt, "e ficaram muito felizes com cada palavra boa que o sacerdote foi capaz de lhes oferecer, tanto coletiva como individualmente."[15]

A notícia da morte dos quatro homens em Dachau chegou a suas famílias em Munique, Nuremberg e Fürth em pequenas e dolorosas doses. Em Nuremberg, Bernhard Kolb, que era o responsável pelos assuntos judaicos da cidade, soube primeiro da morte de Arthur Kahn, quando recebeu uma solicitação da administração do campo de Dachau para resgatar seu corpo.[16] O cadáver chegou num carro fúnebre, dentro de um caixão lacrado. Desconfiado, Kolb mandou abrir o caixão e chamou um médico local para realizar uma autópsia. O médico descobriu uma horrível intervenção post mortem. A carne em torno dos orifícios de bala tinha sido cortada e removida. "Em minha opinião e na do doutor", Kolb observou depois, "isso foi feito porque a administração do campo queria esconder o fato de que as balas que mataram Kahn tinham sido disparadas a curta distância."[17]

Em Gmünden am Main, a notícia dos assassinatos trouxe dor e consternação ao lar do lojista Levi Kahn e de sua mulher Marta. Arthur era o mais velho de seus quatro filhos. Era um jovem talentoso e de uma inteligência excepcional. Tinha sido campeão estadual de xadrez e estudara medicina na Universidade de Würzburg, com a intenção de se dedicar ao emergente campo da pesquisa sobre o câncer. Como Benario, Kahn fora um ativista político na universidade, tentando combater a onda crescente do nacional-socialismo entre os estudantes.[18] Kahn acabara de ser aceito na prestigiosa faculdade de medicina da Universidade de Edimburgo, na Escócia, e só retornara brevemente a Würzburg para recolher seus boletins e históricos acadêmicos, quando foi reconhecido por um nazista local. Foi detido em custódia preventiva e enviado a Dachau em 11 de abril, junto com Benario e Goldmann.[19] O documento que determinou a transferência identifica Kahn incorretamente como um "comunista ativo".[20]

"Quando chegou a notícia de que Arthur fora 'atingido por tiros em uma tentativa de fuga', meus pais e eu soubemos logo que ele tinha sido intencionalmente fuzilado", relatou o irmão mais moço de Arthur, Lothar. "Lembro que meus pais não conseguiram trazer seu corpo de Dachau. Meu pai teria de dar dinheiro para que o liberassem."[21] Quando a informação da morte de Kahn chegou à universidade, um funcionário da administração anotou seu falecimento em seu registro de estudante: "Segundo relatos em jornal, atingido por tiros quando fugia do campo de concentração de Dachau".[22]

Qual fosse a natureza do abismo que a vida tinha criado entre Ernst Goldmann e seus pais, sua morte não o fez desaparecer. Siegfried e Meta Goldmann deixaram a cargo do irmão de Ernst viajar da Dinamarca para identificar o corpo e providenciar que fosse enterrado no Cemitério Novo em Fürth.[23]

Na terça-feira seguinte à Páscoa, Leo Benario sepultou seu filho. Naquele dia, publicou no *Fürther Tagblatt* um artigo em sua homenagem. "Com grande tristeza, foi prematuramente interrompida a vida de nosso querido filho, irmão e noivo, que tinha tanta sede de conhecimento e cuja vida era tão promissora", ele escreveu.[24]

Nesse mesmo dia, o dr. Flamm realizou uma autópsia em Erwin Kahn, em companhia de outro médico, o dr. Müller. A causa da morte foi determinada como uma infecção aguda das vias brônquicas e uma grave inflamação da laringe em consequência de dois ferimentos causados por projéteis.[25] Os dois médicos determinaram também que tinha havido um sangramento interno nos músculos em volta da laringe e no lado esquerdo do tórax. Ressaltaram o fato de que esse sangramento interno não tinha relação com as lesões causadas pelas balas.* O corpo de Kahn foi enterrado no Cemitério Judaico de Munique no dia seguinte.

Naquela quinta-feira, uma semana após Hartinger ter recebido o telefonema relatando os tiros disparados em Dachau, Eva Kahn apareceu em seu gabinete para denunciar a morte de seu marido. Ela contou a Hartinger sobre o suplício pelo qual ele passara no campo de concentração de Dachau. "Hartinger foi muito gentil comigo, e saí de lá com a impressão definitiva de que ele não era um nazista e nada tinha em comum com os perpetradores", ela relembrou depois.[26] Eva contou a Hartinger que, embora infeliz com sua situação em Dachau, ele pretendia se manter paciente até ser libertado. Suas cartas eram prova disso. Mais im-

---

* O dr. Wolfgang Eisenmenger, professor emérito no Instituto de Medicina Legal da Universidade de Munique, estudou a autópsia de Erwin Kahn e observou que, ao ressaltar a ausência de conexão entre as múltiplas ocorrências de sangramento interno, o dr. Flamm e o dr. Müller podem ter tentado alertar as autoridades para a possibilidade de que os guardas da SA na clínica "estivessem envolvidos" na morte de Kahn.

portante, ela disse a Hartinger o que ouvira sobre o incidente dos tiros conforme contado pelo marido no hospital. Os relatos no jornal sobre uma tentativa de fuga frustrada não eram verdadeiros, ela insistia. Seu marido e os outros três homens não tentaram fugir. Foram levados até a floresta e fuzilados a sangue-frio. Ela queria que Hartinger apresentasse acusações de assassinato contra o comandante e seus homens. E estava disposta a testemunhar. "Contudo, [Hartinger] aconselhou-me, dadas as circunstâncias, a não fazer nada", ela lembrou depois, "uma vez que havia o risco, se levasse o caso adiante, de que eu também fosse presa e, segundo ele disse, de possivelmente acabar da mesma maneira que meu marido."[27]

Hartinger sabia que sem o apoio de Wintersberger ele não poderia ajudar Eva a obter justiça, mas também tinha noção de que a negligência era uma frequente e comum parceira da arrogância. Estava certo de que Wäckerle mataria novamente. Ele só precisava ter paciência e se manter vigilante.

PARTE II: ... ATÉ QUE SE PROVEM...

5. O estado da Baviera

A notícia que fez a manchete do *Völkischer Beobachter* no dia em que Benario, Goldmann e os dois Kahn foram baleados foi a nomeação do novo governo do estado da Baviera.[1] Durante as seis semanas anteriores, desde o ataque que incendiou o Reichstag de Berlim e da imposição de um decreto presidencial de emergência, o Estado Livre da Baviera tinha sido administrado por um governo provisório.

Na última segunda-feira de fevereiro, pouco depois das nove da noite, fora visto fogo no recinto com a abóbada de vidro e paredes revestidas de madeira que era o salão do plenário do Reichstag.[2] O alarme soou imediatamente, mas quando as primeiras unidades dos bombeiros chegaram as chamas já tinham consumido os felpudos carpetes vermelhos, crepitavam nos assentos de veludo dos representantes eleitos e escalavam os painéis de carvalho das paredes, enchendo o lugar de calor e fumaça. Pouco depois das nove e meia, a grande cúpula desmoronou. Estilhaços de vidro despencaram sobre o inferno mais abaixo. Em meio à estrutura de aço exposta, chamas saltavam no céu noturno. Dez mil berlinenses apinharam-se para ver uma dúzia de caminhões de bombeiros combaterem o incêndio num frio hibernal, enquanto dois barcos equipados com canhões de água juntavam-se, no rio Spree, à luta desesperada. A conflagração ocorreu uma semana antes das eleições nacionais, convocadas para solucionar um impasse no Reichstag, que tinha sido suspenso pelo presidente Hindenburg, e para referendar o governo de Hitler, quatro semanas depois de o chanceler ter assumido o cargo.

Suspeitas e recriminações abundavam. "Isso só pode ser um ataque dos comunistas a nosso novo governo!", bradava Hermann Göring, que presidia o Reichstag.[3] Os comunistas, em contrapartida, acusavam os nazistas. "A queima deste símbolo de um governo parlamentar livre foi tão providencial para os nazistas que se acreditou terem eles mesmos provocado o incêndio", observaria Robert Jackson treze anos depois em Nuremberg. "Certamente, quando contemplamos os crimes que sabemos que eles cometeram, não podemos acreditar que fossem recuar de um mero incêndio criminoso."[4] Alguns suspeitaram de Göring, cuja residência tinha comunicação com o Reichstag por meio de um corredor subterrâneo. Outros acusaram os social-democratas, dos quais se dizia (incorretamente) que tinham fugido em massa para a França. Na manhã seguinte, durante uma reunião de emergência do gabinete, Göring mencionou uma trama comunista, que teria sido descoberta numa batida policial, e que visava a uma convulsão ainda maior. "Com base nos materiais confiscados, está claro que os comunistas queriam criar grupos terroristas", registram as minutas oficiais, "que tencionavam incendiar edifícios públicos, envenenar cozinhas públicas, mesmo ao preço de sacrificar seus próprios partidários."[5] A trama terrorista, segundo Göring, também incluía provisões para sabotar redes de energia, sistemas ferroviários e instalações industriais, e sequestrar pessoas preeminentes, assim como suas mulheres e seus filhos.

Hindenburg convocou Hitler a seu gabinete e interrogou-o sobre os rumores de que o ataque incendiário tinha sido orquestrado por tropas de choque como pretexto para prender comunistas antes das eleições de domingo. "Hitler disse que eram invenções tendenciosas da imprensa estrangeira", relembrou o secretário de Estado Otto Meissner, "e referiu-se aos protocolos da investigação da polícia e dos promotores, que mostravam forte evidência da existência de planos comunistas para derrubar o governo por meio de ações terroristas, levantes armados e greves."[6] Hitler instou o presidente a emitir um decreto de emergência, dando ao governo poderes para tomar medidas de segurança de modo a evitar um potencial levante comunista em grande escala.*

Durante os dois anos anteriores, Hindenburg tinha exercido sua autoridade em repetidas ocasiões, com base no artigo 48 da Constituição, emitindo decretos presidenciais. Ele restringiu a venda de armas de fogo e suspendeu o direito a reuniões públicas. Baniu o uso de uniformes nazistas e a exibição de bandeiras com a suástica em público. Em março de 1931, reagiu à profanação de sinagogas e aos cada vez mais frequentes ataques aos judeus fixando um mínimo de três meses de prisão nas sentenças de quem quer "que insultasse ou profanasse estabelecimentos, costumes ou objetos relacionados com comunidades religiosas reconhecidas pela lei pública". Agora, um dia após o Reichstag ter se consumido em chamas, e com Hitler fazendo soar o alarme sobre distúrbios potenciais ainda maiores, Hindenburg emitiu um "Decreto Presidencial para a Proteção do Povo e do Estado".

---

* O ataque ao Reichstag foi, ao que tudo indica, um ato de revolta de um comunista holandês de 24 anos, Marinus van der Lubbe, mas até hoje não está claro se ele agiu sozinho ou se estava envolvido numa trama comunista ou possivelmente numa conspiração nacional-socialista. O suposto plano comunista de perturbações em massa, apresentado na reunião do gabinete, era uma fraude nazista.

O decreto de emergência provia a suspensão de sete artigos da Constituição que protegiam as liberdades civis, "inclusive a liberdade de imprensa, liberdade de reunião e associação, assim como a intervenção no correio, mala postal, em comunicações telegráficas e telefônicas, ordens de buscas e apreensão em residências".[7]

Enquanto a maioria das pessoas se concentrava nas repercussões do decreto de emergência sobre as liberdades civis dos 65 milhões de cidadãos do país, o governo do estado da Baviera preocupava-se com as menos dramáticas porém mais sinistras implicações do artigo 2. "Se não forem tomadas medidas adequadas para restabelecer a segurança pública e a ordem", declarava o parágrafo, "o governo do Reich poderá assumir temporariamente as responsabilidades das autoridades do estado, conforme necessário."

O primeiro-ministro da Baviera, Heinrich Held, garantiu a Berlim que não havia necessidade de um governador do Reich em seu estado. O governo estadual poderia cuidar de seus próprios assuntos sem a interferência de Berlim. Held era um homem comedido e conservador, advogado experiente e fundador do Partido Popular da Baviera, que governava o Estado Livre da Baviera com serenidade e equanimidade havia quase uma década. Num estado famoso por seus radicais de cervejaria, Held postava-se acima das refregas políticas, com sua cartola, sua casaca e sua bengala. Muitos achavam que devia candidatar-se à presidência. Held era também um dos mais francos defensores dos direitos dos estados na Alemanha, e via com suspeita qualquer injunção vinda de Berlim. Em 1919, quando a recém-lavrada Constituição de Weimar estava sendo elogiada por acomodar valores e estruturas democráticos, Held via somente perigo. "Evidentemente, as condições incorporadas na Constituição nacional alemã são muito flexíveis e pouco claras", ele alertava, "e abrem amplas portas para o ceticismo quanto a sua natureza e conteúdo legais, pondo assim em questão seu possível impacto na lei do estado."[8]

Held estava particularmente inquieto com o artigo 48 da Constituição de Weimar, "o artigo do decreto de emergência", que concedia ao presidente o poder de suspender o Reichstag e governar por decreto. Via ali as "sementes da ditadura". Held teve suas apreensões confirmadas em 1931 quando, em meio a uma crescente crise política e econômica, Hindenburg exerceu esses poderes emitindo 42 decretos presidenciais, e quando, no ano seguinte, demitiu três chanceleres em sequência. Adolf Hitler foi seu quarto chanceler em menos de sete meses. "Os desenvolvimentos recentes nas questões públicas da Alemanha estão causando grande ansiedade ao governo do estado da Baviera", Held escreveu a Hindenburg.[9] Ele estava especialmente inquieto com os "rumores" sobre a iminente "abolição da soberania do estado".[10] Held sabia que o primeiro-ministro da Saxônia já tinha escrito a Hindenburg expressando preocupações semelhantes, e queria que o presidente soubesse que a preocupação também era grande no Estado Livre da Baviera. Ele apelou a Hindenburg, em seu papel de "guardião da lei constitucional e da justiça", que se postasse como o baluarte dos direitos dos estados. O pedido de Held foi recebido com um silêncio inquietante. Duas semanas depois, o Reichstag irrompeu em chamas.

Enquanto muitos viram no pânico de Hitler uma calculada simulação que mascarava um apetite nacional-socialista pelo poder, Held o considerou, além disso, um imperialismo do norte, uma tentativa de impor autoridade prussiana sobre um domínio bávaro. Era uma história de séculos, que tinha visto gerações de Hohenzollern e Wittelsbach combatendo pelo poder e por território tão renhidamente que, em 1805, a Baviera se alinhou com Napoleão contra a Prússia. Após a unificação da Alemanha, em 1871, a Baviera manteve seu próprio sistema ferroviário, seu próprio serviço postal, sua própria monarquia e suas próprias forças armadas. Em 1914, soldados bávaros marcharam para a guerra em regimentos bávaros comandados por generais bávaros sob a autoridade do Real Ministério da Guerra da Baviera. Em novembro de 1918, quando a monarquia desmoronou, a Baviera separou-se do Reich, declarando-se um país independente, e retornou relutante no ano seguinte, como parte da República de Weimar, com um dispositivo constitucional especial que previa o restabelecimento da monarquia dos Wittelsbach em tempos de emergência. Quando Hitler propôs dar posse a Franz von Epp como governador do Reich para a Baviera, Held ameaçou invocar a cláusula da monarquia e reconvocar o príncipe Ruprecht para ocupar o trono estadual. Os ministros de Hitler temiam que o decreto pudesse precipitar a saída da Baviera do Reich.[11]

Três dias depois, quando as eleições nacionais outorgaram aos nacional-socialistas mais de 40% dos votos do eleitorado, Hitler agiu para quebrar a espinha da independência bávara. "Agora somos os senhores do Reich e da Prússia, e os outros murcharam e despencaram em sua derrota", cantou vitória em seu diário, naquela noite, o futuro ministro da Propaganda de Hitler, Joseph Goebbels. "Nosso sucesso nessas eleições atingiu de fato novas alturas no sul da Alemanha. Isso é especialmente gratificante porque agora temos a oportunidade de esmagar ali o federalismo separatista."[12] Hitler reuniu-se com seus principais assessores para planejar a eliminação desse último bastião da independência de estado no Reich. "À noite nos reunimos todos com o Führer, e está decidido que agora vamo-nos apoderar da Baviera", Goebbels escreveu em seu diário três dias depois.[13] "Embora alguns espíritos melindrosos que não pertencem ao partido continuem a fazer objeção, com sua lenga-lenga sobre resistência do Partido Popular da Baviera etc., estamos firmemente convencidos de que *Herr* Held não vai bancar o herói."* Foi traçado um plano para

---

* Goebbels estava fazendo um jogo de palavras com o nome de Held, que em alemão significa "herói". Ele escreveu "*dass Herr Held kein Held sein wird*".

desestabilizar o estado com um tumulto público orquestrado, como meio de invocar o parágrafo 2 do decreto de emergência e dar posse a um governador do Reich.[14]

Na manhã de 9 de março, Held estava em seu gabinete no Palácio Montgelas quando ouviu, pela janela, que estava havendo algum tumulto.[15] Várias centenas de tropas de choque tinham se reunido na praça, gritando, cantando e entoando a "Canção de Horst Wessel". Pouco antes do meio-dia, três dos principais assessores de Hitler, Adolf Wagner, o gauleiter de Munique, Ernst Röhm, o líder da SA, e Heinrich Himmler, o chefe da SS, entraram no gabinete de Held em botas de montaria e uniformes da tropa de choque. Eles apontaram para a multidão que se via pela janela. Röhm expressou sua preocupação com a segurança pública, invocando o artigo 2 do decreto de emergência de Hindenburg. Chegara o momento, eles disseram a Held, de empossar Epp como governador do Reich para a Baviera. Wagner golpeou a mesa de Held com seu rebenque. Held levantou-se. "Eu rejeito categoricamente essa solicitação", ele disse. "Uma decisão como essa não pode ser tomada somente por mim. Vou convocar uma reunião para as duas e meia da tarde. Não tenho mais nada a dizer, cavalheiros!"[16]

A essa altura, no entanto, tropas de choque de todo o estado estavam afluindo para Munique. Chegavam de trem, ônibus e automóvel. Alguns, segundo relatos, vinham de bicicleta. Andavam pelas ruas, comemorando e também ameaçando, e convergiam para a praça em frente ao escritório de Held. Ao meio-dia e meia, dois membros da Juventude Hitlerista subiram ao topo do portão da cidade velha, na Karlsplatz, e desfraldaram uma bandeira com a suástica. À uma da tarde, uma segunda bandeira tremulava sobre a prefeitura. Röhm, Wagner e Himmler voltaram ao escritório de Held às quatro horas, dessa vez acompanhados de Epp. "O gabinete decidiu não seguir sua recomendação", Held informou. "Não nos deixaremos pressionar pela SA."¹⁷ Duas horas depois, apesar da decisão de Held, os nazistas proclamaram vitória. "O general von Epp acaba de assumir o poder total na Baviera", disse Max Amman, o editor do *Völkischer Beobachter* à multidão, de uma sacada no prédio da prefeitura. "O Reichsführer-ss Heinrich Himmler assumiu o comando da polícia."¹⁸

Held passou um telegrama a Hindenburg requisitando apoio da Divisão Reichswehr VII, sediada em Munique. Hindenburg respondeu sugerindo que Held empossasse o governador do Reich. Quando Held enviou uma segunda requisição a Hindenburg, a resposta veio de um homem associado a Hitler, o ministro do Interior Hans Frick, que telegrafou para Held às oito e quinze daquela noite.

> Uma vez que a reestruturação da situação política da Alemanha tem causado alguns distúrbios junto à população, a ordem pública e a segurança na Baviera parecem estar em risco. Vou assumir portanto a responsabilidade pela Alta Autoridade de Estado Federal da Baviera em nome do governo do Reich, de acordo com o parágrafo 2 do Decreto para Proteção Pública e do Estado. Além disso, transfiro a autoridade executiva ao general Ritter von Epp, em Munique.¹⁹

Duas horas depois, Epp apareceu na Odeonplatz diante de um mar de camisas-marrons e simpatizantes, que se estendia ao longo da Ludwigstrasse. A multidão estava exultante. O idoso general discursou com constrangedora convicção:

> A fim de evitar a disseminação de quaisquer potenciais rumores de que a Prússia ou a Alemanha setentrional estejam impondo à Baviera algo que lhe seja desfavorável, eu gostaria de lembrar a vocês que o caminho original para nossa atual libertação foi tra-

çado a partir de Munique, que homens como Hitler e Frick também são originários do sul da Alemanha, e que ninguém jamais ousará sequer considerar restringir os direitos da Baviera, os quais ela adquiriu historicamente, com justiça e orgulho.[20]

Held ignorou a nomeação de Epp por Frick. O decreto de Hindenburg estipulava explicitamente que cabia aos primeiros-ministros dos estados nomear os governadores do Reich. Mas, na manhã seguinte, quando chegou ao trabalho, Held encontrou o Palácio Montgelas apinhado de camisas-marrons.[21] Um jornalista americano testemunhou a "implacável marcha do rolo compressor nazista" naquela primavera, quando os membros do grupo, "eriçando-se com suásticas e outras insígnias, seus revólveres pendendo a olhos vistos de seus cinturões", invadiram as repartições públicas por todo o país. "Esses turbulentos personagens contrastavam ridiculamente com os funcionários remanescentes da era pré-nazista", ele observou, "que circulavam como que envergonhados de suas roupas formais, parecendo — e sem dúvida sentindo-se como — peixes fora d'água."[22] Held ainda trabalhou durante aquela semana. Na sábado, partiu de Munique para "visitar" seu irmão na Suíça. Pouco tempo depois, renunciou ao cargo de primeiro-ministro da Baviera.

Em 12 de abril, o dia dos primeiros assassinatos em Dachau, Epp apareceu no provinciano esplendor barroco do Palácio Montgelas para dar posse a seus novos ministros de Estado. O general, já envelhecido, era um homem rude, que tinha adquirido seu título aristocrático à moda antiga, em matanças no campo de batalha, e aos sessenta anos de idade ainda preferia o capacete de trincheira à cartola. Em junho de 1916, como coronel Franz Epp, soldado da fortuna e filho de um medíocre pintor de paisagem bávaro, comandara um ataque com lança-chamas e granadas de mão que o levara aos arredores de Verdun. Os franceses resistiram, mas Epp emergiu do combate com uma Cruz de Ferro de Primeira Classe e o título de "Ritter von Epp", ou Cavaleiro de Epp. No primeiro semestre de 1919, depois de voltar à Baviera no fim da guerra, marchou sobre Munique para esmagar com vigor sangrento um golpe bolchevique, massacrando centenas de comunistas enquanto seus soldados sofreram apenas perdas insignificantes. Sua nomeação como governador do Reich foi saudada na imprensa da direita como a "Segunda marcha de Epp sobre Munique".[23]

Instalado no Palácio Montgelas, Epp empossou seus novos ministros. Wagner, é claro, seria o ministro do Interior. O advogado do Partido Nazista, dr. Hans Frank, era o novo ministro da Justiça. O líder nazista da SA, Ernst Röhm, foi feito "ministro sem pasta", assim como Hermann Esser, intimamente associado a Hitler, que depois foi encarregado da pasta de Turismo. Hans Schemm, fundador da Liga de Professores Nacional-Socialistas, foi nomeado ministro da Cultura. O posto de primeiro-ministro que fora de Heinrich Held, e que Epp ocupara durante o mês anterior, foi preenchido por Ludwig Siebert, o prefeito nazista de Lindau, que acumulava a função de ministro das Finanças. Essas nomeações não causaram surpresas, já que os novos ministros eram todos nazistas e tinham ocupado esses cargos provisoriamente durante o mês anterior. A única novidade real veio no fim, quando Epp anunciou que o cargo de ministro do Exterior não seria preenchido e que o próprio ministério estava sendo extinto.[24] O Palácio Montgelas serviria a partir de então como o gabinete do governador do Reich. O Estado Livre da Baviera não era mais livre. Não era nem mesmo um estado.

No dia seguinte, Epp promoveu uma recepção aos ministros em seu gabinete. Nessa ocasião, ele dispensou toda a formalidade. Estava relaxado, até mesmo sentimental. "Tudo que se alcançou nas últimas semanas teria sido impossível se meus colegas não fossem membros do 'movimento', todos com o mesmo espírito e o mesmo pulsar no coração, e não se tivessem dedicado com total harmonia às mesmas ambições e ideias", ele disse.[25] A extinção do Ministério do Exterior da Baviera, segundo o general, permitiria que o estado agora cooperasse totalmente com o governo nacional. "Estamos contentes por termos sido parte desse desenvolvimento, concebido por nosso Führer e pelo presidente do Reich", ele declarou, "e que foi reconhecido como a melhor e mais feliz solução para a Alemanha." Epp visionava "uma Baviera florescente num Reich forte". O general mais uma vez concluiu suas observações com um caloroso "*Sieg Heil!*" ao povo alemão, ao movimento nazista e, é claro, a Adolf Hitler.

Como sempre, na Baviera, a palavra final estava reservada ao arcebispo de Munique e Freising. "Devemos ao governo anterior do estado da Baviera nossa indelével e eterna gratidão por ter protegido nossa pátria das ameaças do comunismo e do bolchevismo na década passada", escreveu o cardeal Faulhaber a Heinrich Held naqueles mesmos dias. "Somos igualmente gratos a eles por seus esforços no tocante a nossa religião e nossos costumes, assim como à recuperação da situação socioeconômica de nosso povo."[26] Dois dias depois, Faulhaber enviou uma "instrução pastoral" a seu clero lembrando-os de suas obrigações concernentes à autoridade do estado, ressaltando a necessidade de "chamar um erro de erro, de chamar uma injustiça de injustiça", e de repudiar essas "ideologias político-culturais" que violam "as convicções de nossa consciência". Afirmou ainda que transgressões violentas não deveriam ser glosadas "com um simples 'sim' e um 'amém'".[27]

De seu gabinete no segundo andar no número 5 da Prielmayrstrasse, bem em frente ao Palácio da Justiça na Karlsplatz, Hartinger observara consternado o tumulto político de março e início de abril. Ele era um católico devoto e membro de carteirinha do Partido Popular da Baviera, de Heinrich Held, e tinha uma aversão pelo movimento nacional-socialista que remontava a seu tempo de estudante na Universidade Maximilian. "Logo após a intentona de 11 de novembro de 1923, participei publicamente de demonstrações de massa contra seguidores de Hitler na área da Ludwigstrasse em Munique", lembrou Hartinger.[28] Em um confronto na Odeonsplatz, Hartinger viu-se cercado por belicosos manifestantes. "Eles me chamaram de 'judeuzinho', e duas vezes me bateram a ponto de eu quase cair", relatou ele. Sua oposição ao nacional-socialismo continuou com igual determinação como um jovem promotor na jursidição de Munique i, onde processava infratores, como fizera Wintersberger uma década antes.

Em 9 de março, Hartinger observara da janela de seu escritório multidões de tropas de choque fluindo pela Prielmayrstrasse da estação ferroviária em direção ao Palácio Montgelas, desfraldando uma gigantesca bandeira com a suástica desde o portão da cidade velha através da praça. Na mesma noite, a elegante Theatinerstrasse, onde Hartinger morava "num apartamento confortável mas não dispendioso" de quarto andar, foi tomada por tropas de assalto em seu caminho para ouvir o discurso da vitória de Epp na Odeonsplatz. Mas, com todo aquele drama nas ruas de Munique, a crescente onda marrom do nacional-socialismo que varria o país naquela primavera só causou uma marola nos escritórios e corredores do número 5 da Prielmayrstrasse. No início de abril, havia um único distintivo de lapela com uma suástica à vista na sede da jurisdição de Munique ii. Pertencia a Anton Heigl, um jovem e ambicioso vice-promotor que tinha sido um fervoroso social-democrata com um evidente desprezo pelo movimento nacional-socialista, especialmente pelas brutais tropas de choque, mas que depois da nomeação de Hitler como chanceler, naquele mês de janeiro, mudou às pressas de coloração política, visando a uma promoção. A conversão de Heigl foi um choque para Hartinger e seus dois colegas seniores de Munique II, Hans Hechtel e Josef Wintrich. "Sempre que nós três estávamos conversando, o que é comum em qualquer escritório, e Heigl se aproximava", relembrou Hartinger, "logo mudávamos o tema da conversa se o assunto era política, que naqueles dias, claro, geralmente era o caso."[29]

Hartinger considerava que o novo governo não era tão ruim quanto poderia ter sido. Estava claro que Hitler tinha deixado seus piores acólitos fora de ação. O fanático Julius Streicher ficara em Nuremberg como editor do semanário *Der Stürmer*. Até mesmo a escolha de Epp como governador do Reich sinalizava, de forma explícita, um meio-termo. Ele era o único que assumia esse cargo no país que não estava servindo também como gauleiter. Mais animador ainda, Epp, embora indubitavelmente duro, implacável e antidemocrático, estava mais interessado na ordem pública do que em ideologia política.

Hartinger ficou particularmente animado com a escolha de Ludwig Siebert como primeiro-ministro e ministro das Finanças. Siebert, sem abandonar a carreira de juiz, já tinha sido durante anos seguidos o bem-sucedido prefeito da cidade bávara de Lindau, no lago Constance. Hartinger confiava no juízo sensato de Siebert. Mais importante, Siebert era um retardatário no movimento nacional-socialista. Como Epp, antes havia sido membro do Partido Popular da Baviera. Siebert se juntara ao partido de Hitler só dois anos antes, quando os nacional-socialistas começaram a obter sucessos nas eleições. Era mais um oportunista político do que um ideólogo nazista e, mais uma vez como Epp, um católico devoto.

Porém duas nomeações preocupavam Hartinger profundamente: Wagner como ministro do Interior e Himmler como chefe de polícia. Ambos eram cruéis, arrogantes e irrefreáveis, indiferentes às leis ou aos regulamentos. Hartinger estava preocupado em particular com as superposições das atribuições de Himmler. Como chefe de polícia estadual da Baviera, ele controlava as forças de segurança do estado. Como Reichsführer-ss, controlava a elite das forças de segurança do Partido Nazista. "Seria ingênuo pensar que qualquer pessoa de bom senso que conhecesse Himmler e a ss — mesmo num nível dos mais superficiais — pudesse confiar nele em algum momento", acreditava Hartinger.[30] Pior ainda, Himmler tinha empossado Reinhard Heydrich, seu assistente de 28 anos de idade, como novo chefe do Departamento VI, o serviço de segurança da polícia estadual.[31] De um momento para o outro, Heydrich ganhara acesso aos arquivos secretos da polícia em todo o estado da Baviera, uma intromissão perigosa de uma força de segurança privada na estrutura do estado. Era um modelo que Hitler no fim acabou expandindo em escala nacional, com perigosas consequências, como Warren Farr observaria doze anos depois em Nuremberg:

> Assim, através da dupla atribuição de Himmler como Reichsführer-ss e chefe da polícia, e através da dupla atribuição de Heydrich como chefe da unidade de inteligência nazista e da polícia política do estado, conseguiu-se ter um comando pessoal unificado da ss e das forças da polícia política.* Uma parceria atuante entre a Gestapo, a polícia criminal, e a unidade de inteligência do Partido Nazista sob a direção do Reichsführer-ss resultou, no fim, em uma atuação repressiva e irrestrita da polícia.[32]

* Hartinger fez uma observação semelhante, mas identificou três atribuições sobrepostas. "Himmler tinha autoridade sobre a ss e também sobre a polícia política no Palácio Wittelsbach, na Briennerstrasse", observou. "E não só estas, mas também, uma vez que era o comandante de polícia em Munique, sobre toda a polícia de Munique, e assim tinha de ser obedecido sempre que dava ordens pessoais concernentes a ações da polícia no campo de concentração."

* * *

Mas, em abril de 1933, Hartinger ainda mantinha sua crença na resiliência das estruturas jurídicas. Elas tinham sobrevivido ao colapso do império e suportado as dores de parto dos doze anos da República de Weimar. Com certeza elas sobreviveriam ao governo de Hitler. Um tanto animadora, na visão de Hartinger, fora a nomeação do dr. Hans Frank como novo ministro da Justiça da Baviera. Embora fosse inequivocamente um membro dos nacional-socialistas, como advogado experiente Frank parecia ter um firme compromisso com a prevalência da lei. "Digam-me qual é a posição de um juiz numa estrutura de estado e eu lhes direi qual é seu valor", Frank diria ao tribunal de Nuremberg. "Estamos falando de uma das mais altas conquistas culturais da Europa."[33] Em seu caso mais famoso como advogado de defesa, o julgamento em 1930 de três oficiais acusados de conspirar num golpe militar pró-nazista, Frank arrancara de Hitler um compromisso público de respeitar os processos legais. "Vou me esforçar para chegar ao poder por meios legais", Hitler jurou na corte, "e depois de assumir o poder vou governar por meios legais, com a ajuda de Deus." Frank via esse "juramento de legalidade" (*Legalitätseid*) como um momento marcante na vida política de seu cliente.

Depois de sua nomeação como ministro da Justiça do estado, Frank demonstrou igual respeito pelo judiciário bávaro. "Assumi a responsabilidade por uma administração judicial geral limpa, no sentido tradicional dessa palavra", ele lembrou, sem "mudar nada na burocracia do ministério, que estava equipada com especialistas de primeira classe, meticulosamente selecionados".[34] Enquanto gabinetes e ministérios por todo o país eram remanejados e aparelhados com nacional-socialistas, Frank trouxe consigo um único colega de confiança, Josef Bühler, e logo acrescentou mais dois ou três juristas de sua preferência, todos eles com notas máximas em seus exames na faculdade de direito e nenhum deles membro do Partido Nazista.

Hartinger ficou aliviado com a ideia de que homens como Frank e Siebert, e até mesmo Epp, todos católicos, todos conservadores, todos leais à Baviera em sangue ou ao menos em espírito, eram responsáveis pelo estado. "Considerei todos eles, mesmo Frank, pelo menos naquele momento e naquele contexto, homens de espírito justo e equilibrado", observaria Hartinger posteriormente. "Segundo o que entendi de Frank na época, ele também abominou os assassinatos no campo de concentração."[35]

6. Rumores da Floresta do Moinho de Würm

Hitler estava no poder fazia poucas semanas quando começaram a proliferar rumores de atrocidades nazistas. Na cidade portuária de Königsberg, no norte, dizia-se que um comerciante judeu chamado Max Neumann tinha sido atacado por tropas de choque locais e espancado até quase a morte. Ainda esfregaram pimenta em suas feridas abertas para aumentar sua agonia. Não confiando nos médicos locais, sua família levou-o a um hospital em Berlim, onde foi tratado, mas morreu de toxemia três dias depois. E havia a história de um jovem judeu em Berlim chamado Kindermann, que supostamente fora sequestrado, levado a uma residência particular no norte da cidade e espancado até morrer. Sua família só veio a saber do incidente quando recebeu uma carta com instruções para resgatar o corpo do necrotério local. Outro jovem judeu, de nome Krel, foi torturado até a morte e teve seu corpo atirado de uma janela no quarto andar para simular um suicídio.[1] Um sobrevivente judeu descreveu um apartamento no número 132 da Friedrichstrasse, no centro de Berlim, que tinha sido convertido numa câmara de tortura improvisada para uso de tropas de choque locais. As paredes estavam salpicadas de sangue. Até mesmo moradores nazistas reclamaram dos "gritos e berros diários". O sobrevivente, que quis ficar no anonimato, lembrava-se de ter sido açoitado até chegar ao ponto de delirar. "Só pude contar até o décimo golpe", ele declarou. "Depois disso, eu já não sabia mais se era o meu próprio corpo ou o de outra pessoa que estava sendo espancado com chicotes de borracha até virar uma massa disforme."[2]

Corriam boatos de que o Ministério das Relações Exteriores da Alemanha recebera mais de 150 reclamações de consulados estrangeiros sobre incidentes que envolviam "maus-tratos e tortura cruel".[3] A embaixada polonesa em Berlim tinha uma "impressionante lista de depoimentos juramentados" dando conta de mais de cem casos de judeus atacados em suas casas e seus negócios, roubados sob a mira de armas ou levados a "câmaras de tortura, onde homens 'em uniformes de tropas de choque' os haviam espancado com bolas de chumbo". "O ministro do Reich para Relações Exteriores informou que os embaixadores francês e americano tinham apresentado queixas sobre excessos da SA", assim registrava a ata da reunião de gabinete da Chancelaria do Reich, em 7 de março. "O chanceler do Reich perguntou se tinham sido identificados os nomes dos homens da SA." Ele tinha a "firme convicção de que não eram membros da SA, mas provavelmente comunistas usando uniformes da SA".[4]

Segundos depois de atingirem os quatros jovens judeus, os tiros já despertavam suspeitas de que uma atrocidade acontecera em Dachau. "O som seco dos disparos nos alcançou quando estávamos sentados em umas tábuas entre os barracões, tomando nossa sopa", relembrou um dos prisioneiros, Albert Andersch. "Isso interrompeu nossa conversa, mas continuamos a comer nossa sopa até o fim."[5] Com exceção, claro, dos prisioneiros judeus, que interromperam a refeição no ato. Josef Götz, um delegado comunista no parlamento do estado da Baviera, preso em Dachau, comentou acidamente durante seu jantar: "Isso é fascismo em sua forma mais pura".[6] Quando Wäckerle tomou conhecimento do comentário, chamou Götz a seu escritório e ameaçou confiná-lo na solitária. "Se alguma coisa acontecer comigo", Götz falou depois disso a um companheiro de prisão, "você vai saber do que se trata."[7]

O tenente da polícia estadual Emil Schuler estava em seu alojamento quando ouviu os tiros na floresta vizinha. Ele correu na direção das árvores, mas foi detido por um guarda da ss na pinguela sobre o riacho do Moinho de Würm. O guarda avisou que tinha instruções de não deixar ninguém passar. Schuler o empurrou e correu para o cenário dos tiros, onde Erspenmüller estava de pé com sua pistola na mão.

"Vi a minha frente três homens caídos no solo de bruços, um dos quais gritava terrivelmente e pedia que pusessem fim a seu sofrimento", relembrou Schuler.[8] Erspenmüller ergueu sua arma para o tiro de misericórdia. Schuler gritou-lhe que não fizesse isso. Seria um ato de "puro assassinato", ele disse. Erspenmüller deteve-se. Schuler correu então para chamar um médico da polícia, um certo dr. Meier, que por acaso estava no campo, mas quando chegou à pinguela ouviu mais tiros. Schuler ordenou ao guarda da ss que encontrasse o dr. Meier, e correu de volta à clareira. Erspenmüller estava de pé junto ao agora imóvel corpo do suplicante, com a pistola ainda fumegante. Quando Schuler lhe perguntou sobre o quarto homem, Erspenmüller levou-o para dentro do bosque e mostrou-lhe um corpo que jazia de bruços no chão. Também estava morto. Quando voltaram à clareira, descobriram que um dos prisioneiros ainda estava vivo. Erspenmüller sacou a pistola mais uma vez. Naquele instante, o dr. Meier apareceu. Ordenou que carregassem o ferido para o campo, onde recebeu curativos e, como já sabemos, foi levado numa ambulância para um hospital local. Steinbrenner, que se lembrou de que o homem delirava de dor e ficava pedindo por seus sapatos, soube depois que o prisioneiro relatara todo o incidente à equipe do hospital.[9]

Na manhã seguinte, Anton Vogel, o *Lageverwalter* (administrador do campo), reuniu os detentos e informou que os quatro judeus tinham sido baleados em meio a uma tentativa frustrada de fuga. Um destacamento de dez prisioneiros foi enviado ao cenário dos tiros. "Recebi de um guarda da SS, que eu não conhecia, uma ordem de limpar tudo, cobrir as manchas de sangue e recolher as cápsulas das balas", lembrou um prisioneiro, Matthias Grel. "Recolhi uma mancheia de cartuchos de balas, provavelmente umas quinze no total."[10]

Uma mensagem foi contrabandeada para fora do campo e chegou à Inglaterra, escrita por um prisioneiro anônimo:

> Poucos dias atrás estávamos indo trabalhar, como de costume. De repente os prisioneiros judeus — Goldman, um comerciante, Benario, um advogado de Nuremberg, e os comerciantes Arthur e Erwin Kahn — receberam ordem de sair das fileiras. Sem uma palavra sequer, alguns guardas da tropa de choque atiraram neles. Eles não tinham feito nenhuma tentativa de fugir — todos [sic] foram mortos ali mesmo e todos tinham feridas de bala na testa.[11]

Uma profusão de boatos sobre atrocidades nazistas instigou os jornalistas a investigar. Os nazistas, por sua vez, encetaram um esforço de relações públicas para desqualificar a supostamente judaica *Greuelpropaganda*, ou propaganda de terror. Perto de Berlim, uma delegação de correspondentes estrangeiros foi convidada a percorrer um estabelecimento de detenção nos arredores da cidade de Sonnenberg, onde lhes foi permitido conversar com os detentos, inclusive Carl von Ossietzky, o renomado editor do semanário pacifista *Die Weltbühne*. Louis Lochner, da Associated Press, saiu de lá com a impressão de que muitos dos homens "tinham realmente sido duramente espancados, mas ao que parece esse tratamento cruel agora foi interrompido".[12] Edgar Mowerer, do *Chicago Tribune*, um dos mais implacáveis críticos do governo de Hitler, que já tinha entrevistado um judeu vítima de maus-tratos nazistas que lhe mostrara "as costas, açoitadas até ficarem em carne viva", dificilmente se deixaria convencer pelas instalações e pelo comandante do campo.[13] "O senhor sabe, *Herr* Mowerer, em certo momento ficamos muito zangados", disse-lhe o comandante. "Até pensamos em enviar um destacamento de rapazes da SA para lhe inculcar juízo à força. O que o senhor iria achar disso?"

"Se sobrasse alguma coisa de mim, suponho que eu iria cambaleando até uma máquina de escrever e escreveria o que eu achava disso", respondeu Mowerer. Quando o comandante perguntou o que seria, Mowerer replicou que aquilo seria "uma típica vitória nazista".

"E o que quer dizer isso com isso?", pressionou o comandante.

"Quinze homens armados contra um homem desarmado", explicou Mowerer.[14]

O *New York Times* não aparece entre os participantes à visita em Sonnenberg, mas conseguiu uma visita exclusiva no campo de concentração de Dachau uma semana depois de os relatos sobre os tiros terem aparecido na imprensa. Na tarde de 20 de abril — dia do aniversário de Hitler, que completava 44 anos — Wäckerle recebeu um repórter do *Times* em seu escritório.* "Era muito difícil conseguir permissão para fazer uma visita, mas uma

---

* A matéria foi publicada como um relatório sem assinatura de Munique para o *New York Times*, datado 22 de abril de 1933. O principal correspondente do jornal na Alemanha, Frederick Birchall, que ganharia o prêmio Pulitzer pelas reportagens que escreveu naquele ano, estava cobrindo as comemorações do aniversário de Hitler em Berlim.

vez obtida", o repórter contou mais tarde, "o comandante da prisão, um jovem ex-oficial de cabelos loiros, olhos azuis e maneiras suaves chamado Wekerle [sic], fez tudo para facilitar uma inspeção minuciosa."[15]

Mesmo tendo percebido em Hilmar Wäckerle toda a sua fervilhante brutalidade, Hartinger não chegou a reconhecer, e muito menos apreciar, a capacidade do comandante do campo para misturar embuste e charme.

Wäckerle tinha demonstrado tanta cortesia por ocasião dos dias santos da Páscoa que o cardeal Faulhaber se sentiu compelido a enviar-lhe um bilhete pessoal de gratidão. "Hoje, eu gostaria de lhe agradecer, muito honorável *Herr* Comandante", escreveu Faulhaber, "por ter apoiado e anunciado os serviços religiosos para os católicos de maneira tão extraordinariamente amigável." Faulhaber instou Wäckerle a continuar prestando esse tipo de apoio e assegurou-lhe que o padre Pfanzelt "de forma alguma ia interferir nos processos penais do governo do estado. [...] O simples fato de haver uma orientação espiritual", ele observou, "servirá, na crônica desta época, como testemunho do tratamento humano dado aos prisioneiros".[16]

Wäckerle demonstrava agora uma acomodação semelhante com o mais renomado jornal dos Estados Unidos. O repórter do *Times* chegou à entrada do campo depois do meio-dia naquela quinta-feira e recebeu uma braçadeira branca com um número que o identificava como um visitante antes de ser introduzido no complexo murado. Era um dia cinzento, mas festivo. O clima ameno com que o fim de semana da Páscoa fora abençoado tinha dado lugar novamente a um céu fechado, temperaturas muito frias e pancadas de chuva ocasionais que jogaram água fria nas comemorações do aniversário de Hitler no campo. Wäckerle contou ao repórter que houvera um desfile com música naquela manhã, além de discursos de líderes nazistas. Para comemorar a data, ele tinha dispensado a maioria dos detentos dos trabalhos que lhes eram designados e concedido a cada homem rações extras e dez cigarros, observando que geralmente o fumo era proibido.

Wäckerle levou então o repórter para uma volta pelas instalações. Visitaram um posto de guarda onde uma entre várias metralhadoras estava pronta para ser usada. Olharam o alto muro que circundava o campo, patrulhado por tropas de choque armadas. Quando o campo fora inaugurado, moradores locais se postaram perto do portão para olhar, embasbacados, a chegada dos detentos. Isso não aconteceria de novo. Naquela mesma manhã, Wäckerle emitira uma severa advertência de que os curiosos que fossem pegos vagando perto da entrada ou tentando espiar dentro do campo seriam presos. Quem quer que tentasse escalar o muro seria fuzilado na hora.

Wäckerle levou o repórter para o "campo interno", com sua cerca dupla de arame farpado percorrida por uma "fiação de alta-tensão" poderosa o bastante para matar um homem. Os prisioneiros estavam nas redondezas em grupos, indiferentes, com macacões escuros cobrindo suas roupas civis, as cabeças raspadas, enquanto guardas armados da ss avultavam em sua ameaçadora presença. Wäckerle explicou que os 530 detentos eram principalmente líderes comunistas, mas que havia também médicos, advogados, escritores e estudantes universitários, assim como dois membros do parlamento do estado da Baviera. Cada vez que Wäckerle e o repórter se aproximavam, tanto os guardas da ss como os prisioneiros passavam à posição de sentido.

"Meus guardas consistem em 120 homens da tropa de choque apenas, supervisionados por oficiais inferiores da polícia verde",* explicou Wäckerle. "Não será preciso trazer reforços mesmo

---

* Termo com que era conhecida a *Ordnunspolizei*, ou *Orpo*, a polícia geral uniformizada (com uniformes verdes) do regime nazista, sob controle da ss. (N. T.)

que o número de prisioneiros chegue a 5 mil."[17] Ele observou que seus homens trabalhavam em turnos de 24 horas, em grupos de trinta por vez. Já o dia de trabalho dos prisioneiros começava às seis da manhã, ao amanhecer, e terminava às cinco e meia da tarde, com meia hora de intervalo para o desjejum e duas horas ao meio-dia. O jantar era servido à noite, e o apagar das luzes acontecia às nove e quinze.

Wäckerle levou o repórter a diversos barracões. Os alojamentos estavam limpos e arrumados, mas eram extremamente rústicos. Os 54 homens alocados em cada barracão viviam como coelhos numa coelheira. Dormiam em estrados de madeira empilhados em camadas de três, do chão até o teto, separadas umas das outras por tábuas de dez centímetros. A roupa de cama consistia em um volumoso saco de palha e um cobertor. Uma lâmpada nua pendurada no teto era a única fonte de iluminação. Para chegar aos estrados da camada mais alta, era preciso galgar uma escada. Cada vez que os dois entravam num barracão, os detentos saltavam para posição de sentido; em uma ocasião, um homem começou a tocar um bandolim, como se fosse um sinal.

Wäckerle também mostrou ao repórter os alojamentos da SS, igualmente espartanos, exceto pelo fato de haver duas e não três camadas de leitos, tornando o ambiente um tanto mais leve.

Wäckerle explicou que os detentos tinham acesso a livros e jornais, e recebiam de suas famílias pacotes com comida. No entanto, não lhes era permitido encontrar-se com suas mulheres, filhos ou amigos, exceto em situações de extrema emergência. Não obstante, os proprietários de lojas podiam sair do campo para resolver questões de negócios. Wäckerle disse que setenta "pais de família bem-comportados" tinham sido libertados a tempo para o fim de semana da Páscoa, de modo que pudessem passar os feriados com os parentes. Agora só precisavam se apresentar à polícia duas vezes por semana. Segundo seu relato, muitos dos homens, após anos de desemprego, estavam felizes por finalmente ter algo para fazer. Em um barracão, o dr. Delwin Katz, um médico judeu de Nuremberg, dava consultas para os internos. Na cozinha, um homem robusto vigiava gigantescos caldeirões com repolho e mil salsichas. Wäckerle explicou que era um ex-comunista que tinha baleado e matado um deputado socialista durante a breve República Soviética. A única coisa da qual os homens sentiam falta, segundo Wäckerle, era da "sua cerveja bávara".

O repórter foi autorizado a entrevistar uma dúzia de detentos. Quando perguntou a um homem o que achava da comida, a resposta foi seca. Ela era "bem preparada", mas as porções eram reduzidas e o pão não era suficiente. Outro, quando lhe perguntaram se tinha alguma reclamação, fechou a cara e disse que não tinha nada a declarar sobre o campo em si, mas não fazia ideia do motivo por que estava detido. Nunca se envolvera em política e não tinha conexão com o Partido Comunista. No passado pertencera a uma fraternidade socialista, porém nada mais do que isso.

"Todos aqui dizem que não fizeram nada", retrucou Wäckerle. O comandante afirmou que, se o homem fosse inocente, seria libertado assim que houvesse tempo para rever seu caso de forma detalhada. O repórter percebeu um pervasivo mal-estar causado pela natureza indefinida e imprecisa do termo "custódia preventiva", assim como "o fato de se misturarem intelectuais e homens de nível mais baixo". Ele constatou que profissionais experientes e jovens estudantes dividiam alojamentos apinhados de criminosos comuns e párias da sociedade, muitos dos quais pareciam "sofrer há muito tempo de inanição e de aleijões", todos com a cabeça raspada, todos taciturnos, alguns abrutalhados, alguns ameaçadores, alguns depravados. "Em relação a muitos dos prisioneiros, parecia que a comunidade não iria sofrer com sua exclusão," ele escreveu, "mas deve haver muitos que foram vítimas de algum rancor particular na onda de denúncias que se seguiu à revolução nazista."

Wäckerle e o repórter só falaram sobre os tiros da semana anterior uma vez naquela tarde. Foi quando estavam observando o muro que circundava o campo, imediatamente antes de entrarem no complexo cercado por arame farpado. Wäckerle explicou que lá fora imposta a lei marcial; os guardas tinham ordens de atirar em quem quer que tentasse fugir. Disse que os quatro homens foram levados para fora do complexo para "derrubar árvores". Quando tentaram escapar, acabaram baleados. "Eles ignoraram a ordem de parar e entraram quase cem metros no bosque antes de as balas os derrubarem", declarou Wäckerle. "Três foram mortos." O repórter não insistiu no assunto. Não parecia demonstrar interesse no incidente em particular, mas, três dias depois, quando sua matéria foi publicada na edição de domingo do *New York Times*, um indício de atrocidade avultava espetacularmente numa manchete em negrito:

NAZISTAS ABATEM A TIROS PRISIONEIROS EM FUGA
Três comunistas são mortos ao tentar escapar do
campo de internação de Dachau

Uma série de subtítulos ressaltava a imposição da lei marcial, o emprego de cercas elétricas e o fato de que o *Times* tinha conseguido um furo jornalístico como o primeiro jornal ao qual se permitira total e aparentemente irrestrito acesso ao campo de concentração de Dachau. O artigo rastreava passo a passo todo o percurso do repórter pelas instalações, desde sua chegada ao portão de entrada até seu encontro com Wäckerle na sede de comando, a visita ao alojamento dos guardas e o exame do muro circundante, a inspeção de diversos barracões no complexo cercado pelas cercas eletrificadas. A matéria mencionava apenas de passagem os tiros em Dachau e se atinha às explicações superficiais de Wäckerle para as três mortes. O primeiro relato feito de dentro do campo de concentração de Dachau conferia ao local e a seu comandante uma imagem em geral positiva. "A vida em Dachau parece estar num meio-termo entre a de um regimento rigorosamente disciplinado e a de uma prisão com trabalhos forçados", concluía o correspondente. Wäckerle era apresentado como um garoto-propaganda da nova Alemanha, um jovem vistoso, mas um tanto recatado, que supervisionava um grupo complexo e heterogêneo de 530 detentos e 120 guardas da ss, que administrava com uma dose equilibrada de combativa sagacidade e disciplina marcial, sem um mínimo de atrocidade.

A retumbante manchete sugeria que os editores do *Times* queriam extrair todo o drama e toda a ameaça que pudessem daquela mensagem telegráfica com 1300 palavras, o que leva a pensar em como seria a manchete se o repórter tivesse se dado conta de que os quatro detentos eram "judeus", em vez de "comunistas". Ou se tivesse captado a crepitante deixa que Wäckerle tinha lhe fornecido — de que apenas três dos quatro homens estavam mortos — e rastreasse o destino da vítima sobrevivente dos tiros, da enfermaria do campo onde Erwin Kahn dera entrada para o hospital de Dachau onde recebera curativos, para a clínica cirúrgica na Nussbaumstrasse, onde os atendentes registraram sua versão de todo o incidente na tarde anterior a sua morte? Mas, da maneira como a situação se encaminhou, coube apenas a Wäckerle o relato das primeiras mortes de Dachau no principal veículo de notícias dos Estados Unidos. No dia seguinte à publicação do artigo no *Times*, na página 22 da edição de domingo, Wäckerle teve mais uma validação de sua versão do incidente.

Na segunda-feira, 24 de abril, Karl Wintersberger encerrou formalmente a investigação da jurisdição de Munique II das mortes a tiros dos quatro detentos de Dachau. Num relatório de três páginas para o escritório do procurador-geral, "Execução de prisioneiros em fuga no campo de recolhimento de Dachau", o veterano promotor descartava as suspeitas de Hartinger e ratificava oficialmente o relato de Wäckerle para o incidente.

> Subitamente Arthur Kahn largou seu trabalho e começou a correr para a floresta bem ao lado da clareira aberta entre as árvores. Os três outros prisioneiros começaram imediatamente a correr em direções diferentes; dois deles, Goldmann e Benario, davam a impressão de que tinham intenção de fugir, e nessa altura os dois guardas, depois de gritar repetidamente "Parem!", atiraram repetidamente com suas pistolas de uma distância de aproximadamente dez metros. Erspenmüller, que estava próximo dali e se apercebeu do incidente, também disparou vários tiros. Goldmann e Benario caíram mortos não muito longe de onde estiveram trabalhando. Arthur Kahn também foi atingido e caiu morto entre eles.

Wintersberger incluiu a pouco lisonjeira observação de que os quatro homens "estavam, claramente, um tanto letárgicos e tiveram de ser advertidos repetidamente". Ele resumiu as conclusões do exame médico-legal do dr. Flamm, mas registrou de forma incorreta que Kahn não conseguira fazer um relato sobre os tiros. "Devido a seu estado, não foi possível colher um depoimento legal de Erwin Kahn antes de sua morte", escreveu Wintersberger.[18]

Agora era oficial. Benario, Goldmann e os dois Kahn tinham sido executados durante uma fuga frustrada do campo de concentração de Dachau. Em termos legais, era essa a verdade. O caso foi encerrado. Naqueles mesmos dias, o prisioneiro Ferdinand Wünsch, um jardineiro experiente, recebeu a ordem de enterrar as roupas ensanguentadas das vítimas na plantação de hortaliças do campo.[19]

7. A utilidade da atrocidade

Quando Hilmar Wäckerle gabou-se para o *New York Times* de que 120 homens da ss poderiam manter sob guarda até 5 mil detentos — na época eram quinhentos —, sabia que estava contando uma mentira deliberada. Apesar de toda a presença autoconfiante, loira e garbosa, Wäckerle era na realidade um homem acuado. De seus alojamentos particulares no segundo andar da sede do comando, avistava uma arruinada paisagem industrial coberta de um matagal de arbustos e ervas daninhas, e densos aglomerados de árvores. Wäckerle sabia que o campo de concentração de Dachau, malgrado seu título oficioso, era pouco mais do que um posto avançado improvisado com cerca de arame farpado numa charneca isolada e sem uma segurança adequada.* O

---

* O nome oficial do campo era *Konzentrationslager Dachau*, ou campo de concentração de Dachau, mas os termos *Sammerllager Dachau*, ou campo de recolhimento de Dachau, assim como *Schutzhaftlager Dachau*, ou campo de custódia preventiva de Dachau, eram usados alternadamente pela polícia, os tribunais e também a ss. O letreiro do campo mencionava *Konzentrationslager*, mas Wäckerle referia-se a sua instalação como *Sammellager*.

sistema de alarme e comunicação do campo consistia em três telefones conectados por fio, duas sirenas acionadas manualmente — uma para os guardas e uma para o quartel do comandante — e um sistema elétrico que remontava a 1916.[1]

Uma avaliação da segurança interna ressaltava a existência de inúmeros perigos. "Devem ser particularmente consideradas as seguintes possibilidades de um ataque inimigo", assinalava o relatório. "Os bosques entre as instalações da Amperwerk e os alojamentos da ss, os bosques a noroeste do 'campo interno'; e os que ficam a sudeste dos barracões dos estrangeiros." Os barracões e as casas em suas proximidades deveriam servir como principal linha de defesa, embora com a precaução de "cobrir os flancos e a retaguarda" também.[2] Os detentos representavam o risco mais imediato. "A primeira medida [em caso de ataque] é evitar qualquer conexão entre os atacantes e os prisioneiros", recomendava o plano. "Os prisioneiros devem ser trancados nos barracões e metralhadoras e fuzis devem ser usados para reforçar a segurança." Granadas de mão foram estocadas. "No caso de uma ameaça séria, elas poderão ser entregues aos oficiais da segurança."[3]

O tenente de polícia Schuler relembrou qual era a preocupação de Wäckerle:

> Notei que naquela época Wäckerle, que não denotava sentir-se particularmente seguro, estava com frequência temeroso de um ataque de comunistas. Ele repetidamente pedia-me conselhos quanto ao que fazer em tais circunstâncias, uma vez que eu dispunha de uma unidade de polícia treinada no uso de armas, enquanto seus guardas da ss ainda não sabiam como usá-las.[4]

A "concentração" de centenas de comunistas fazia crescer a ameaça de um ataque armado pelo "aparelho político-militar" subterrâneo do Partido Comunista. Dachau tinha um significado icônico para os comunistas alemães. Em abril de 1919, quando os bolcheviques tomaram o poder em Munique e estabeleceram a efêmera República Soviética da Baviera, uma unidade do Exército Vermelho Bávaro, sob o comando do dramaturgo e ativista Ernst Toller, obtivera ali uma vitória impactante. Toller tinha disposto seus homens ao longo do canal Würm, perto da estação ferroviária, para conter um avanço das unidades do Exército regular. "Quando começa o combate, todos os operários da fábrica de munições de Dachau — homens e mulheres — começam a atacar os Soldados Brancos", relatou o comandante dramaturgo numa narrativa em tempo presente que dava atenção especial à ação valorosa das mulheres operárias, que caíram como um enxame sobre o inimigo. "Elas desarmam as tropas, cercam-nas, e as conduzem para fora da cidade com golpes e pontapés."[5] As tropas do governo recuaram, deixando 150 prisioneiros, quatro peças de artilharia e um número não computado de metralhadoras. No dia seguinte, a Sexta-Feira Santa, os bolcheviques proclamaram sua vitória em cartazes por toda Munique: "Vitória do Exército Vermelho! Dachau foi conquistada!". A república soviética foi posteriormente esmagada, mas a memória da vitória bolchevique perdurou. Depois da nomeação de Hitler como chanceler, o líder comunista bávaro Hans Beimler levou 20 mil seguidores a uma manifestação no Circus Krone em Munique, com um grito de guerra desafiador: "Vamos nos encontrar novamente em Dachau!".[6]

Além das ameaças de segurança, Wäckerle encontrou em sua chegada uma atmosfera de acomodação, quase camaradagem, entre os detentos e seus guardiões. Durante as três semanas anteriores, a instalação estivera sob o comando da polícia estadual da Baviera, depois de uma requisição urgente pelo governo do estado de "dois oficiais de polícia" e "46 guardas da polícia" para supervisionar um "campo de recolhimento de prisioneiros políticos" nas cercanias de Dachau. "Um capitão de polícia muito enérgico deve ser designado como líder", estipulava a instrução. "Também servirá na qualidade de comandante do campo até notícia ulterior."[7] A ordem foi expedida em 20 de março de 1933, prevendo 24 horas para sua execução e requerendo que a polícia estivesse no local às seis horas da tarde seguinte, "para que possa assumir seus deveres de guarda e de patrulhamento ainda à luz do dia". No mesmo dia, Himmler ordenou a transferência de quarenta detidos em "custódia preventiva" da prisão de Landsberg para Dachau, e realizou uma coletiva de imprensa para anunciar a abertura do primeiro "campo de concentração" da Baviera.[8]

Em meio à confusão, a Companhia 2 da polícia estadual da Baviera chegou, sob o comando do capitão Schlemmer, e os primeiros quarenta detentos foram entregues na quarta-feira. Schlemmer ficou consternado com o que encontrou. Os barracões não dispunham de calefação. A comida era servida numa cozinha de campo. Como não queria submeter os detentos a tais condições, Schlemmer abrigou os prisioneiros numa edificação próxima a seu próprio quartel.[9] Os detentos realizaram, com a polícia, expedições exploratórias pelas construções vazias e ajudaram soldados do Exército do Reich a erguer as cercas de arame farpado em torno do acampamento. "Os prisioneiros foram tratados com decência", lembrou um membro da polícia estadual, Johann Kugler. "Recebiam a mesma comida que nós, usavam os mesmos banheiros e chuveiros e jogavam futebol conosco."[10] O detento Martin Grünwiedl confirmou esse relacionamento cordial. "Trabalhamos com os soldados como camaradas, e nos demos bem", ele relembrou. "Interrompíamos a conversa sempre que um membro da ss se aproximava."[11]

Schlemmer ligou para Adolf Wagner. Claus Bastian, o primeiro detento registrado em Dachau, ouviu o que Shlemmer disse na conversa.

Ele falou que considerava a prisão dos detentos ilegal. E ainda por cima acusou o gauleiter de ter usado indevidamente a polícia estadual para tarefas para as quais não havia fundamento legal ou disposição oficial. Não havia sequer uma ordem policial formal para tão extenso uso da assim chamada "custódia preventiva". Se essas medidas políticas ainda estavam sendo tomadas, era ditame da mais elementar cortesia que pelo menos os recursos financeiros para provisões etc. fossem disponibilizados. Era impossível se fazerem tais exigências à polícia estadual.[12]

Schlemmer e seus oficiais foram igualmente firmes com os guardas da ss designados para o campo como "polícia auxiliar". Tinham sido saudados em sua chegada pelo ss Standartenführer (coronel) Johann-Erasmus Baron von Malsen-Ponickau, nomeado por Himmler seu representante em Munique. "Não viemos aqui para tratar com humanidade esses suínos", o aristocrata nazista instruiu seus homens que chegavam. "Já não os vemos como seres humanos como nós, e sim como gente de segunda classe."[13] Malsen-Ponickau ajudara Epp a esmagar o miniestado soviético da Baviera em 1919 e tinha uma recordação amarga dos bolcheviques. "Se esses suínos chegassem ao poder, teriam cortado a cabeça de todos nós", ele falou. "Quem não puder suportar a visão de sangue não pertence a este grupo, e deve dar um passo a frente. Quantos mais desses suínos nós derrubarmos, menos teremos de alimentar." Um membro da polícia estadual que ouviu as observações de Malsen-Ponickau minimizou a bravata fascista. "Sim, foi horrível de ouvir, mas enquanto estivermos de guarda aqui nada acontecerá", garantiu o policial a um detento. "Mas, se formos embora, vocês vão ter problemas."[14]

Durante as primeiras três semanas, a polícia estadual manteve os guardas da ss sob controle. "Sempre enfatizamos o fato de que os guardas tinham de se conter e evitar estritamente achacar os prisioneiros", relembrou um dos oficiais, "e se alguém fosse surpreendido com esse comportamento inadmissível seria expulso da ss. Essas ameaças tinham certo peso porque não só mancharia sua honra, mas também teria significativas repercussões em seu futuro."[15] Quando o tenente da ss Robert Erspenmüller anunciou sua intenção de "dar fim a alguns judeus", foi advertido de que não tocasse nem "num fio de cabelo" de quem quer que fosse no campo.[16] Erwin Kahn apreciava a presença da polícia. "Eu estava caminhando ao lado de Kahn, que tinha um nariz judeu especialmente proeminente", relembrou seu colega, o detento Wilhelm Brink. "Ali perto estava um grupo de membros da ss, inclusive Steinbrenner e outro membro da ss conhecido como boxeador." Esses dois homens da ss de repente partiram para cima de Kahn. "Somente a intervenção da polícia verde impediu que Kahn fosse maltratado", contou Brink.[17]

Em 2 de abril, Himmler exerceu suas prerrogativas de chefe de polícia e de Reichsführer-ss para transferir a responsabilidade pelos detentos da polícia do estado para a ss. "A transferência ocorrerá como acordado entre o chefe da polícia política auxiliar e o comandante da polícia estadual", determinou Himmler, e depois rabiscou um imponente "H. Himmler" em estilo rúnico embaixo da instrução.[18] A ordem de transferência de Himmler foi um ágil artifício administrativo que tirou os detentos da proteção da polícia e os pôs diretamente nas mãos da ss, embora as instalações em si continuassem sob os auspícios da polícia. A transferência formal foi marcada para onze horas da manhã de terça-feira, dia 11 de abril. "Para fins de segurança e treinamento, uma unidade da polícia constituída por dois oficiais e cerca de dezesseis policiais do estado permanecerá, até que todo o serviço de segurança e de guarda seja assumido pela polícia auxiliar", registra a minuta de uma reunião em 7 de abril.[19] O capitão Max Winkler foi encarregado do campo, e o tenente Schuler, de treinar os guardas da ss.

Na manhã daquela terça-feira, como programado, Wäckerle assumiu como comandante e imediatamente adotou uma postura icônica. "A primeira vez que vi Wäckerle no campo, ele levava um rebenque e tinha um grande cão a seu lado", lembrou Hans Steinbrenner. "Desde então, nunca vi Wäckerle sem seu cão e seu rebenque."[20] Para Wäckerle, sua nomeação era uma questão de honra. "Quando Hitler assumiu o poder, em 1933, deixei meu cargo por solicitação pessoal do Reichsführer e recebi ordem de ir para Dachau", ele bazofiou mais tarde em seu currículo na ss.[21] O cargo parecia ser feito sob medida para o ex-cadete — e soldado condecorado na linha de frente, enviado para a guerra como um cabo de dezessete anos de idade, no segundo semestre de 1918. Wäckerle alistou-se em sequência no Freikorps Oberland, que ajudou Epp a esmagar o miniestado soviético bávaro. Wäckerle juntou-se ao movimento nazista quando estudava administração agrícola, junto com o jovem Heinrich Himmler, na Universidade Técnica de Munique. "Estive com o partido desde o começo", afirmou Wäckerle, participando de "todas as suas primeiras lutas", inclusive do Putsch da Cervejaria, em 1923. Durante os "anos de ilegalidade", quando o partido foi banido, Wäckerle participou de tentativas de assassinato na zona de ocupação francesa. "Em 1931, juntei-me ao partido em Kempten e ajudei a estabelecer ali a ss", ele relatou. "No partido servi como conselheiro agrícola sênior e como porta-voz em comícios."[22] Wäckerle chegou a Dachau com brilhantes credenciais nazistas e experiência prática. Tendo administrado fazendas em Thüringen, na Alta Baviera, e em Allgäu nos oito anos anteriores, conhecia alguma coisa sobre criação de gado em recintos cercados de arame farpado.

Wäckerle percorreu o "campo interno" numa rápida inspeção; depois reuniu os homens da ss e informou que esperava deles uma disciplina férrea e uma obediência cega. Ecoando Malsen-Ponickau, reafirmou que não haveria leniência com os detentos.

Queria que a ss fosse para a Alemanha o que a Cheka, a temida polícia secreta soviética, era para os russos — um grupo de homens sem piedade e sem consciência. Wäckerle explicou que, em tempos passados, quando prisioneiros chegavam a estabelecimentos de detenção, recebiam, como parte da rotina, 25 chicotadas, para incutir medo e subserviência. Um regime semelhante seria introduzido em Dachau. Ele estaria presente na chegada dos detentos, e selecionaria pessoalmente os que seriam açoitados. A Wäckerle juntaram-se mais setenta guardas da ss para substituir o capitão Schlemmer e a Companhia 2 da polícia estadual, que estavam indo embora. Mais sessenta homens da ss chegaram no dia seguinte. O campo agora formigava de membros da ss. Enquanto isso, os detentos não paravam de chegar. De Fürth e de Nuremberg vieram Benario, Goldmann e Arthur Kahn, como sabemos.[23] Uma segunda transferência trouxe outros 26 homens de Deggendorf, e uma terceira, de Miesbach, acrescentou outros 28. No dia seguinte vieram mais 56 detentos de Kempten, Munique e Sonthofen. Em meio ao tumulto, Winkler, o capitão da polícia do estado, e o tenente Schuler tentaram proteger os detentos que chegavam de qualquer abuso, mas foram ignorados pelos guardas da ss. "Devo observar, neste contexto", Schuler relembrou depois, "que não entrei no campo dos detentos, que era separado do resto do campo por uma cerca de arame farpado, porque eu não tinha permissão para isso, a menos que algo acontecesse ou o comandante Wäckerle precisasse de ajuda."[24]

Os homens da ss exerceram sua recém-adquirida autoridade naquela noite, com bebida e com tiros.[25] Steinbrenner entrou no barracão 11 às três horas da manhã, disparou sua pistola e fez os homens saírem de seus beliches para a noite gélida, onde os reuniu para uma chamada. No dia seguinte, Benario, Goldmann e os dois Kahn foram fuzilados.

Wäckerle contou com um competente vice-comandante, e

com a mesma mentalidade, o tenente da ss Erspenmüller, um ex-policial de Rosenheim que perdera o emprego por ter se associado ao movimento nazista. Josef Mutzbauer servia como administrador do escritório do campo com a assistência não remunerada de um advogado local, Otto Franck, que segundo certos rumores — incorretos — tinha laços familiares com o novo ministro de Justiça do Estado, o dr. Hans Frank. Franck projetou o sistema de registro do campo, e por algum tempo transportou policiais entre Dachau e Munique em seu automóvel particular.[26] O dr. Delwin Katz, o médico judeu que o repórter do *Times* tinha visto, trabalhava na enfermaria do campo, onde prestavam serviço em tempo parcial vários médicos de Munique, inclusive o dr. Werner Nürnbergk, graduado na faculdade de medicina da Universidade Ludwig Maximilian em Munique e tenente da ss, que se tornou o primeiro médico oficial do campo.*

Os guardas formavam um grupo heterogêneo. Hans Kantschuster tinha servido na Legião Estrangeira francesa e segundo diziam era bom de copo, assim como era Karl Ehmann, que tinha aterrorizado as ruas de Würzburg montado numa motocicleta adornada com o brasão da suástica. Karl Wicklmayr estava estudando filosofia em Munique. Fora um ardente comunista na década de 1920, mas juntara-se ao movimento nazista depois de ler Nietzsche. Era conhecido como "estudante". Hans Steinbrenner era filho de um armeiro de Munique. Ele gabava-se de ter uma

---

* O tenente da ss dr. Werner Nürnbergk (registrado na ss sob o número 102278, nascido em 2 de abril de 1907) é listado como médico do campo em junho de 1933, mas obviamente estava lá antes dessa data, como evidenciado por documentos datados de maio que trazem sua assinatura. Segundo os arquivos da Universidade Ludwig Maximilian em Munique, havia um estudante de medicina com o nome de Werner Nürnberg registrado em 1931 e 1932, assim como um Heinz Nürnbergk, outro estudante de medicina, que, ao que tudo indica, não tinha laços familiares com o primeiro.

ligação pessoal com Ernst Röhm, que costumava comprar armas de seu pai.

Os homens da ss eram na maioria jovens, destreinados e indisciplinados. Muitos tinham sido obrigados a prestar serviço no campo e não queriam estar lá. Shuler lembrou que, após o fim de semana da Páscoa, "um turno inteiro de guardas" sequer apareceu para o serviço.[27] Detentos relatavam que pistolas eram disparadas aleatoriamente entre os barracões. Rajadas de fogo de metralhadora faziam os homens correrem de forma desordenada em busca de abrigo. Um contingente de guardas da ss quase massacrou toda a equipe da cozinha. "Eles [os guardas da ss] não sabiam que os ajudantes na cozinha e do cozinheiro, do barracão viii, eram os primeiros a começar o dia de trabalho, às quatro da manhã", relembrou o detento Walter Hornung. "Felizmente, ninguém se feriu. Eles se jogaram no chão e correram de volta para o barracão."[28]

Durante suas primeiras semanas como comandante, Wäckerle assistiu à chegada de ônibus trazendo de 25 a trinta detentos por vez, geralmente uma transferência por dia, às vezes duas, despejando passageiros exaustos na praça em frente à sede de seu comando. Ele repassava os registros de chegada em que estavam listados cada passageiro, seu histórico e sua profissão, e marcava aqueles que receberiam um "tratamento abusivo" particular. Havia poucos homens que despertavam real interesse. A maioria dos bolcheviques mais graduados ou ainda estava em liberdade ou tinha escapado silenciosamente através das fronteiras para Bruxelas, Paris, Praga ou Moscou, além do alcance das forças de segurança do governo. Alguns ônibus vinham fazendo paradas em cidades e aldeias bávaras, recolhendo grupos de detentos, cinco ou seis de cada vez. Outros faziam só uma parada final, oriundos das cidades maiores como Bamberg, Würzburg, Augsburg, Rosenheim e, obviamente, Munique. Em geral traziam agitadores comunistas de segundo e terceiro escalões, social-democratas, um ou outro professor, jornalista ou advogado, de vez em quando um judeu — homens que vinham abarrotando as delegacias de polícia, prisões, porões e depósitos por toda a Baviera durante o mês anterior e que agora estavam sendo descarregados do sistema penal e "recolhidos" na instalação pela qual Wäckerle era responsável.

Em 25 de abril, Wäckerle recebeu uma transferência de detentos de grande importância, recolhidos dos estabelecimentos de segurança de Munique: nove da prisão da polícia na Ettstrasse, treze da penitenciária de Stadelheim e três da prisão ligada aos tribunais de Munique.[29] Ele prestou particular atenção à primeira meia dúzia de nomes no registro de duas páginas datilografadas: Max Dankenreiter, Peter Distler, Rudof Grohe, Herbert Hunglinger, Joseph Kraudel e Sebastian Nefzger. Eram "pessoas que, até 9 de novembro de 1933, serviram como espiões infiltrados no NSDAP", explicava uma nota anexada. "Com exceção de Distler e Grohe, os detentos confessaram sua culpa. Distler e Grohe não contestaram a acusação."[30]

Hitler suspeitara durante muito tempo de que agentes da polícia estadual agiam infiltrados no partido. Já em 1922 tinha criado seu próprio "Departamento de Segurança", uma unidade interna de espionagem do Partido Nacional Socialista, para obter informações não só sobre os comunistas e os social-democratas, mas sobre os que militavam em suas próprias fileiras. Essa operação secreta, essencialmente uma empreitada individual, fora montada por Reinhard Heydrich, na época um competentíssimo oficial da ss de 22 anos de idade.

Dos seis homens mencionados em separado no registro de transferência — a primeira colheita do olhar diligente de Heydrich —, o número quatro, "Hunglinger, Herbert", era tido como talvez o pior infrator. O major de polícia aposentado de 53 anos estava entre os primeiros membros do movimento nacional-socialista, filiado em 1920. Desempenhara um papel central na *Führerschule*, a escola para treinamento de líderes do partido, e também se distinguira com a rara honra de contar com "a confiança do Führer". Um interrogatório na prisão da polícia na Ettstrasse lhe arrancara a confissão de que era um espião, e agora estava sendo entregue nas mãos de Wäckerle.

O nome individual mais notável no manifesto daquela manhã era o de Johann Beimler. "Beimler, número sete na lista, é o líder do Partido Comunista da Alemanha (KPD) do distrito da Baviera Meridional", informava uma anotação.[31] Wäckerle não precisava de instruções a respeito. Beimler era o bolchevique mais desafiador, ardoroso e incontrito em toda a Baviera, o fundador de seu Partido Comunista. Suas diatribes no parlamento eram lendárias. Ele condenava na mesma medida os nacional-socialistas, os católicos centristas e os social-democratas. Investia contra a "burguesia financeira" e o "processo de fascistização" por todo o país. Considerava os nazistas nada mais do que um "braço da burguesia". Convocava as "massas trabalhadoras" a se levantarem para esmagar o sistema econômico e político vigente. "Então chegará o dia de pôr fim a todo sofrimento", predizia Beimler em junho de 1932 durante o que parecia uma infindável arenga ante o parlamento estadual, "numa Baviera vermelha, numa Alemanha soviética."[32] Seis meses depois, Beimler declarou publicamente guerra ao governo de Hitler com seu belicoso convite para "encontrarem-se novamente em Dachau".

Wäckerle acreditava que Beimler não era apenas um provocador, mas também um impiedoso assassino. Ele se lembrava de que, no fim de abril de 1919, quando os Freikorps abriam caminho pelas ruas de Munique e os comunistas lutavam para sobreviver, Beimler tinha presidido a chacina de dez reféns tomados da "burguesia". Com base em instruções telegrafadas por Lênin de Moscou dizendo que tomassem reféns, os comunistas mantiveram o conde Gustav von Thurn und Taxis, a condessa von Westarp e outras oito pessoas como moeda de troca humana nos porões sem calefação do Ginásio Luitpold, na Müllerstrasse. Com o colapso do Estado bolchevique, os reféns foram levados escada acima para o pátio do ginásio e sumariamente executados. "Os corpos foram violados e mutilados em tal medida que mesmo agora, com exceção de três, não somos capazes de identificá-los", relatou o *Münchner Nueste Nachrichten*. "Em dois corpos está faltando a metade superior da cabeça."[33]

Na época, Wäckerle era um soldado de dezoito anos de idade combatendo em Munique com o Freikorps Oberland, mas as histórias e imagens do massacre o acompanharam até Dachau. Steinbrenner relatou que Wäckerle tinha uma coleção de fotografias dos assassinatos no Ginásio Luitpold, que mostrava a seus subordinados da ss.[34] Ele dizia que Beimler era pessoalmente responsável por aquelas atrocidades. Wäckerle estava enganado, mas isso não tinha quase nenhuma importância.

8. Steinbrenner fora de controle

Logo em seus primeiros dias como comandante, Wäckerle começou a valorizar Hans Steinbrenner. Com 28 anos de idade e membro da ss, só se juntara ao partido em fevereiro, após a nomeação de Hitler como chanceler, como milhares de outros retardatários oportunistas. Contudo, Steinbrenner compensava a falta de currículo no movimento com um ódio quase patológico aos bolcheviques e o que parecia uma ilimitada capacidade de violência sádica contra os judeus. Fazia visitas regulares à enfermaria do campo, do outro lado do vestiário dos membros da ss. Certa vez foi até um homem que estava com dor de dente. Gentil, passou a mão na bochecha inchada e dolorida do detento e perguntou "com aparente preocupação" se estava doendo. Diante da resposta positiva, Steinbrenner lhe bateu com força no queixo, jogando-o no chão. Perguntou se ainda estava doendo, e então o mandou embora.[1] Depois disso, enfiou o joelho na barriga de outro homem, que desabou, retorcendo-se de dor aos pés de Steinbrenner. Os outros pacientes fugiram dali.[2] Dizia-se que Steinbrenner apagava cigarros na pele das pessoas, chutava seus genitais e regularmente chicoteava detentos até deixá-los em carne viva. Não raro ordenava que corressem na lama e na água até caírem desmaiados. Os maus-tratos aos detentos judeus eram apelidados de *Judensport*, ou "jogos judaicos".

Steinbrenner liderava os *Schlägergruppe*, a equipe de chicoteadores do campo.[3] Era fascinado pelo potencial de infligir dor com aqueles 45 centímetros de couro túrgido. "Após uns poucos golpes eu via os primeiros efeitos daquelas chicotadas", ele relatou. "O rebenque começava a esfolar a pele. A ferida começava a ficar mais úmida, mas nunca sangrava de fato."[4] Não era o que diziam os relatos das testemunhas. Kasimir Dittenheber, que trabalhava no escritório do campo, lembra que Steinbrenner era encarregado de "selecionar" os judeus dos transportes que chegavam e de levá-los à casamata da prisão, onde, "como podíamos ouvir do escritório, eram espancados da maneira mais brutal".[5] "Steinbrenner dava grande importância a que se tivesse certeza de que a cabeça não fosse atingida, para que a dor durasse o maior tempo possível", lembrou um detento.[6] Um médico ficava a postos para reanimar com injeções quem perdesse a consciência durante o espancamento. Um detento descreveu Steinbrenner como "o líder espiritual de todos os abusos".[7] Muitos o chamavam de *Mordbrenner*, ou "homem do assassinato", enquanto para Wäckerle ele era simplesmente "Hans".[8]

Em 26 de abril, um dia úmido, frio e garoento, Wäckerle observava casualmente, fumando um cigarro, enquanto Steinbrenner e um grupo de guardas da ss esperavam a chegada de uma transferência de Munique, com os rebenques em suas mãos crispadas na expectativa. Assim que o ônibus com os recém-chegados roncou adentrando o campo e parou de modo abrupto, a porta se abriu, e os detentos começaram a sair aos tropeções. Steinbrenner lançou seus homens sobre eles, chicoteando, chutando e socando aos gritos de "Em duas fileiras!".[9] Sob chicotadas

115

e socos, os presos formaram duas fileiras, e então um guarda gritou os sete primeiros nomes da lista do transporte, com uma chamada seca a que se seguia uma resposta do mesmo tom, ordenando que cada um desse um passo à frente.

"Dankenreiter!"
"Aqui!"
"Distler!"
"Aqui!"
"Grohe!"
"Aqui!"
"Hunglinger!"
"Aqui!"
"Kraudel!"
"Aqui!"
"Nefzger!"

"Aqui!" Nefzger, um veterano que tinha perdido parte da perna esquerda durante a guerra, deu um passo à frente com sua prótese.

"Beimler!"

Hans Beimler, de pé na fileira de trás, murmurou uma resposta. Era uma figura baixa, escura, carrancuda, com orelhas grandes e proeminentes. Um homem robusto, duro e desafiador. Steinbrenner sabia que ele não se vergaria facilmente.

"Beimler!", um guarda exclamou uma segunda vez. Novamente a resposta foi quase um murmúrio. O guarda repetiu o nome com o mesmo volume de voz comedido, a cada vez obtendo uma resposta mais alta, porém ainda insatisfatória. Os outros ficaram inquietos. "Vamos ensiná-lo a responder direito", rosnou um detento, em tom ameçador. "O vassalo de Moscou", comentou outro. Após oito, talvez dez chamadas, Beimler deu um passo à frente. Andreas Irrgang estava no mesmo lote de prisioneiros e viu Beimler ser "espancado e chutado" por Steinbrenner.[10] Beimler juntou-se aos outros seis detentos. "Tem algum judeu aqui?", gritou um jovem da ss. "Vocês também, passem para o lado direito. Inclusive os judeus convertidos!" Dois jovens, que poderiam ser estudantes, deram um passo à frente. Um guarda pendurou então um cartaz no pescoço de Beimler com palavras desenhadas à mão: "*Herzlich willkommen*".

Wäckerle assistia ao processo de seleção com frio alheamento. Nesse momento, se manifestou. "Esses desgraçados devem ser chicoteados imediatamente", ordenou. "São porcos e traidores pagos para isso — e, além disso, meia ração para eles." O comandante apontou para os detentos que haviam sobrado. "Aqueles ali, creio eu, são todos proletários que foram desvirtuados por este aqui", ele falou, referindo-se a Beimler. "Vão ganhar rações regulares. Além disso, cada um pode ficar com cinco marcos do dinheiro que trouxeram consigo. Aqueles outros porcos não ficarão com nem um centavo sequer."

Os homens foram levados, marchando, para a grande sala de triagem e receberam ordens para que esvaziassem os bolsos. Wäckerle ficou afastado, observando enquanto Steinbrenner revistava os homens à procura de infrações. Steinbrenner deteve-se ao lado de Beimler e revirou o bolso de seu casaco. "*Herr Kommandant! Herr Kommandant!*", ele gritou. "Este sujeito ignorou a ordem de pôr tudo sobre a mesa!" Steinbrenner tinha na mão um pequeno lápis. "Ele queria contrabandear isto aqui."

Wäckerle olhou friamente para Beimler, e então ordenou: "Catorze dias de confinamento total!".

Steinbrenner conduziu Beimler, com Hunglinger, através do campo. Passaram por grupos de trabalhadores, que reconheceram Beimler. Outros o olhavam de cima dos telhados nos quais faziam reparos, com baldes cheios de piche. Apenas dois meses antes, Steinbrenner estava desempregado, sem instrução e sem recursos para sobreviver. Agora, naquele dia sombrio, ele se via no comando de uma das personalidades políticas mais importantes do estado. Steinbrenner começou a fustigar Beimler, chicoteando seus ombros e sua cabeça, fazendo suas grandes orelhas assumirem um tom de vermelho-claro. "Olhem aqui", Steinbrenner gritou para os que, perplexos, testemunhavam a cena. "Temos o seu querido Beimler, que desvirtuou e corrompeu suas mentes." Em seguida se voltou para Beimler e continuou a açoitá-lo.

Eles entraram na área cercada de arame farpado e passaram pela fileira dupla de dez barracões rumo ao fundo do campo, onde ficava a casamata da prisão, isolada junto ao muro de concreto que demarcava o perímetro.[11] Na verdade não chegava a ser um barracão, era uma estrutura truncada de um só piso, com metade do tamanho dos outros, e abrigava as sete celas de prisão, além do vestiário dos membros da ss, de um depósito de roupas de cama e da enfermaria do campo. Era um recanto conveniente para atrocidades. Os detentos eram açoitados no depósito, onde a roupa de cama podia ser usada para abafar seus gritos. "Se eu não envolvia a cabeça com um cobertor", lembrou Steinbrenner, "era porque estava chicoteando e outro estava segurando a cabeça."[12] Sempre havia um médico nas proximidades para aplicar uma injeção se o detento perdesse a consciência durante o açoitamento. A palavra "*Wache*", ou "posto de vigilância", estava rabiscada a giz em cima da entrada.[13]

A porta estava trancada. Enquanto esperavam que Vogel, o administrador do campo, trouxesse as chaves, Steinbrenner perguntou a Beimler se ainda se "imaginava" como um representante no Reichstag em Berlim. "Imaginação", respondeu Beimler, "é um conceito burguês que não tem lugar no comunismo." Steinbrenner o encarou, perplexo, e decidiu voltar sua atenção para Hunglinger. "E você, traidor! Seu porco, seu patife, agora sabemos que você nos espionou e estava a serviço da polícia", ele disse. "E que você humilhou e abusou de nossos homens da sa na escola do Führer." Enquanto repassava as transgressões de Hunglinger, era dominado pela raiva, esbofeteando o detento no rosto repetidas vezes. Ao contrário de Beimler, que mantinha uma postura de belicoso desafiador, Hunglinger, que passara os cinco dias anteriores nas mãos das tropas de choque na delegacia de polícia da Ettstrasse, recebia os golpes com embotada letargia.

Quando Vogel apareceu, tirou do bolso um chacoalhante molho de chaves e destrancou a porta. As celas da prisão não eram mais do que uma fila de toaletes e boxes de chuveiro adaptados, no lado direito de um estreito corredor. As latrinas haviam sido removidas, e as janelas, bloqueadas. Os canos de esgoto abertos exalavam um odor acre e úmido na escuridão. As celas eram apertadas, espaços estreitos equipados com um beliche simples de madeira e uma mesa com um prato, uma faca e um jarro de água. Havia grade nas janelas. Hunglinger foi posto na cela 1, e Beimler, mais além no corredor, na cela 3. Josef Götz, que ainda cumpria pena por sua observação à mesa do jantar relativa aos tiros que tinham abatido Benario, Goldmann e os Kahn duas semanas antes, estava entre eles, na cela 2.

Mal estavam instalados em suas celas quando Steinbrenner apareceu com dois homens da ss. "Agora pegamos você, seu traidor, seu rebelde!", ele gritou enquanto abria a porta da cela de Beimler. "Muita gente está pagando por sua incitação da turba." Ele ordenou que se levantasse. Quando Beimler ficou de pé, Steinbrenner começou a chicoteá-lo, depois o empurrou até um canto da cela. "Agora você vai admitir que traiu os trabalhadores?" A resposta de Beimler veio numa voz baixa e ameaçadora: "Se, por medo de que você me bata, eu admitisse agora ter traído os trabalhadores, então eu mereceria apanhar até morrer, aqui e agora". Steinbrenner saiu batendo a porta e foi até Hunglinger, que foi espancado e esmurrado e deixado prostrado em seu beliche, gemendo.

Vogel acompanhava Steinbrenner, um pouco mais atrás, abrindo as portas e perguntando quais eram as acusações de cada um. Vogel tinha um senso de sutileza e de ironia ausente no abrutalhado Steinbrenner, e preferia administrar tormentos em doses pequenas e sutis. "Você tem alguma reivindicação, pedido ou reclamação?", ele perguntou a Beimler.

"Nenhum dos três", respondeu Beimler de forma lacônica.

Vogel entregou a Beimler uma corda de couro com dois metros de comprimento com um laço numa extremidade e ordenou que ficasse de pé sobre o leito e o amarrasse na instalação do chuveiro, perto do teto. "Sim, sim, fique sobre o leito e pendure o laço na torneira", explicou Vogel. Quando Beimler completou a tarefa, Vogel passou as instruções do protocolo. "No futuro, quando alguém entrar na cela, você deve adotar uma postura militar e dizer: 'Detento Beimler a suas ordens.'" Vogel explicou então que o espancamento de Steinbrenner era parte da rotina normal da casamata da prisão. Falava num tom calmo, tranquilizador, tratando Beimler com um respeitoso "*Sie*", e não "*du*", assegurando que os excessos de Steinbrenner não eram gratuitos, que as brutalidades tinham um propósito. Os espancamentos seriam dolorosos, Vogel garantiu a Beimler, e então acrescentou, apontando para o laço: "E, caso você comece a ter dúvidas, vai ter sempre esta opção".

Quando Vogel descia o corredor de volta ao vestiário dos membros da ss, Hunglinger o chamou, batendo na porta de sua cela. Vogel destrancou a cela. Hunglinger explicou que precisava se aliviar. Vogel deixou que saísse. Quando Hunglinger voltou, ele pediu a Vogel um favor. "Por favor, me dê um revólver", ele pediu. "Quero me matar. Não aguento mais esse espancamento."

"Não temos revólveres; além disso, você não vale o preço da bala", disparou Vogel. "Deveria ter se lembrado antes que tem uma família, em vez de nos trair." Vogel fez uma pausa e acrescentou: "Mas eu quero ser caridoso com você". E entregou a Hunglinger um pedaço de corda de couro com um laço, igual ao que tinha dado a Beimler.

Naquela noite, Steinbrenner voltou, dessa vez com cinco homens da ss. Vogel destrancou a porta de Hunglinger. Dois homens mantiveram o major da polícia imobilizado, e os outros quatro atiraram-se sobre ele. Hunglinger gritou. Eles o chicotearam até que seus gritos se desvaneceram num gemido exausto, e então o esmurraram até que ele não emitisse mais do que um semiconsciente gorgolejar de dor. Vogel trancou a porta da cela de Hunglinger e acompanhou o grupo de Steinbrenner à cela de Götz, onde repetiram o procedimento.

Quando chegaram a Beimler, estavam encharcados de suor pelo esforço. Seus quepes estavam atirados para trás, sobre seus pescoços, e seus cabelos pendiam sobre os rostos e pingavam de suor. "Vamos lá, deite-se!", gritou Steinbrenner quando a porta se abriu. "Vamos, vamos." Os homens cercaram Beimler, batendo nele com seus chicotes, dois à direita e dois à esquerda, enquanto os outros dois contribuíam com um coro sarcástico: "Frente Vermelha! *Heil* Moscou! Hurra para a revolução mundial!". Beimler contraía-se de dor, virando de lado, depois rolando para ficar de bruços, enquanto continuavam a chicoteá-lo com selvageria, desferindo cada um quarenta ou cinquenta chibatadas. Quando enfim terminaram, eles o seguraram cada um por um braço, abriram suas mãos, chicotearam as palmas dez vezes, depois viraram as mãos e açoitaram os dorsos até incharem. "Quando finalmente deixaram a cela e eu pensei que haveria alguma paz e quietude, logo constatei que de novo estava enganado", relembrou Beimler mais tarde. "Enquanto isso eles tinham ido buscar no campo alguns judeus e estavam batendo neles, um após outro, numa cela vazia próxima à minha." Por volta das dez horas tudo terminou. A paz baixou sobre a casamata por uma noite. As portas foram fechadas e trancadas, e as luzes apagadas.

Steinbrenner e sua equipe de chicoteadores voltaram na manhã seguinte às onze horas e foram diretamente para a cela 1, onde infligiram mais uma rodada de golpes em Hunglinger. Novamente açoitaram e socaram o homem de 53 anos até quase ficar inconsciente, quando Steinbrenner disse com a satisfação de quem sabia o que estava fazendo: "Isso deve bastar". Mais tarde naquela manhã, quando voltaram e abriram a cela, Hunglinger estava pendurado na corda de couro. Em cima da mesa, havia um bilhete de suicídio.

Hartinger apareceu naquela tarde e encontrou o corpo de Hunglinger ainda pendurado. Ele recolheu o bilhete do suicida como uma evidência num potencial processo, pois sabia que outras pessoas poderiam ser consideradas responsáveis como "instrumentos de uma morte não natural" segundo o parágrafo 23 do código criminal. Decidiu mostrar o bilhete ao irmão de Hunglinger, que trabalhava no tribunal do estado, no Palácio da Justiça. Hunglinger reconheceu a letra do irmão morto e acompanhou Hartinger ao necrotério para reconhecer o corpo. "Só depois da autorização do irmão de Hunglinger", relatou Hartinger, "eu liberei o corpo para o sepultamento."[14]

9. O relatório Gumbel

Em 1922, Emil Gumbel publicou seu estudo — que se tornou referência—, *Quatro anos de assassinatos políticos*, numa tentativa de explicar um surto sem precedentes de violência e atrocidade que varreu a Alemanha nos anos imediatamente posteriores à guerra.[1] Gumbel estava angustiado e frustrado com o fato de que uma nação que por séculos se orgulhara de sua disciplina e ordem, descrita como uma terra "de poetas e pensadores" — *Dichter und Denker* — e que tinha produzido Bach, Beethoven e Brahms, isso sem mencionar Einstein (com quem Gumbel passara os anos de guerra em Berlim), tivesse dentro de si a capacidade de gerar tanta selvageria e tanto sadismo. Ele ficou particularmente perturbado com a profusão de incidentes brutais que varreram as jurisdições de Munique I e Munique II na primavera de 1919, quando extremistas da direita e da esquerda disputavam o poder político.

Na cidade de Perlach, doze homens foram arrancados da cama às três horas da manhã, espancados e roubados, depois enfiados num caminhão, levados à Hofbräuhaus, em Munique, e despreocupadamente fuzilados aos pares entre onze horas da manhã e uma hora da tarde.² Entre uma rodada e outra de execução, seus assassinos tomavam cerveja. Num mosteiro perto de Gerlach, catorze jovens foram espancados e depois chacinados. "Os soldados, alguns deles embriagados, corriam em tropel em volta dos prisioneiros", Gumbel escreveu, citando uma testemunha. "Eles golpeavam com suas pistolas de cima para baixo, ao acaso, com tamanha força que o cano de uma arma chegou a entortar e um cérebro se espalhou pelo chão." Uma vítima teve o nariz enfiado para dentro do rosto a pontapés. Outros tiveram suas nucas esmagadas. "Dois soldados se abraçaram, lançando seus braços um em volta do outro, e começaram a executar uma dança de guerra indígena em torno dos corpos. Eles gritavam e uivavam." Próximo a Grosshardern, cerca de cem prisioneiros de guerra russos que aguardavam repatriação foram colocados em caminhões às cinco horas da manhã, levados a uma vala de cascalho e fuzilados em massa. Vinte homens foram torturados e fuzilados em Starnberg, quatro em Possenhofen, três em Grossehesselohe e na vizinha Grünwlad, mais três em Grosshadern, e um em Schleissheim, em Harlaching, em Schäftlarn e em Grossförn. Em Tengernsee, uma mulher de 32 anos e sua filha de seis foram usadas como alvos num treino de tiro.

Perto do fim do ano, Gumbel tinha computado por volta de oitocentos assassinatos por todo o estado, e mais de 1200 no restante do país. "Como coisas assim são possíveis num país que já foi tão ordeiro", perguntava-se Gumbel, "que já esteve entre as mais importantes nações culturais de nossa era e que, segundo sua constituição, é uma república livre e democrática?"³

Como Gumbel era professor, a pergunta era retórica, e ele tinha as respostas prontas. Considerava a Prússia responsável pela imposição do militarismo na miscelânea formada por principados e cidades-estados independentes até então pacíficos que constituíam o conjunto imprecisamente configurado de nações que falavam alemão antes de Bismarck forjar seu Reich de "sangue e ferro" na década de 1870. Culpava a monarquia dos Hohenzollern em particular, por suas políticas de intimidação durante a Primeira Guerra Mundial, com o banimento da liberdade de expressão e das liberdades civis. E denunciava a "brutalização psicológica" da própria guerra, que mergulhara uma geração inteira num derramamento de sangue sem precedentes.[4] "A indiferença com que hoje se consideram os assassinatos políticos e as vítimas das turbulentas manifestações de rua na Alemanha só pode ser explicada pela teoria de que a guerra nos endureceu e nos tornou indiferentes ao valor da vida humana", afirmou Gumbel. Ele também culpou a imprensa, que glorificava a violência e publicava incitações ao assassinato de figuras públicas.

Gumbel notou também a aplicação sem precedentes da lei de "custódia preventiva", que permitia a detenção temporária — em geral por 24 horas — de um indivíduo sem o devido processo legal.[5] "Sem nenhuma possibilidade de recorrer, milhares ficavam em custódia preventiva", escreveu Gumbel. Centenas desses detidos eram mortos a tiros, supostamente por tentativas de fuga. O termo "baleado enquanto fugia" (*erschossen auf der Flucht*) tornou-se um eufemismo público para execução extrajudicial, para a qual os tribunais pareciam fazer vista grossa.

Para provar seu argumento, Gumbel citou o caso de Max Mauer, um ativista político socialista detido em custódia preventiva por uma patrulha militar e morto a tiros por uma suposta tentativa de fuga. Quando o caso foi rejeitado por um tribunal de primeira instância, a mulher de Mauer apelou para o Tribunal do Reich em Leipzig, a mais alta instância jurídica no país. Como parte de seu depoimento, citou um dos soldados que tentara silenciar seus protestos quando seu marido foi levado por eles. "Não adianta fazer esta cena toda", ele disse, "seu marido não vai voltar."[6] Ela apresentou também evidências médico-legais indicando que Mauer fora atingido por diversos tiros pelas costas, com, segundo o relatório médico, "um tiro no pescoço na altura da laringe, a cerca de dois centímetros à esquerda do centro". Os três soldados insistiram que Mauer tinha tentado fugir atravessando um campo e que haviam seguido o procedimento adequado. "O guarda Kruppe gritou 'Pare' três vezes", atestou uma testemunha, "e então, como Mauer continuou a correr, começou a atirar nele até cair."

A corte suprema absolveu os réus, citando uma lei do século XIX que concedia a soldados o direito de atirar em prisioneiros durante tentativas de fuga. "De acordo com a lei de 20 de março de 1837, quando alguém leva um tiro de um soldado, deve-se em geral presumir que o soldado agiu de forma correta", foi como Gumbel resumiu a decisão.[7] "Os soldados não precisam provar nada. Cabe aos sobreviventes recolher evidências de que o soldado transgrediu os limites de sua autoridade e que não houve tentativa de fuga por parte da vítima. E isso é, obviamente, quase impossível." Quando o julgamento terminou, a corte exigiu que a mulher arcasse com todas as custas judiciais do caso. "Embora estejamos acostumados com o fato de que assassinos não são julgados com justiça na Alemanha", comentou Gumbel em tom ácido, "até agora pelo menos alguns tribunais civis tinham objetividade para dar aos parentes das vítimas uma compensação pelas custas do processo. Após a decisão do Tribunal do Reich, até mesmo essa opção foi praticamente eliminada."

A questão levantada por Gumbel era simples: era preciso que houvesse um judiciário responsável para que se mantivesse o regime da lei. Ele argumentava que a geração de juízes encarregados do sistema jurídico nos primeiros anos da República de Weimar tinha nascido e sido educada na monarquia, com noções limitadas do que era a liberdade, e mais ainda — e aqui Gumbel revelava suas inclinações políticas de esquerda —, como parte da classe média conservadora, com pouco interesse ou simpatia por uma ampla democracia popular.*

> Inúmeras relações sociais ligam o oficial assassino ao juiz que o absolverá, que encerrará o caso, que acreditará na testemunha que descreveu detalhadamente a "tentativa de fuga". Eles são da mesma carne e do mesmo sangue. O juiz compreende sua linguagem, suas táticas, seus pensamentos. Sutilmente sua alma oscila em direção à dos assassinos, coberta com uma máscara que finge adotar um procedimento adequado. O assassino é libertado.[8]

Gumbel argumentou que esse conluio jurídico era um "pré-requisito para o assassinato político". Para demonstrá-lo, fez um quadro comparativo das taxas de assassinato em cada estado. Entre 1919 e 1921, a Baviera registrou o maior número de assassinatos políticos, seguida pela Prússia, mas com uma drástica redução (mais de 70%) no caso da Renânia, que ainda estava ocupada pelos aliados, onde os juízes estavam sob a responsabilidade da independente Comissão da Renânia.[9] A conclusão de Gumbel: não é possível se basear apenas na constituição, ou em eleições abertas, ou numa imprensa livre como a medida ou a garantia de uma democracia estável e em funcionamento. "Se quisermos encontrar uma resposta satisfatória", asseverou, "temos de, em vez disso, le-

---

* Gumbel comentou o impacto da ideologia política na natureza do assassinato político, notando que a crença da direita em líderes fortes — oposta ao apreço comunista pelas massas — resultava no assassinato premeditado de líderes políticos da esquerda e do centro. "A efetividade dessa técnica para este momento é incontestável", escreveu Gumbel. "A esquerda não dispõe mais de nenhum líder significativo, pelo qual as massas possam ter o sentimento: ele sofreu tanto por nós, ele arriscou tanto por nós, que podemos confiar nele cegamente." Os líderes da direita sobreviveram e se fortaleceram — em especial, entre todos eles, Adolf Hitler.

var em consideração a implementação de regulamentos, a adesão a leis, a atuação da polícia, o espírito da administração e, mais do que tudo, a postura do Estado."[10] Gumbel destacou a necessidade de lembrar tanto a juízes como a promotores que afinal de contas era de seu próprio interesse aderir à devida condução de processos e normas legais. "Eles simplesmente têm de perceber que com suas ações", ele concluiu, falando sobre abusos do sistema ou distorções das leis, "estão se tornando eles mesmos culpados."[11]

Josef Hartinger tinha dezenove anos e estava completando seu terceiro ano de estudante na faculdade de direito da Universidade Ludwig Maximilian quando Gumbel publicou seu relato. Em diversos sentidos, Hartinger seria o candidato perfeito para um conluio da subcorrente conservadora que Gumbel considerava minar o processo jurídico, e com ele o próprio fundamento do processo democrático. Hartinger nascera no interior rural da Baviera na época da monarquia, numa devota família católica romana com raízes na tradição militar. Sua mãe era filha de um oficial do Exército. Seu pai servira na monarquia dos Wittelsbach como um *sous-brigadier* — um suboficial — no "Corpo da Guarda de Arqueiros", a guarda pessoal dos reis da Baviera.[12] Em agosto de 1914, Hartinger, então com vinte anos de idade, abandonou os estudos na universidade para ir à guerra, na primeira onda febril de nacionalismo, alistando-se no 10º Regimento Bávaro de Artilharia de Campo. O "canhoneiro Josef Hartinger", como se descrevia, treinou durante dois anos antes de ser enviado à Frente Ocidental como suboficial, onde se viu envolvido nos mais encarniçados combates da guerra, primeiro nos planaltos de Vosges, ao longo da fronteira franco-alemã, depois nas trincheiras em torno de Verdun, e depois nas ofensivas em Flandres no verão e outono de 1917, onde recebeu a Cruz de Ferro.[13]

Naquele mês de setembro, Hartinger foi transferido para o 6º Regimento de Artilharia de Campo, e em fevereiro de 1918 foi promovido a terceiro-sargento. O oficial que o avaliou elogiou as "aptidões técnicas" de Hartinger e suas "aptidões no campo de batalha". "Ele tinha pleno domínio das manobras e dos movimentos de sua unidade", observou o oficial. "Seu comportamento pessoal aqui é impecável."[14]

No início de março, o 6º Regimento de Artilharia de Campo avançou até a frente de combate, numa preparação para uma ofensiva geral com a intenção de forçar o término da guerra. Até então, o gás venenoso fazia parte do arsenal-padrão das unidades de artilharia, em particular o gás "cruz verde" — nome advindo das marcas verdes nas espoletas —, uma mistura letal feita de 95% de cloro e de fosgênio que queimava os olhos, dilacerava os pulmões e fazia as vítimas vomitarem sangue. Entre 11 e 20 de março, munições foram transportadas para alcançar o regimento na linha de frente: 2500 obuses de alto poder explosivo e mil projéteis com gás venenoso para cada posição. Inicialmente, as perspectivas de uso do gás eram poucas, devido à chuva e ao nevoeiro, mas na noite anterior à data marcada para a ofensiva o tempo melhorou.

Às vinte para as cinco da manhã de 21 de março, o horizonte explodiu numa barragem maciça de artilharia, seguida de uma investida da infantaria com o apoio de tanques. Quando a linha de frente britânica desmoronou, o 6º Regimento de Artilharia de Campo avançou, capturando prisioneiros, remessas militares e suprimentos, inclusive um fonógrafo e um disco com a canção "It's a Long Way to Tipperary".

Seis dias depois, Hartinger atravessou o rio Somme com seu regimento, em Chipilly, e no dia seguinte juntou-se ao ataque perto de Hamel, logo a leste de Amiens. Mais uma vez, o clima colaborou. Eles eliminaram uma segunda posição britânica com um ataque maciço de gás e avançaram novamente, com ordem de acabar com o fogo de artilharia britânico, na preparação de um grande ataque sobre Villers-Bretonneux. Hartinger e seus homens passaram a noite entrincheirando-se entre as ruínas de um vilarejo próximo, enquanto as munições eram trazidas até a frente. A barragem da artilharia alemã começou ao alvorecer. Os canhões britânicos só respondiam esporadicamente. Então, de forma súbita, a frente irrompeu numa saraivada inimiga que praticamente eliminou a unidade de Hartinger. "A explosão dos obuses era acompanhada do estrondo das casas que desmoronavam", registraram os anais do regimento.[15] "O entulho cobria as equipes, as peças de artilharia e a munição. Caibros, tijolos e cascalho rodopiavam pelo ar." Após quatro horas o regimento tinha perdido seu comandante, dois chefes de bateria, quatro tenentes, quarenta suboficiais, onze oficiais e 323 soldados comuns, além de 379 cavalos e um veterinário. Hartinger emergiu ileso do massacre, e pronto para mais. Foi agraciado com a Medalha do Serviço Militar da Baviera e subsequentemente promovido a tenente, comprometendo-se a mais três anos de serviço militar.[16]

Depois do armistício em novembro de 1918, Hartinger voltou para casa, em Amberg, para encontrar a Baviera num estado de caos político. Após a vitória do Exército Vermelho em Dachau, ele juntou-se a outros 10 mil veteranos desmobilizados, alistando-se nas milícias do estado, os Freikorps, onde defendeu uma causa comum com futuros adversários ao esmagar a República Soviética da Baviera. Hilmar Wäckerle, como já mencionado, alistara-se no Freikorps Oberland, enquanto Hans Frank, Adolf Wagner e o barão von Malsen-Ponickau marcharam todos com o Freikorps Epp, assim como Heinrich Himmler, que, por alguns meses, não tinha idade para ser enviado à frente de batalha. Hans Steinbrenner só tinha treze anos na época, e sofria delírios febris em razão de um abscesso na perna, mas nunca esqueceu os sons da artilharia e do tiroteio nas ruas, além, é claro, da visão dos bolcheviques saqueando a loja de armas de seu pai.[17]

Em 1º de maio, o Freikorps Epp, juntamente com o Freikorps Oberland, foi a ponta de lança no ataque a Munique. A unidade Epp, calejada de batalhas, forçou passagem pelas ruas de Munique tão impiedosamente quanto o fizera dois anos antes nos arredores de Verdun, massacrando os desbaratados componentes do Exército Vermelho Bávaro. Pelo cálculo de Gumbel, perto de quinhentos soldados do Exército Vermelho morreram em combate, foram executados ou "mortos acidentalmente".[18] Outra estimativa elevou esse número para mil.[19] Epp perdeu menos de quarenta homens.

Hartinger tinha se alistado nos Freikorps naquele mês de março, mas também se matriculara como estudante e estava morando num apartamento de primeiro andar no número 14 da Blüttenstrasse, em Munique, onde foi testemunha ocular da carnificina.[20] Apesar de ter todas as qualificações para ser um radical de direita, de acordo com a definição de Gumbel, ao que parece Hartinger passou por uma transformação naquela primavera sangrenta de 1919. Ele saiu da milícia, abriu mão de sua patente de oficial no Reichswehr, o Exército do Reich (abrindo mão de um pagamento mensal garantido), e matriculou-se como estudante no departamento de direito da Universidade Ludwig Maximilian, juntando-se à primeira turma de advogados formada numa república democrática multipartidária.[21]

A profissão legal, como observou Gumbel, era moldada em valores monarquistas e notoriamente conservadores. Quando o Código de Processo Criminal foi introduzido pela primeira vez, no final do século XIX, foi execrado por muitos no judiciário por sua imposição de conceitos estrangeiros, como o do habeas corpus e o direito à autodefesa. "Eu creio também que a ética de pedir que o acusado explique sua culpa ou inocência é superior à do método anglo-americano, no qual o réu tem o direito de se defender", um eminente jurista asseverou com soberba na ocasião. "É fundamental para o caráter alemão que se responda direta e honestamente quando confrontado com uma acusação."[22] Uma autoridade legal da época, Adolf Dochow, escreveu um manual para juízes com instruções para subverter o Código de Processo Criminal. "O acusado não é obrigado a dar nenhuma explicação", observava Dochow; "no entanto, o juiz não tem de alertá-lo quanto a esse direito."[23]

Duas gerações depois, as coisas tinham começado a mudar. Quando Hartinger se matriculou na faculdade de direito, no "semestre de emergência" da primavera — abreviado por causa do tumulto do pós-guerra e da revolução bolchevique —, a instituição oferecia, somente sobre o Código de Processo Criminal, cinco cursos diferentes. Kurt Tucholsky, o irônico observador das fraquezas e dos caprichos alemães, maravilhado com os textos sobre direitos civis que proliferaram na República de Weimar, notou que o "livro mais citado na Alemanha depois da Bíblia" era o Código de Processo Criminal.[24]

A decisão de abandonar a carreira militar e se dedicar a estudos legais afundou Hartinger na pobreza. Seu pai fora arruinado pela crise financeira do pós-guerra e não era capaz de sustentá-lo, fato que Hartinger ressaltou num pedido de uma ajuda de custo estudantil em 25 de maio de 1919. "Não disponho de recursos pessoais e no momento é impossível encontrar trabalho", ele escreveu.[25] Dois anos depois, continuava na faculdade, mas ainda sem auxílio financeiro. Um formulário de requisição de ajuda de custo que entregou ao Departamento de Auxílio aos Necessitados em 14 de maio de 1921 resumia seu desespero com sua situação financeira: "Rendimentos de fonte militar: 0; Rendimentos de fonte civil: 0; Suporte para oficiais da reserva: 0". Um assistente social que visitou Hartinger em seu alojamento de um só cômodo no número

4 da Blütenstrasse constatou que ele vivia em situação de "extrema necessidade". Ficou determinado que a "situação financeira crítica de Hartinger provavelmente tinha relação direta com seu serviço na guerra".[26] Por fim, naquele mês de maio, Hartinger obteve um auxílio estudantil no valor de quinhentos marcos.[27]

Apesar de todas as privações, Hartinger foi um aluno excelente. Completou a rodada final de exames em junho de 1924 com notas altíssimas. Pouco tempo depois, obteve uma posição inicial no serviço público bávaro e foi nomeado para servir três meses como assessor na prisão de Amberg, onde foi encarregado de "várias das responsabilidades do procurador do Estado", inclusive a "implementação dos processos penais e assuntos atinentes à prisão".[28]

Hartinger impressionou seus superiores desde o início com suas aptidões. "Seu talento para análises precisas, combinado a uma extensa e abrangente formação, permite-lhe captar rapidamente os casos criminais e reconhecer os elementos-chave de cada caso", observou um supervisor.[29] Ele continuou servindo como assistente do vice-promotor em Passau, depois como juiz numa vara civil na jurisdição de Munique I, onde permaneceu nos seis anos seguintes, estabelecendo reputação como um homem de capacidade impressionante e um irredutível opositor do incipiente movimento nazista. "Em minha posição como promotor em Munique I, fui implacável nos processos contra os excessos nacional-socialistas", relembrou Hartinger.[30] "Graças à minha determinação consegui condenar Ribbentropp [sic], o editor de um jornal nazista, por transgressões na imprensa, depois de ter sido repetidamente absolvido nessa questão."* Em março de 1931, Hartin-

---

* Ao que tudo indica, Hartinger se refere a Alfred Rosenberg, e não a Joachin von Ribbentropp. Rosenberg trabalhou como editor do diário nazista *Völkischer Beobachter* de 1923 a 1938, e foi repetidas vezes acusado de transgressões

ger foi promovido de promotor assistente em Munique I para vice-promotor em Munique II.

A essa altura, o estudante que outrora lutava para sobreviver era um funcionário público com um salário que figurava na "classe especial".[31] Graça aos familiares de sua mulher, vivia "confortável e razoavelmente" num rua elegante onde se alinhavam lojas de roupas finas e joalherias, no quarteirão adjacente ao da imponente Ópera Estatal de Munique e do Palácio Montgelas, e junto à Odeonsplatz, adjacente aos jardins do Palácio Wittelsbach, abertos ao passeio público. De seu apartamento, um breve percurso de bonde, ou uma prazerosa caminhada de vinte minutos, levava a seu escritório.

Hartinger referia-se afetuosamente a Munique como "meu segundo lar", depois de Amberg. Aos 39 anos, tinha uma boa posição e um casamento feliz, com uma filha de cinco anos e a promessa de uma brilhante carreira no serviço público da Baviera. Se tudo corresse de acordo com os planos, Hartinger passaria vários anos em Munique II, e poderia esperar ser nomeado promotor-chefe, depois procurador-geral distrital e talvez até mesmo presidente de um tribunal distrital, com a perspectiva de uma pensão integral quando atingisse a idade de aposentadoria, no final da década de 1950.

Mas então veio o telefonema do campo de Dachau. O que Hartinger ouviu, e mais tarde veria, fez com que se lembrasse da tumultuada primavera de 1919. O sistema legal falhara e não reagira nessa ocasião, como Emil Gumbel deixou bem claro, e as

---

na imprensa. Ribbentropp não se envolveu com o movimento nacional-socialista até 1932, quando se encontrou com Hitler e juntou-se ao Partido Nazista, servindo como ministro do Exterior de Hitler de 1938 a 1945. Como parte significativa dos arquivos do tribunal de Munique I foi destruída, não há como confirmar a qual julgamento específico Hartinger se está referindo.

consequências foram terríveis. O que acontecera na Alemanha na primavera de 1919 não podia voltar a ocorrer na primavera de 1933. Hartinger tinha a firme convicção de que o passado não poderia se repetir, ao menos não na jurisdição de Munique II.

10. Lei e desordem

Em 8 de maio, uma segunda-feira, parecia que o inferno estava se instalando no campo de concentração de Dachau. Em menos de 36 horas, um detento cometera suicídio, outro morrera num ataque frustrado a um guarda e um terceiro homem desaparecera do nada. Apesar de toda a ordem e disciplina das quais tanto se orgulhava, Wäckerle parecia ter perdido o controle sobre seu campo. Notícias sobre esse caos não demoraram a se espalhar. Na quarta-feira dessa semana, o jornal de Dachau relatava os dramáticos acontecimentos na instalação de detenção vizinha:

> Durante a noite de 8 para 9 de maio, o mecânico e renomado líder comunista Johann Beimler, de Augsburg, fugiu do campo de concentração de Dachau. [...] O campo estipulou uma recompensa de cem marcos para toda informação que leve à captura do fugitivo. [...] O ex-presidente da facção comunista no parlamento bávaro, Fritz Dressel, de Deggendorf, que fora preso havia apenas alguns dias em Munique e levado em custódia preventiva, cometeu suicídio em Dachau durante a noite de segunda-feira. Desco-

nhece-se o motivo do suicídio. Provavelmente matou-se por causa de depressão.

Ontem, terça-feira à tarde, o detento Götz, ex-membro comunista do parlamento, foi morto a tiros quando atacou violentamente um dos guardas. Uma comissão judicial instalou imediatamente um inquérito.[1]

A notícia da fuga de Beimler ganhou repercussão nacional, depois internacional. A fuga foi celebrada na imprensa esquerdista de Londres a Praga e a Moscou. Um dos homens mais procurados na Alemanha, uma cabeça a prêmio no governo de Hitler, tinha simplesmente desaparecido de uma das instalações de detenção mais vigiadas e seguras do país. A fuga de Beimler representava uma enorme falha de segurança nas instalações e um constrangimento público para Wäckerle. Duas semanas após sua aparição nas páginas do *New York Times*, o ex-oficial "de modos suaves, cabelos loiros e olhos azuis" estava sendo humilhado.

A pior parte para Wäckerle foi que ele detectara os sinais de que isso poderia acontecer. Na semana anterior, Beimler queixara-se de uma dor muito forte no baixo-ventre. Os sintomas sugeriam apendicite. Wäckerle consultou seus superiores. As instruções foram de que Beimler deveria ser levado a um hospital. Ele foi confiado ao capitão Schlemmer, que o acompanhou à clínica da Nussbaumstrasse, onde ficaria em observação. O médico atendente determinou de imediato que não havia nada de errado; Beimler estava "fingindo uma doença". "Após consultas com os funcionários da penitenciária em Stadelheim", onde Beimler estivera antes de sua transferência para Dachau, registra um memorando interno, "decidiu-se que não seria mantido na ala dos enfermos e sim, por segurança, numa solitária."[2] Beimler foi transportado de volta para Stadelheim. A prisão foi posta em alerta máximo. A área em torno das instalações foi vasculhada em busca de atividades suspeitas, mas "não se observou absolutamente nada anormal".[3] Três dias depois, quando Beimler foi devolvido a Dachau, Wäckerle estava à sua espera.

Era mais um dia chuvoso e triste de primavera, o ar úmido e frio, o solo enlameado e coberto de poças d'água. Verificando a lista de transferências, Wäckerle constatou que entre os 29 passageiros estavam não apenas Beimler mas alguns outros comunistas notáveis.[4] Willy Wirthgen era o principal ativista comunista em Allgäu, onde, vários anos antes, Wäckerle tinha administrado uma fazenda. Wirthgen era então considerado "um comunista particularmente perigoso", assim como Hans Rogen, que tinha "supostamente atirado no membro da SA Kiefer, no monte Giesinger". Lá estavam também Josef Hirsch, um comunista do conselho municipal de Munique, notório por suas diatribes antinazistas, e Fritz Dressel, mais um representante no legislativo do estado. "Esse aí é um comunista especialmente perigoso", observava uma anotação na lista de transferências. Dizia também que Dressel tinha cuspido no rosto de um homem da SS na delegacia de polícia da Ettstrasse. E havia Max Holy, do qual, não obstante seu envolvimento com o Socorro Vermelho, a unidade de ligação internacional do Partido Comunista, dizia-se que "estava entre os comunistas decentes". Por fim, havia Joseph Rahm, que, segundo constava, tinha chutado um membro da SS quando estava sendo espancado na delegacia de polícia da Ettstrasse.

A chegada desses homens aumentou a preocupação por parte de Wäckerle. "Naquele dia, quando chegaram de Kempten três ônibus trazendo detentos, Wäckerle estava especialmente agitado", lembrou o instrutor da polícia Emil Schuler.[5] "Ao que tudo indica, ele era originário de Kempten, e parece que entre os prisioneiros recém-chegados tinha identificado alguns de seus inimigos políticos. Daí presumo que em seu furor, e também por medo de uma revolta comunista, Wäckerle tenha ordenado a Erspenmüller que atirasse em alguns prisioneiros naquela noite."

Wäckerle quis separar e identificar os homens imediatamente. Assim que o veículo chegou e os prisioneiros desceram aos tropeços, os homens de Wäckerle entraram em ação com rebenques e com xingamentos. "Onde está Dressel? Esse porco cuspiu em meu rosto."[6] "Não se esqueça de Rahm. Esse miserável chutou um ss." Rahm, um jovem de 21 anos, foi puxado das fileiras e agredido por homens da ss, que o espancaram e socaram até ele cair, depois o fustigaram com suas botas enquanto contorcia-se na lama, sangrando da boca e do nariz. Wäckerle observava a cena com frio distanciamento, fumando um cigarro, depois anunciando suas sentenças para a casamata da prisão. "Beimler, meu amigo, catorze dias de rigorosa detenção", anunciou ele. "Dressel ganha cinco dias, para que não cuspa em outro homem da ss. Hirsch, vamos lhe dar algum tempo para que pense em suas ações contra as facções nacionalistas no conselho municipal — três dias. Rahm, cinco dias."

Os homens foram conduzidos à casamata da prisão, onde Vogel esperava por eles. Vogel pôs Hirsch na cela 1, onde Hinglinger se tinha enforcado na semana anterior, e, como Götz ainda estava na cela 2, determinou que Dressel e Beimler ficassem juntos na cela 3, com Rahm na cela 4. Steinbrenner chegou pouco depois e abriu a porta da cela 3: "E então, seu desgraçado, você cuspiu num homem da ss?", ele gritou para Dressel, ordenando que se despisse e deitasse no catre.[7] Steinbrenner ordenou então a seus homens que se atirassem sobre Dressel com seus rebenques, começando pela sola dos pés e subindo aos poucos pelas pernas, nádegas, costas e ombros, até o topo da cabeça. Beimler seria o próximo. "E você, seu covarde, seu porco, chegou sua vez", disse ele.[8] "Vamos arrancar de você essa doença fingida a pancadas, pode crer. Tire a roupa!" Steinbrenner olhava para Beimler enquanto se despia, ordenou-lhe que deitasse no catre e então pôs seu time de chicoteadores para trabalhar novamente. Quando terminaram, Steinbrenner bateu a porta e foi até Rahm, que estava de pé em sua cela, sangrando e aterrorizado.

"Por que este jovem está aí?", perguntou Vogel a Steinbrenner, que explicou que Rahm, segundo relatos, tinha chutado um membro da ss na delegacia de polícia da Ettstrasse.[9] Rahm disse que, enquanto estava sendo espancado, tentara se proteger e por acidente atingira o homem da ss. Aquele jovem maltratado não tinha uma postura desafiadora, só amedrontada. "Sim, a mim isso parece ser mais lógico do que este garoto ter atacado um membro da ss", ponderou Vogel. "Não podemos considerar aquilo uma agressão. Eu me defenderia da mesma maneira se estivesse sendo espancado." Vogel e Steinbrenner refletiram por um instante e depois liberaram Rahm, enviando-o para os alojamentos comuns. Dressel foi então transferido para a cela vazia.

Hirsch foi escolhido para ser alvo de uma agressão especial. "Ele era um dos verdadeiros chefões lá fora", Wäckerle dissera a Steinbrenner, fazendo um sinal com a mão e indicando que Hirsch deveria receber o que lhe cabia.[10] "Com força, com força mesmo", ele determinara.[11] Na cela, Steinbrenner ordenou a Hirsh que se despisse. Quando Hirsch não respondeu com a devida presteza, Steinbrenner arrancou as roupas dele pessoalmente, rasgando-as, e depois lançou seus homens sobre Hirsch. Eles quebraram seu nariz, esmagaram seus dentes da frente e o chutaram nos genitais, depois começaram a chicoteá-lo com seus rebenques até arrancar sangue. Hirsch desmaiou. "Então, seu cachorro, seu cachorro morto, você acordou de novo", falou Steinbrenner quando Hirsch recobrou a consciência. Os outros ss disseram a Steinbrenner que deixasse Hirsch em paz. Ele já tinha sofrido o bastante. Mas Steinbrenner avançou sobre ele outra vez, e aplicou-lhe mais quatro ou cinco chibatadas.

Steinbrenner e sua equipe voltaram mais tarde naquele dia para outra rodada de açoitamento. Começaram com Hirsch, depois Götz, depois Beimler, depois Dressel, sempre com a mesma rotina — o batucar das botas, o tilintar das chaves, a ordem para se despir, a surra dos calcanhares à cabeça, com um eventual soco ou pontapé quando parecia apropriado, o bater da porta, o tilintar das chaves e o cadeado sendo trancado.

No dia seguinte, Steinbrenner voltou acompanhado por Wäckerle, que ficou no corredor estreito e úmido no meio do bando de soldados da ss liderado por Steinbrenner. "Götz, o encrenqueiro, está aqui", explicou Steinbrenner, abrindo a porta, e acrescentando: "Um criminoso de primeira classe".[12] Beimler era o próximo. "Aqui temos um exemplo particularmente especial de um porco bolchevique", disse Steinbrenner. Wäckerle examinou o maltratado e iracundo homem com suas orelhas salientes, fez alguns comentários, virou-se e saiu. Steinbrenner bateu a porta. Vogel trancou o cadeado. Eles continuaram até Dressel para uma rotina semelhante. Durante um interrogatório em separado, Hirsch teve os artelhos de seu pé direito torcidos, e seu polegar direito fraturado.[13]

Steinbrenner voltou no dia seguinte para mais uma rodada, dessa vez com o soldado da ss que tinha sido cuspido por Dressel.[14] Ele deu a esse homem a oportunidade de ir até Dressel e perguntar: "Você vai cuspir em mim de novo?". O guarda recebeu então carta branca para lidar com Dressel. Steinbrenner foi até a cela de Beimler. Quando Beimler pulou para a posição de sentido como Vogel instruíra, Steinbrenner chutou-lhe a barriga e empurrou-o para um canto, apontando-lhe a pistola. Beimler olhou friamente para o cano, impávido. "Vire-se!", ordenou Steinbrenner.[15] Beimler virou-se para a parede. Steinbrenner encostou o cano em sua nuca e então disse: "Seu porco, você não vale uma única bala. Mas será enforcado amanhã de manhã, às sete horas. Ainda dá tempo para rezar e escrever uma carta". Steinbrenner voltou naquela noite para mais uma rodada de espancamento.

"Ele vai ficar cinco dias aqui e deve receber 25 [chibatadas] a cada dia", Steinbrenner instruiu um guarda em frente à porta de Dressel.[16] Eles teriam de desistir em algum momento. Tinham conseguido com Hunglinger; conseguiriam com esses também.

Wäckerle chegou à casamata da prisão na manhã do quinto dia, acompanhado por Steinbrenner. Deixou que seu cão de ataque se lançasse sobre Dressel. Lá, ouviam-se os gritos estridentes do homem quando o cão o atacou. "Uma hora depois Dressel foi levado para o setor dos enfermos, coberto de sangue e inconsciente."[17] Friedrich Schaper, um detento que estava no setor dos doentes, lembrou: "Dressel foi colocado sobre um saco de palha a cerca de cinco metros de meu leito. O dr. Katz enfaixou seu antebraço. Steinbrenner entrou e explicou: 'Ele se cortou no braço com uma faca'. Katz quis aplicar-lhe uma injeção, para o coração". Nesse mesmo momento Steinbrenner voltou ao setor dos enfermos e disse: "Ele não vai ter tratamento nenhum, deixe-o morrer de uma vez, ele cuspiu num soldado da ss na Ettstrasse".[18]

Mais tarde, no mesmo dia, Steinbrenner mandou Dressel de volta a sua cela na companhia de dois ordenanças da ss com instruções para "tomar conta" do homem ferido. Cerca das duas horas da tarde do dia seguinte, Wäckerle apareceu na casamata da prisão na companhia de Steinbrenner. "Ei, Beimler, ainda por quanto tempo você pretende continuar a contaminar a humanidade com sua existência?", perguntou Wäckerle casualmente quando entrou na cela.[19] "Já lhe disse antes que você precisa se dar conta de que é supérfluo na sociedade atual, na Alemanha Nacional Socialista." Wäckerle apontou para a faca na mesa. "Não lhe demos esta faca para você cortar pão", ele falou. "É para outra coisa." Beimler respondeu que tinha sido membro do Partido Comunista da Alemanha durante catorze anos e não ia desistir agora. Disse a Wäckerle que, se o consideravam "supérfluo", deveria simplesmente ordenar que atirassem nele.

"Olhem só para isso! Agora o suíno está ficando atrevido", comentou Wäckerle, sorrindo.[20] "Atirar em você? Não, seu porco, você não vale uma bala. Vamos só deixar você morrer de fome." Beimler disse que estava preso por quatro semanas e com três quartos do corpo desnutridos, mas que ia sobreviver à última quarta parte. Steinbrenner então deu-lhe um soco no peito, com toda a força. Beimler foi atirado violentamente contra a parede e gritou de dor. "Olhem só para isso", disse Wäckerle, "ele ainda pode gritar." Encostado na porta, ele virou-se para Steinbrenner. "Gritos não ajudam muito." Ele sorriu com conhecimento de causa. "Aqui em volta tudo é rápido e silencioso." Com uma batida forte, ele fechou a porta.

Dois minutos depois Wäckerle estava de volta para levar Beimler. Ele o conduziu pelo corredor até a cela 4. Dressel jazia morto no chão frio, com sua atadura arrancada, uma poça de sangue sob suas feridas abertas. "Isso! Agora você está vendo como é que se faz", disse Wäckerle a Beimler, já de volta a sua cela.[21] "Não precisa pensar que levamos você lá para ver seu amigo pela última vez e para lhe dar adeus. Foi só para que visse como se faz, e constatasse que ele não foi tão medroso quanto você. Ele tinha muito mais caráter do que você, seu porco covarde."

Wäckerle e Steinbrenner foram então até Götz e repetiram o mesmo procedimento. Quando terminaram, Wäckerle foi de novo à cela de Beimler. Perguntou-lhe se tinha pensado no assunto. Beimler disse que não mudara de opinião. "Deixe-me dizer uma coisa", falou Wäckerle.[22] "Vou lhe dar até as cinco horas. Agora são três, e se não tiver feito isso até as cinco vamos acabar com você."

Naquela tarde, uma equipe de investigação, acompanhada por Emil Schuler, entrou no campo. "Ambas as artérias [de Dressel] foram abertas", lembrou depois Schuler, "e ocorreu-me então que as artérias não tinham sido abertas do modo que é comum encontrar em suicídios."[23] Os cortes não atravessavam transversalmente os pulsos, mas, em vez disso, seguiam o curso da artéria braço acima. "Foi mencionado que feridas assim só poderiam ser feitas por um médico ou por alguém com experiência", observou Schuler. Apesar das suspeitas de fraude, o relatório da ss não foi refutado.

Em algum momento depois disso, Steinbrenner voltou à cela de Beimler. "Ouvi dizer que você quer se enforcar", ele disse.[24] "Não me importa como vai fazer isso, se não tem coragem de usar uma faca. Sabe como fazer?" Steinbrenner rasgou uma tira do lençol de Beimler e fez um laço, pondo a cabeça dentro como demonstração. "Então, agora já fiz tudo que podia para ajudar você, não posso fazer mais do que isso", afirmou. "Tudo que você precisa fazer agora é enfiar sua cabeça, pendurar a outra extremidade na janela, e está feito. Em dois minutos tudo estará terminado. Não tem nada de mais. E de qualquer maneira você não vai mais sair vivo desta cela." Steinbrenner fez uma pausa, então berrou: "As ordens do comandante são para ser obedecidas!".

Beimler olhou para Steinbrenner e disse que preferia esperar. Explicou que era aniversário de seu filho e que o menino de doze anos estava comemorando a data com os avós, já que ambos os pais estavam na prisão. Pediu um dia de moratória. "Não quero que meu filho sempre se lembre em seu aniversário de que esse foi o dia em que seu pai cometeu suicídio", ele explicou.[25] Steinbrenner refletiu por um momento, depois disse a Beimler que era um "motivo plausível" para um adiamento. Ia discutir a questão. Estava certo de que Wäckerle concederia um "período de clemência" naquelas circunstâncias, mas pediu a Beimler que lhe desse sua palavra de honra. Beimler olhou para Steinbrenner e lembrou-lhe que nas últimas quatro semanas tinha sido denunciado como traidor de seu país, dos trabalhadores, um puro e simples traidor. "Eu não pediria a um homem que tenho a certeza de ser um traidor", ele argumentou, "que desse sua palavra de honra."[26]

Steinbrenner fez uma pausa. "Então está bem", o outro respondeu. "Dê-me a sua palavra apenas!"

Steinbrenner saiu para consultar Wäckerle e voltou pouco depois. "Então, eu falei com o comandante sobre isso", relatou.[27] "Por causa de seu filho, pelo aniversário dele, você ganhou um tempo, até amanhã de manhã. Mas eu lhe digo agora: não ouse me receber vivo amanhã de manhã, quando eu destrancar a porta." Naquela noite Beimler avisou Hirsch de suas intenções. "Beimler estava na cela ao lado, e eu sabia de seu plano de fuga naquela noite", relembrou Hirsch, "pois eu me comunicava com ele sinalizando com batidas na parede."[28]

Na manhã seguinte, Steinbrenner entrou na casamata com as ordens de comando que sempre gritava quando fazia as rondas: "Saiam, com os diabos!".[29] Hirsch obedeceu instantaneamente e saiu correndo para se aliviar, sabendo muito bem o que ia acontecer a seguir. Estava voltando no momento em que Götz saía da cela, e Steinbrenner descobria que Beimler não estava lá. Quando Hirsch e Götz fingiram nada saber, Steinbrenner teve um acesso de fúria, chicoteando-os e chutando-os. "Esperem só, vocês estão mortos, seus cachorros", ele disse enquanto os trancava em suas celas.[30] "E vão falar logo logo." Pouco tempo depois a sirene do campo soou, e os detentos começaram a se reunir fora dos barracões. Steinbrenner voltou com Erspenmüller, que ordenou a Hirsch que trouxesse seu colchão de palha para o corredor. Erspenmüller tinha sacado sua pistola. Hirsch reconheceu o perigo de imediato. Els sabia que os homens da ss poderiam usar o pretexto de que atiraram num detento "que tentava fugir", mas não correriam o risco de balear um homem dentro de sua cela. Hirsch recusou-se a sair. Steinbrenner o açoitou, depois chutou-o com suas botas de montaria, mas Hirsch não se moveu. Erspenmüller atravessou o corredor e foi até Götz, e a ele se juntaram Steinbrenner e Karl Wicklmayr. Hirsch relembrou que, depois de quatro semanas de espancamento, Götz "não estava mais mentalmente são".[31] "Às vezes ele simplesmente não respondia às perguntas, ou dava respostas confusas", relembrou Hirsch. Tinha ficado "lento e desajeitado". Outro detento, Rudolf Wiblishauser, lembra-se de ter visto Steinbrenner com outros dois soldados da ss obrigando Götz a entrar no compartimento da latrina, onde lhe bateram até sangrar. "Depois eu tive de limpar a latrina", relembrou Wiblishauser.[32] "Havia grandes manchas de sangue nas paredes, assim como fragmentos de pele e de carne e tufos de cabelo." Wiblishauser tinha certeza de que o cabelo era de Götz porque era louro, assim como o do detento. Mais tarde, Steinbrenner deu a Götz pedaços de folhas do *Völkischer Beobachter* para usar como bandagem e conter o sangramento.[33] Maltratado e apático, Götz egueu nos braços seu colchão de palha, como lhe haviam ordenado, e saiu para o corredor. Um instante depois, um tiro foi disparado.

Enquanto isso, Wäckerle, convencido de que Beimler ainda deveria estar no campo, mandou esvaziar e revistar os barracões. Guardas da ss percorreram os alojamentos com baionetas, retalhando e espetando tudo que estivesse à vista. Todo e qualquer vão era revistado. Os detentos foram reunidos do lado de fora e obrigados a responder a repetidas chamadas. "Aos poucos, os que estavam na fila da frente percebiam o que tinha acontecido, e uma fervilhante excitação correu pelas fileiras como um rastilho", relembrou um detento.[34] "Um dos que tinham sido torturados, Hans Beimler, de Munique, tinha fugido naquela noite dos que iam executá-lo na casamata da prisão." Quando se descobriu que Beimler não estava mais no campo, Wäckerle despachou homens e cães para que vasculhassem as florestas e campos vizinhos. Mas Beimler não foi encontrado em lugar nenhum. "Como viemos a saber depois, ele conseguiu ficar em Munique durante várias semanas, até suas feridas sararem", contou o detento.[35] "E depois ele escapou para fora do país como a primeira testemunha privilegiada de Dachau."*

Relatos sobre a fuga de Beimler foram abundantes. Um dizia que ele tinha usado meias grossas para escalar a cerca elétrica. Outro alegava que usara um cobertor para escapulir por baixo da cerca de arame. Alguns afirmaram que tinha estrangulado um guarda, vestido seu uniforme e saído andando pelo portão. Alguns acreditaram que Max Holy, o "comunista decente", tinha arquitetado a fuga.[36] Josef Hirsch alegou que tinham sido dois guardas da ss, que deviam a ele um favor. Beimler fez depois seu próprio e dramático relato. "Consegui aproveitar uma série de oportunidades felizes", ele rememorou. "Apesar de correr um grande risco de morrer — risco que eu tinha considerado quando preparei minha fuga —, consegui não só atravessar as três camadas de arame farpado (a do meio estava eletrificada), mas também escalar o muro de dois metros de altura." Ele contou que tinha vacilado em cima do muro de concreto por um instante, imaginando que teria sido visto, e então, quando parecia que miraculosamente nenhum guarda o tinha visto, ele saltou para a liberdade.[37]

A humilhação imposta a Wäckerle por Beimler e a vingança sobre Götz foram completadas com a remoção de Hirsch de sua custódia. "Pouco tempo depois, o capitão da polícia do estado veio e ordenou [...] minha transferência para Munique", relatou Hirsch. "Quando estava sendo levado embora, tive de passar sobre o corpo de Götz."[38] Hirsch observou mais tarde que a polícia estadual tinha literalmente salvado sua vida.

---

* Beimler fugiu pela fronteira com a Tchecoslováquia para Praga, e dali para Moscou, onde publicou naquele agosto *Im Mörderlager Dechau*. O livro, editado numa tradução para o inglês como *Four Weeks in the Hands of Hitler's Hell Hound: The Nazi Murder Camp of Dachau* [Quatro semanas nas mãos dos cães infernais de Hitler: O campo de morte nazista de Dachau], oferece o primeiro relato detalhado de atrocidades dentro de um campo de concentração nazista.

Wicklmayr assumiu a responsabilidade pelos tiros desferidos contra Götz.[39] Contou à polícia que Götz estava passando por ele no corredor com seu travesseiro e seu colchão quando de repente resolveu atacá-lo. Wicklmayr o repeliu com um empurrão, mas, quando Götz investiu uma segunda vez, ele se viu forçado a atirar. Götz morrera no mesmo instante. Steinbrenner contou que estava no vestiário dos homens da ss quando ouviu o tumulto e o tiro. "Abri a porta e vi Wicklmayr ali de pé com uma arma fumegante na mão", ele relembrou.[40] "Götz estava estirado no chão, atingido por uma bala que lhe varou a cabeça." A pistola fora disparada de uma distância tão curta que a bala penetrara no crânio de Götz e depois passara pela porta da cela adjacente, onde estava preso um recém-chegado, Franz Stenzer. Steinbrenner entrou na cela para recuperar o projétil. "Você teve sorte", ele disse a Stenzer, "poderia ter atingido você."[41] O saco de palha que servia de colchão para Götz estava encharcado, e as paredes estavam manchadas de sangue. "Isto aqui parece um matadouro", observou Vogel.[42] O detento Friedrich Schaper recebeu a ordem de limpar o corredor.[43] "Usei um trapo para enxugar o sangue, que ainda estava quente, e o espremi num balde", contou.

Kasimir Dittenheber trabalhava com Wicklmayr no escritório do campo e não acreditou na história.[44] Ele sabia que Wicklmayr era considerado pelos outros guardas da ss um *Sonderling*, um estranho, alienado, mas não acreditava que o "estudante" fosse capaz de matar um homem. Outros detentos partilhavam da mesma opinião. Wicklmayr era um jovem tranquilo, pensativo, que não fora designado para nenhum comando em particular e que passava a maior parte de seu tempo na administração do campo preenchendo fichas de registro de detentos. Gostava de conversar com os prisioneiros, especialmente com um escritor chamado Arthur Müller, com quem discutia literatura. Wicklmayr aspirava a ser um editor. Dittenheber se perguntava por que uma pessoa assim se juntaria à ss. "Sempre que um membro da ss como Steinbrenner vinha pedir as chaves da casamata da prisão", lembrava Dittenheber, o administrador do campo Vogel não lhes facilitava as coisas. "Esses homens da ss invariavelmente iam até as celas e, como dava para ouvir do escritório, agrediam os detentos." Dittenheber nunca ouvira nem um som sequer quando Wicklmayr pedia as chaves.

O problema para Hartinger era, obviamente, a ausência de testemunhas oculares confiáveis. Os guardas da ss cerraram fileiras e mantiveram suas versões. Os detentos estavam com medo de falar. A única esperança de Hartinger residia na medicina legal. Na manhã seguinte, o dr. Flamm chegou para examinar o cadáver de Götz. Ele confirmou que a causa da morte fora um ferimento de bala, mas notou uma ferida com sangue coagulado no lobo frontal esquerdo, logo abaixo da linha do cabelo. Flamm relatou isso a Hartinger, que decidiu manter a investigação em aberto até que se determinasse a causa daquele ferimento.

11. Um reino voltado a si mesmo

"Meu pai é do conselho municipal!", gritou Wilhelm Aron. "Vou dar queixa de você!"[1] Mas Hans Steinbrenner não deu importância. Ele agarrou a cabeça de Aron numa gravata e abafou seus protestos com a roupa de cama.[2] O jovem advogado de Bamberg, de 25 anos, estava na sala que servia de depósito do campo, com seu corpo esguio, atlético, estendido sem roupa sobre uma mesa, enquanto Johann Kantschuster e Johann Unterhuber o açoitavam sem parar. Os dois guardas da ss iam avançando pernas acima a partir das panturrilhas até as nádegas, enquanto Aron gritava suas ameaças sufocadas para dentro da roupa de cama do campo, listrada de azul e branco.

Mas Willy Aron estava falando sério quanto a seu recurso. Seu pai, o conselheiro jurídico Albert Aron, não era somente um consultor legal, mas também membro do conselho municipal de Bamberg e um dos mais destacados advogados do distrito, um dos três com escritório na Luitpoldstrasse, no centro da cidade.[3]

Como advogado júnior, Willy já estava qualificado a representar clientes na corte e a se preparar para seu exame final na advocacia, que lhe outorgaria os plenos privilégios da profissão. Se as circunstâncias fossem outras, ele mesmo poderia levar esses brutamontes da ss à justiça. Não seria a primeira vez que levaria um nacional-socialista ao tribunal.

Aos 25 anos de idade, Willy, não obstante sua juventude, já tinha sido manchete na imprensa de Bamberg em três julgamentos de grande repercussão. Aron era um jovem alto e bonito, com feições bem-delineadas ressaltadas por belos cabelos loiro-avermelhados, pele clara e penetrantes olhos azuis, que remontavam às origens prussianas de seu pai. Era membro ativo do clube de esgrima e social local, o Wircerburgia. Às vezes usava um monóculo, numa bem-humorada brincadeira com os membros mais conservadores da agremiação. Inscreveu seu nome duas vezes nos registros da instituição — um na distinta escrita cursiva teutônica da época, chamada "*Sütterlin*", e novamente em letras hebraicas, sinal de suas origens judaicas. Aron orgulhava-se dessa sua herança, confiava em suas aptidões legais, era desafiadoramente antinazista e um ardente social-democrata. Tinha pertencido ao movimento juvenil socialista e flertara com o comunismo, participando em desfiles com tochas e demonstrações em prol dos pobres e indigentes. Segundo um relato do jornal local, dirigira uma noite de canções socialistas na qual fora incluída uma versão em alemão do hino soviético "Amanhã nós e o sol nos ergueremos".

Em janeiro de 1932, um ano após o primeiro de seus dois exames em direito, Aron representou cinco réus num "julgamento sensação" contra um círculo criminoso de Bamberg que incluía 24 homens envolvidos numa série de infrações criminais. Em um dos incidentes, quatro réus tinham arrombado um depósito local e dado cabo de oito garrafas de Prosecco, oito garrafas de cerveja, vários vidros de fruta em conserva e quinze garrafas de *schnapps*, todos consumidos naquela mesma noite. O conservador *Bamberger Volksblatt* mencionou "graves crimes contra a propriedade cometidos da maneira característica do submundo".[4] O *Freistaat*, um jornal socialista local, adotou um tom mais complacente, descrevendo homens desesperados que "foram levados ao crime devido a um longo período de desemprego".[5] Aron representou cinco dos réus — um operário, dois trabalhadores braçais, um estoquista e um marceneiro — e decidiu evocar a compaixão do tribunal se concentrando nos apuros por que passavam os desempregados. Enquanto o promotor de Bamberg pedia uma sentença de sete anos de prisão para um dos réus de Aron, ele conseguiu fazer com que o termo fosse reduzido para dezoito meses.

Naquele mesmo ano, Aron atuara em outro caso de alto impacto, dessa vez representando um seleiro local acusado de providenciar abortos para as moças da cidade. Bamberg era a sede de um dos seis bispados da Baviera, e sentimentos católicos conservadores eram fortes e correntes em sua população. Poucos advogados se arriscariam a se encarregar de um caso assim. Inicialmente, Albert Aron concordara em assumi-lo; em outubro transferiu-o a seu filho. O caso envolvia uma jovem de Nuremberg que engravidara de um egípcio, estudante de medicina visitante. Quando ele a abandonou e voltou para casa, um amigo da moça grávida recomendou o seleiro de Bamberg para fazer o aborto. Quando a polícia foi alertada por um "comunicado anônimo", o promotor local apresentou um caso acusando o amigo, a moça e o seleiro.

Aron pretendia que seu cliente, o seleiro, se declarasse inocente, uma vez que ainda não tinha admitido o crime, mas, quando se tornou evidente que os outros acusados já o tinham identificado, o advogado mudou sua estratégia, argumentando que cada vez mais a opinião pública clamava pelo fim da proibição do aborto em esfera nacional. "É só uma questão de tempo, e o parágrafo 218 sucumbirá ante o duradouro pleito por mudanças que estão sendo exigidas por milhões de mulheres e homens", ele afirmou, conseguindo a redução da sentença de seu cliente de dezoito meses para um ano. O *Bamberger Volksblatt* denunciou a defesa de Aron no tribunal num artigo que advertia para o risco de uma "epidemia de abortos".[6]

Naquele mês de dezembro, Aron estava de volta ao tribunal e novamente às manchetes, dessa vez como principal advogado de defesa de um grupo de ativistas social-democratas, depois de um violento confronto com nazistas locais. O incidente ocorrera na noite das eleições em julho, quando os nacional-socialistas obtiveram vitória esmagadora no pleito nacional. Os social-democratas estavam reunidos naquela noite no restaurante Nöth, na Schillerplatz, para acompanhar a apuração e deliberar quanto aos resultados. Subitamente, um grupo de nazistas, comemorando a vitória, aproximou-se do restaurante, e à procura de briga. "Os agressores se aproximaram com cassetetes de borracha, tiras de couro e soqueiras de aço", relatou um dos réus defendidos por Aron. "Nós nos defendemos com cadeiras de jardim, pés de cadeiras quebradas e achas de lenha empilhadas no pátio." A polícia precisou de uma hora inteira para acabar com a briga. Mais de uma dúzia de feridos foram levados às pressas para o hospital. Nazistas e social-democratas foram presos. O incidente foi apelidado de "Massacre na Schillerplatz".

Durante o julgamento, Aron adotou uma postura agressiva contra os nacional-socialistas, insistindo que tinham sido eles os agressores e contestando a falsa alegação de que eles haviam chamado a polícia, quando na verdade correram para buscar reforços. O mais notável é que Aron pôs não só os nacional-socialistas, mas também a acusação, na defensiva. Por que, Aron queria saber, a promotoria tinha emitido uma acusação contra Josef Dennstädt, líder do Partido Social-Democrata, mas não contra Lorenz Zahneisen, seu equivalente nacional-socialista, embora Zahneisen não só estivesse presente como tinha sido visto "segurando um porrete todo cravado de pregos"? O promotor apresentou uma réplica extensa e evasiva, mas depois admitiu à corte: "Devido a novas e concretas evidências apresentadas no julgamento principal, Zahneisen terá de se submeter também a um processo criminal". O *Freistaat* aclamou Aron como um herói local. Um jornal pró-nazistas local o denunciou como um "*Saujude*", um porco judeu.

Três meses depois, na manhã de 10 de março, Aron foi levado em custódia preventiva na mesma leva que prendera Benario, Goldmann e centenas de outros por toda a Baviera. Como Benario, Aron foi mantido em uma cadeia local, onde passava o tempo estudando para as próximas bancas examinadoras em direito, sem saber que ao presidente da banca examinadora já se dera instruções para cancelar sua participação no exame, em razão da detenção. "Se ele for libertado de sua custódia preventiva e tentar continuar sua formação em direito", determinou o presidente, "será notificado de que está em licença até determinação em contrário, e não lhe será permitido continuar seu trabalho preparatório."[7] Duas semanas depois, Aron foi transferido para Dachau.

Para dar um fim às repetidas intromissões de Hartinger, Himmler instruiu Wäckerle a pôr o campo sob lei marcial e esboçar regulamentos que tornassem possível atirar nos detentos. O conjunto de oito parágrafos dos "Regulamentos Especiais" ressaltava direitos e deveres dos habitantes do campo de concentração, que incluíam tanto detentos como o pessoal da ss.[8] O parágrafo 1 era simples, declaratório e explícito: "O campo de recolhimento de Dachau cai sob o regime da lei marcial". O segundo parágrafo estabelecia a inviolabilidade de suas fronteiras: "Caso um detento tente fugir, os guardas e as tropas de escolta têm o direito de fazer uso de suas armas de fogo sem aviso prévio". Aqui, os regulamentos locais seguiam a lei prussiana de 1837, a qual, muito para a consternação de Emil Gumbel, tinha permitido que soldados executassem impunemente mais de mil detentos. As infrações pelas quais os detentos poderiam ser punidos incluíam "mentir intencionalmente", "transgredir os regulamentos do campo", "ofender e difamar", "recolher assinaturas para uma reclamação coletiva" e "estar de qualquer modo em contato, ou tentar contatar alguém fora do campo sem permissão". O parágrafo 8 ressaltava quatro transgressões pelas quais um detento poderia ser executado:

1. Quem quer que tente se defender fisicamente ou resistir fisicamente às tropas de guarda ou a membros do comando do campo.
2. Quem quer que obrigue ou tente obrigar outro prisioneiro a desobedecer aos membros da administração do campo ou às tropas de guarda.
3. Quem quer que incite ou tente incitar os comportamentos mencionados sob os números 1 e 2.
4. Quem quer que participe em desobediência coletiva ou ataque físico mencionados no número 1.

De uma perspectiva jurídica, o parágrafo 18 era o que acarretava mais consequências. Ele estava sob o título "Jurisdição", e atribuía ao comandante sua própria jurisdição legal dentro do perímetro do campo, e estabelecia um processo judicial que era claro, simples e abrangente. "A jurisdição sobre o campo e no que diz respeito aos prisioneiros é exercida, sem exceção, pelo comandante do campo", estipulava o regulamento. "Todos os casos que recaem sob o parágrafo 18 são sujeitos a julgamento pelo tribunal do campo, que consiste na administração do campo", determinava o texto, "um ou dois dos oficiais encarregados e um dos guardas da ss."[9] Os acusadores deveriam ser escolhidos pelo comandante entre os homens da ss. Caso não se chegasse a uma decisão, o comandante exerceria voto decisivo. Na ausência do comandante, esse poder passaria a seu vice. Em breves seis páginas, Franck estabelecia o campo de concentração de Dachau como a menor jurisdição do país.

Em 15 de maio, um dia claro de primavera com temperaturas aumentando, chegaram três levas de transferidos a Dachau, dois de Nuremberg e um de Bamberg, acrescentando 95 detentos à população do campo. Como era usual, os veículos roncaram atravessando os portões e pararam no espaço em frente ao escritório do comandante. Um destacamento de guardas da ss estava à espera, os rebenques contorcendo-se de expectativa em suas mãos, mas dessa vez o consultor legal do campo, Otto Franck, estava lá para supervisionar as chegadas. Quando os homens desciam aos trancos dos transportes, um guarda da ss identificou um sujeito baixo e quase calvo, de cinquenta e muitos anos. "Aqui temos o porco judeu Schloss", ele gritou. "Façam com ele o que quiserem."[10] Louis Schloss era um lojista de Nuremberg representado repetidas vezes em *Der Stürmer* como um "típico porco judeu". Franck ordenou a Schloss que desse um passo à frente e se despisse. Schloss era um homem atarracado com a barriga e as nádegas grossas e flácidas. Ele se despiu desajeitadamente na frente dos homens, e, então, instado a deitar-se de bruços num dos grandes e curvos para-lamas do ônibus. Os homens da ss, mangas arregaçadas e quepes atirados para trás, caíram sobre ele, açoitando-o impiedosamente até deixá-lo inconsciente. Os outros detentos olhavam em silêncio.

Quando os guardas da ss terminaram com Schloss, Franck ordenou a Willy Aron que desse um passo à frente. "Ainda vejo nosso querido Willy, alto, cabelos loiro-avermelhados, olhos azuis, sardento e de shorts, um saco de pão pendente do cinto, o antigo emblema da juventude amante das caminhadas e na natureza", relembrou um camarada prisioneiro. "Ele olhou para nós com otimismo, do jeito que sempre fazia." Emil Schuler, o instrutor da polícia que interviera quando Benario, Goldmann e os Kahn eram abatidos a tiro, também testemunhou a chegada de Aron.

> Ele mal tinha descido do veículo quando um homem da ss investiu sobre ele, golpeando-o e derrubando-o, e pisoteou seu corpo. Eu imediatamente interferi e repreendi o homem da ss por seu comportamento. Ele disse que não era da minha conta, que eu era apenas um oficial de polícia. Por isso eu apresentei uma reclamação ao comandante, e pouco tempo depois fui enviado de volta a Munique.[11]

Quando os recém-chegados foram dispostos numa fileira dupla, ordenaram a Aron que se identificasse.

"Aron, Wilhelm", ele exclamou. "Advogado júnior."[12]

"Não mais", replicou Franck, já informado da decisão de revogar os privilégios legais de Aron.

Além de Aron e Schloss, outros quatro detentos judeus foram destacados das fileiras naquela manhã — Max Bronner, Bertoldt Langstädter, Hans Neumann e Hans Oppenheimer — e entregues a Steinbrenner, que os levou para o quarto que servia de depósito, no barracão II. "Fomos chamados a entrar um por um e recebemos ordem de nos despirmos", relembrou Oppenheimer. "Fizeram-nos deitar sobre a mesa, seguros pelos homens da ss, e fomos açoitados pelos outros, com rebenques, da coxa até o pescoço, até ficarmos inconscientes."[13]

Fosse por seu ar desafiador e suas ameaças ou por sua aparência marcante, Aron parece ter provocado uma ferocidade particularmente ardorosa. Enquanto quatro soldados da ss o imobilizavam, Steinbrenner e Johann Unterhuber, um de cada lado, começaram a rotina do açoitamento, primeiro percorrendo as panturrilhas, depois a parte de trás das coxas, depois as nádegas e subindo para as costas e a nuca, para depois repetir o processo na direção inversa. As chibatadas cortaram e atravessaram a pele. O sangue começou a escorrer. Os homens chicotearam Aron até deixá-lo inconsciente, depois o jogaram no cubículo da latrina, junto com suas roupas e sua bolsa.

Depois de algum tempo Aron conseguiu se vestir, cambalear para fora dos barracões e entrar na fila junto com os outros detentos judeus, aos quais se ordenara que se reunissem em frente ao barracão. Oppenheimer, que estava de pé ao lado de Aron, lembra-se de que o sangue escorria por suas pernas das feridas abertas nas nádegas.[14] De repente Aron desabou. Um homem da ss o viu cair e ordenou: "Levante-se, seu porco judeu!".[15] Aron esforçou-se para ficar de pé, mas não encontrou forças. Estendeu a mão a Oppenheimer, para que o ajudasse. Quando o homem da ss viu Oppenheimer se curvar, arremeteu para a frente e baixou a bota num poderoso chute embaixo das costas de Aron. A pancada o fez perder os sentidos. Os outros detentos receberam ordens de marchar para o barracão, deixando Aron, um corpo alquebrado estendido no chão.

Aron foi arrastado para seu barracão e jogado sobre seu beliche. Desafiando um regulamento do campo que proibia os detentos de entrar em outros barracões que não o seu, um dos amigos de Aron foi buscá-lo. "Quando entrei no recinto, as pessoas estavam esparramadas nos leitos como se já estivessem semimortas", ele relatou. "Encontrei Aron, que estava deitado, contorcendo-se sobre um saco de palha. Eu o acomodei e perguntei qual era o problema. Aron gemia sem parar e sinalizou-me que tinha sofrido lesões internas." "Suas nádegas tinham sido açoitadas de tal maneira que a carne se rompera e os ossos estavam à mostra", relembrou outro detento. Quando perguntou a Aron se podia fazer algo para ajudá-lo, ele pediu debilmente por água.

Aron foi levado para a enfermaria, onde foi atendido pelo dr.

Katz e "visitado" regularmente por Steinbrenner, além de, uma ou duas vezes por dia, por Wäckerle. "Durante a visita matinal, por volta das nove ou dez horas, Steinbrenner assim como o segundo no comando, Erspenmüller, tiravam Aron de seu saco de palha para continuar o espancamento", relembrou um companheiro de barracão. "O procedimento acontecia num quarto junto ao vestiário dos guardas, onde batiam no corpo nu do judeu Aron e em suas feridas purulentas mais uma vez." Aron começou a ficar delirante. Começou a agitar-se de forma tão violenta que tiveram de amarrá-lo ao leito. Na manhã seguinte, Steinbrenner apareceu de novo. Ele ficou de pé junto a Aron e comandou: "Levante-se!". Aron não se mexeu. Steinbrenner chutou-o com sua bota. Aron continuou imóvel. Quando Steinbrenner foi até a mesa para escrever um relatório de infração por desobediência, o dr. Katz o chamou: "Ele está morto, você sabe". Steinbrenner saiu.

Mais tarde naquele dia, o corpo de Aron foi posto num galpão, com vários outros cadáveres. "Corriam rumores de que na chegada de uma nova leva de transferidos quatro judeus tinham sido imediatamente separados e espancados no porão sob a cozinha dos prisioneiros", lembrou Steinbrenner. "Dizia-se que se derramava água com sal em seus ferimentos abertos para aumentar sua agonia."[16] Steinbrenner observou ainda que Wäckerle estava preocupado com as repetidas intromissões de Hartinger — apesar dos novos regulamentos do campo — e ordenou que os corpos fossem incinerados.

Naquela noite, por volta das dez horas, o galpão irrompeu em chamas. O alarme do campo soou. Seguiu-se o caos. O corpo de bombeiros de Dachau respondeu ao chamado, mas os bombeiros foram detidos no portão de entrada e impedidos de entrar. Dentro dos muros, Anton Schöberl, o detento responsável pela brigada anti-incêndio do campo, reuniu seus homens, mas seu equipamento para combate ao fogo tinha sido retirado. Schöberl localizou depois o equipamento e correu com seus homens para o cenário do incêndio. As chamas já atingiam o telhado. Os bombeiros acoplaram suas mangueiras a um hidrante próximo, mas descobriram que não estava funcionando. Localizaram um segundo hidrante e acoplaram a mangueira. No entanto, um homem da ss impediu sua entrada no galpão, insistindo que tinha ordens para mantê-lo trancado. Schöberl subiu ao telhado do galpão e começou a quebrar as telhas para fazer uma abertura por onde passar a mangueira. "Eu ainda consegui reconhecer Aron, mas não os outros", ele disse depois. "Aron era um homem bem distinguível por ser esguio, e com a claridade das chamas eu pude reconhecê-lo perfeitamente."[17] A mangueira foi passada através do telhado e as chamas foram afinal extintas. Schöberl e sua equipe receberam então ordens para deixar o equipamento e ir para a cantina, onde todos ganharam uma rodada de cerveja. Depois voltaram a seus alojamentos, dentro da cerca de arame farpado. Na manhã seguinte foram enviados mais uma vez ao galpão para recolher o equipamento antifogo. A porta permanecia trancada.

"Havia rumores de que a estrutura tinha sido incendiada de propósito, e todos os percalços previamente planejados", diria Steinbrenner anos depois, "para evitar que a verdadeira causa da morte [de Aron] fosse esclarecida."[18] A causa oficial da morte foi atribuída a um edema pulmonar, o que permitiu que o corpo maltratado e carbonizado de Aron passasse sem obstruções pelo parágrafo 159 do Código de Processo Criminal, além do alcance de Josef Hartinger.[19] O corpo de Aron foi posto num caixão de metal lacrado e enviado a Bamberg, onde se afirmou que o rapaz de 25 anos tinha morrido de "parada cardíaca".

O *Bamberger Volksblatt* noticiou a morte de Willy em termos respeitosos, mas notadamente circunspetos. "O corpo do advogado júnior Willy Aron, que morreu no campo de concentração de Dachau, foi transferido para Bamberg ontem", registrou o jornal

O assistente de promotoria Warren Farr fazendo acusação de culpa coletiva da ss nazista diante do tribunal de Nuremberg, na tarde de quarta-feira, 19 de dezembro de 1945. Farr apresentou algumas das primeiras evidências médico-legais do Holocausto.

O ataque incendiário de 27 de fevereiro de 1933 em Berlim contra o Reichstag, sede da democracia representativa alemã, ocorreu um mês após a nomeação de Adolf Hitler como chanceler. No dia seguinte, o presidente Hindenburg expediu um decreto de emergência, a pedido de Hitler, que suspendeu as liberdades individuais em nome da segurança nacional.

Tropas de choque em Berlim prendem comunistas em custódia preventiva, em 6 de março de 1933. Como a custódia preventiva era extrajudicial, não havia indiciamentos ou ordens de prisão, e portanto não cabia nenhum tipo de apelação legal.

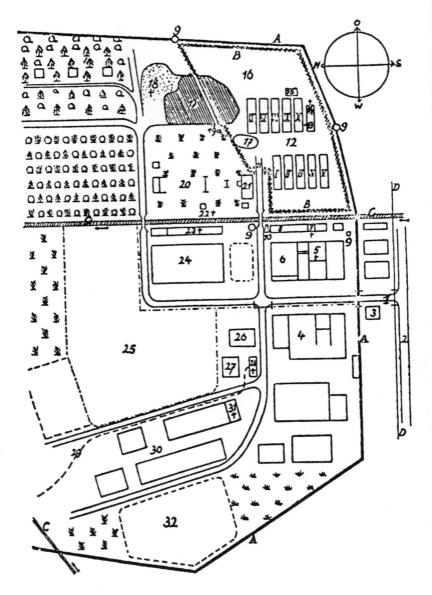

CAMPO DE CONCENTRAÇÃO DE DACHAU, 1933

O desenho, e as legendas que o acompanham, mostra as estruturas no campo em fins de 1933. O desenho apareceu pela primeira vez em 1934, na monografia "Konzentrationslager", parte da Sozialdemokratische Schriftenreihe (Série de Publicação Social-Democrata), publicada em Karlsbad (Karlovy Vary), Tchecoslováquia. O "campo interno" com os barracões está no quadrante em cima, à esquerda.

A. O muro que circunda o campo, com cerca de três metros de altura e guarnecido com barreiras de arame farpado*
B. Arame farpado e fios de alta-tensão em torno dos alojamentos dos prisioneiros. Em frente, uma cerca baixa*
C. Canal [Riacho do Moinho de Würm]*
D. Cerca
1. Entrada principal do campo*
2. Estrada para Dachau construída pelos prisioneiros*
3. Casa da guarda*
4. Instalação da ss com cozinha, refeitório e sala de jantar da ss
5. Cozinha dos prisioneiros, com um porão [onde quatro detentos judeus foram supostamente espancados até a morte]*
6. Sala de chegada e de registro dos prisioneiros*
7. Área de refeições para os prisioneiros*
8. Lavatórios
9. Torre com metralhadora e holofote* [construída após a fuga de Beimler]
10. Monumento
11. Entrada para os barracões dos prisioneiros*
12. Barracões dos prisioneiros; os algarismos romanos correspondem às acomodações para as dez companhias de prisioneiros [o barracão II era conhecido como *Judenbaracke*, ou "barracão judeu"]*
13. Enfermaria para prisioneiros [Aron]*
14. Casamata da prisão [Hunglinger, Dressel, Götz, Lehrburger, Schloss, Nefzger]*
15. Lavanderia
16. Área para a chamada dos prisioneiros*
17. A rotunda
18. Vala de cascalho* [Strauss]
19. Antiga vala de cascalho com lago [Hausmann]
19a. Pinguela sobre o lago
20. Estande de tiro para os ss* [Benario, Goldmann, A. Kahn e E. Kahn]
21. Guardas do campo, da ss
22. Câmara de tortura "casa de Schlageter"
23. Recém-construídos, novas celas e casamata, novos lavatórios
24. Oficinas para artesãos
25. Campo de treinamento para os ss com pista de obstáculos, muro de escalada, trincheiras, fosso etc.
26. Sede do comando*
27. Lugar privado dos ss
28. Local de geradores e depósitos de armas
29. Principal linha de força
30. Alojamentos dos ss
31. Lavatórios dos ss
32. Campos de esportes para os ss

*O autor acrescentou asteriscos em locais relacionados a incidentes na primavera e no verão de 1933 (primordialmente no quadrante superior direito). Os nomes das vítimas foram acrescentados entre colchetes.

+ As marcas em forma de cruz assinalam os locais no campo em que prisioneiros sofreram abusos.

Galpões desocupados da antiga Fábrica Real de Munições e Pólvora, próxima à cidade de Dachau, ao norte de Munique, que serviu como campo de concentração para livrar o sistema penal da Baviera de sua superpopulação.

Os detentos eram acomodados nos barracões numa área cercada por arame farpado, conhecida como "campo interno". Uma fiação de alta-tensão, com voltagem forte o bastante para matar um homem, provia segurança adicional.

Os dez barracões do "campo interno" abrigavam inicialmente cinquenta detentos cada um. A cerca de arame farpado é claramente visível nesta fotografia, como também emaranhados adicionais de arame.

Inicialmente, os detentos eram transportados para o *Konzentrationslager Dachau* em ônibus e em caminhões de carroceria aberta, trinta de cada vez. Nesta fotografia da primavera de 1933, um ônibus chega na entrada principal da instalação.

Nesta fotografia de maio de 1933, recém-chegados a Dachau aguardam, na presença de dois homens da ss (no fundo à direita). "Enquanto estivermos de guarda aqui, nada acontecerá", um policial estadual dissera aos detentos no mês anterior, "mas se formos embora vocês vão ter problemas."

Um capitão da polícia estadual opôs-se a que seus homens fossem usados numa forma de detenção que considerava ilegal. Em resposta, o chefe de polícia de Munique e Reichsführer da ss, Heinrich Himmler, simplesmente transferiu o poder da polícia estadual para a força de segurança privada dos nazistas, a ss, em abril de 1933.

Hilmar Wäckerle foi escolhido a dedo por Himmler para ser o primeiro comandante do campo de Dachau. Experiente administrador agrícola, o capitão da ss de 33 anos estava familiarizado com o manejo de gado em cercaduras de arame farpado. Um dia após a chegada de Wäckerle a Dachau, quatro detentos judeus foram fuzilados numa suposta tentativa de fuga.

Uma semana depois dos assassinatos em Dachau, um repórter do *New York Times* percorreu o campo de concentração e entrevistou Wäckerle. Em 23 de abril de 1933, o *Times* informava, erradamente, que as vítimas dos tiros eram comunistas, e não mencionou que todos os quatro eram judeus.

NAZIS SHOOT DOWN FLEEING PRISONERS

Three Reds Are Slain Trying to Escape From Dachau Internment Camp.

MARTIAL LAW PREVAILS

High Voltage Wiring Surrounds Site—Life of Men Described by First Reporter Allowed In.

O "campo interno", na primavera de 1933, quando da época da visita do repórter do *Times*. Já então, o comandante selecionava prisioneiros judeus dentre os que chegavam nas transferências e os colocava no barracão II, conhecido como *Judenbaracke* ("barracão judeu").

Josef Hartinger era considerado uma estrela em ascensão no serviço público do estado. Como promotor em Munique, era responsável pelas investigações criminais em Dachau. Seus sentimentos antinazistas lhe granjearam o epíteto *Jüdling*, ou "judeuzinho".

Hartinger era elogiado por seu domínio do código criminal (*Strafprozessordnung*), que delineava os deveres dos funcionários públicos, bem como os direitos legais dos cidadãos. O parágrafo 160 obrigava Hartinger a investigar toda morte que fosse por "causas não naturais". Esta versão atualizada do código apareceu em maio de 1933, na época das investigações por Hartinger dos assassinatos em Dachau.

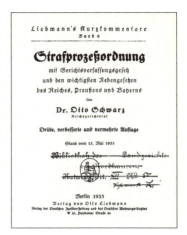

Rudolf Benario foi morto junto com seu amigo Ernst Goldmann, em uma suposta tentativa de fuga, em 12 de abril. Ambos tinham sido levados em custódia preventiva no início de março, em razão de sua oposição política aos nazistas. Esta fotografia mostra Benario em 1931 ou 1932.

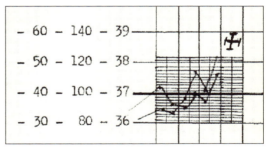

Arthur Kahn, estudante de medicina na universidade em Würzburg, foi detido em custódia preventiva em março. Morreu no mesmo dia que Benario e Goldmann.

Erwin Kahn ficou ferido em estado crítico depois de ser atingido repetidamente por tiros em 12 de abril. Foi transportado às pressas para um hospital em Munique, onde relatou o incidente dos tiros ao médico que o atendeu. Kahn morreu quatro dias depois. Este excerto do boletim médico de Kahn registra como seu estado se deteriorou.

Karl Wintersberger era o superior direto de Hartinger, e muito conhecido por sua vigorosa perseguição aos nazistas na década de 1920. Quando Hartinger disse a Wintersberger que acreditava que os ss estavam executando judeus em Dachau, Wintersberger respondeu: "Nem mesmo eles fariam isso".

O jornal nazista *Völskischer Beobachter* anuncia a nomeação do general Franz von Epp, herói de guerra alemão, como governador do Reich para a Baviera. Os governadores do Reich monitoravam a conformidade de cada estado às medidas de segurança nacional que se seguiram ao incêndio no Reichstag e eram parte da estratégia de Hitler para centralizar o poder em Berlim.

Como ministro da Justiça do estado da Baviera, o dr. Hans Frank entrou repetidas vezes em conflito com o chefe de polícia Himmler quanto ao tratamento dado aos detentos do campo de concentração. Em 1933, Hartinger viu em Frank um baluarte contra os excessos nazistas. Ironicamente, Frank seria mais tarde enforcado em Nuremberg por seu papel central no Holocausto.

Muitos dos guardas do campo eram arruaceiros de rua, recrutados entre os nazistas para servir como guardas da ss. "Meus guardas consistem em 120 homens de tropa de choque", declarou Wäckerle ao *Times*. Os guardas trabalhavam em turnos de 24 horas, com trinta homens em cada turno.

Os detentos em Dachau eram submetidos a uma extenuante rotina. Seu dia de trabalho começava na alvorada, às seis da manhã, e terminava às cinco e meia da tarde. Aqui, detentos puxam um rolo compressor para nivelar a superfície de uma estrada.

A maior parte do trabalho de construção no campo era realizada pelos detentos. A fotografia mostra alguns deles construindo uma torre de vigilância no perímetro do campo.

Um detento lembrava-se de que Benario, Goldmann e os dois Kahn estavam descansando entre os barracões II e III quando foram convocados pelo guarda da SS Hans Steinbrenner e levados para sua execução.

Esta imagem no interior de um barracão mostra detentos antes da adoção dos uniformes listrados. Um detento judeu, Karl Lehrburger, tentou se esconder no estrado da cama de cima para evitar ser encontrado, mas foi descoberto e depois executado por Steinbrenner, por ordem de Wäckerle.

Detentos transportam sacos de dormir, feitos de palha, para seus barracões. Josef Götz levou um tiro na testa quando carregava seu saco pelo corredor da casamata da prisão. O guarda da SS Karl Wicklmayr alegou que Götz o atacara.

As refeições eram feitas num grande salão equipado com bancos e mesas de madeira. Foi a observação de Götz durante o jantar de que os tiros em Benario, Goldmann e os dois Kahn tinham sido "fascismo em sua forma mais pura" que resultou em sua execução, duas semanas depois.

Hans Beimler, um representante comunista no Reichstag, era o alvo prioritário do comandante do campo. Sua dramática fuga de Dachau, à noite, fez as manchetes internacionais e foi uma humilhação pública para Wäckerle.

Beimler publicou seu relato em primeira mão das atrocidades de Dachau sob o título em alemão *Im Mörderlager Dachau*, meses após sua fuga. Descreveu em detalhes as mortes de vários detentos e concentrou sua atenção particularmente em Steinbrenner.

Hans Steinbrenner foi o mais notório guarda ss de Dachau. Ele liderava a "equipe de chicoteadores" do campo, e escolheu pessoalmente Benario, Goldmann e os dois Kahn para serem executados. Era apelidado de *Mordbrenner*, ou "homem do assassinato".

Wilhelm "Willy" Aron era um advogado júnior de 25 anos, de Bamberg, que foi espancado até a morte por Steinbrenner e sua equipe de chicoteadores. Seu cadáver foi queimado num galpão para obliterar os traços do espancamento. Esta fotografia foi tirada do arquivo de Aron na universidade.

O registro universitário de Aron mostra sua residência em Bamberg, sua condição de cidadão do estado, primeiro como prussiano depois como bávaro (em 9 de abril de 1929); sua religião, "israelita", e as universidades que frequentou em Erlangen, Würzburg e Munique.

O anúncio da morte de Aron no *Bamberger Volksblatt*: Nosso único filho, o advogado júnior Wilhelm Aron, foi-nos tirado inesperadamente pela morte. O funeral foi realizado em silêncio. Bamberg, 22 de maio de 1933. Advogado e Conselheiro Municipal Aron e esposa."

O dr. Werner Nürnbergk, primeiro médico da ss designado para um campo de concentração, emitiu atestados de óbito fraudulentos para evitar as devidas investigações legais. Mais tarde ficou cada vez mais preocupado quanto a sua imputabilidade criminal.

O dr. Moritz Flamm, médico-legista do estado, forneceu a rigorosa evidência de que Hartinger precisava para seus indiciamentos. Não existe uma fotografia de Flamm, mas sua assinatura reflete a precisão e a clareza pelas quais era admirado por Hartinger e por outros. A ss tentou repetidamente assassinar Flamm, e no fim é provável que tenha conseguido.

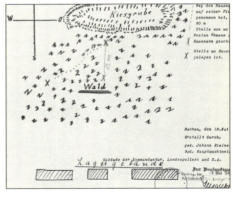

O detento de 31 anos Leonhard Hausmann foi baleado enquanto supostamente tentava escapar. O guarda da ss alegou que atirou de uma distância de dez a doze metros; evidências médico-legais produzidas por Flamm, incluindo esse desenho, mostraram que a distância era menor que trinta centímetros.

Os primeiros seis nomes neste registro de transferências datado de 24 de abril de 1933 são de agentes da polícia do estado que foram pegos espionando o Partido Nazista. Herbert Hunglinger (4) cometeu suicídio na casamata da prisão. Sebastian Nefzger (6), um amputado veterano da Primeira Guerra Mundial, foi espancado, estrangulado, enforcado, e teve depois os pulsos cortados para simular suicídio. Beimler (7) foi torturado e instruído a se enforcar, mas conseguiu fugir.

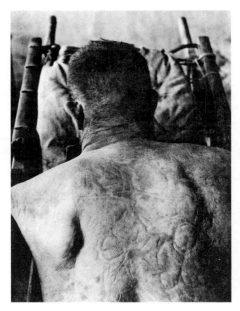

Uma fotografia de caráter médico-legal do cadáver de Sebastian Nefzger, com evidência da tortura infligida pela equipe de chicoteadores de Steinbrenner. As autópsias detalhadas das vítimas de Dachau pelo dr. Flamm, que chegavam a ter trinta páginas, foram depois apresentadas no tribunal de Nuremberg.

Ante a crescente crítica estrangeira às práticas nazistas, Himmler transferiu Wäckerle em julho de 1933. "Claro que eu não poderia saber que seu sucessor seria ainda pior", escreveu mais tarde Hartinger. O novo comandante, Theodor Eicke (à esquerda), esteve internado em um hospital psiquiátrico antes de assumir a responsabilidade por Dachau.

Eicke é visto aqui libertando detentos como parte de uma anistia de Natal em 1933. Dachau tornou-se o "campo modelo" para a atrocidade nazista, com o primeiro forno crematório e a primeira câmara de gás.

Hans Frank testemunhando em Nuremberg. Ele lembrou que os indiciamentos de Hartinger tinham causado tanta divisão na liderança nazista que Hitler interveio e ordenou que as investigações do estado terminassem.

O portão do Memorial do Campo de Concentração de Dachau hoje em dia, com as palavras "*Arbeit macht frei*" ("O trabalho liberta"). Está a menos de cem metros do local em que Benario, Goldmann e os dois Kahn foram fuzilados. "A trilha de sangue que começou em Dachau", proclamou um sobrevivente do Holocausto, "terminou em Auschwitz."

em 13 de maio, "e foi enterrado no cemitério israelita às sete e meia da noite."[20] Um número excepcionalmente grande de pessoas compareceu ao funeral, não só da comunidade judaica, mas também do amplo círculo de amigos de Willy, inclusive membros do clube de esgrima Wircerburgia. O rabino Katten proferiu uma eulogia diante do caixão lacrado. Falou da dor sentida pelos pais pela perda de seu único filho. Disse que a sina de Willy, que chocara de forma tão profunda tanta gente, fora a "sina dos judeus durante séculos". Observou que Willy estava agora num lugar melhor e encerrou a cerimônia com novas palavras de conforto dirigidas aos pais. Um amigo de Willy proferiu mais uma fala quando o corpo foi baixado à sepultura. O funeral foi observado por homens da ss local, que mantiveram a vigilância por vários dias para se certificarem de que o caixão não seria desenterrado e aberto. Havia o rumor de que o caixão só continha placas de chumbo, e não o cadáver maltratado e carbonizado de Willy.

Naqueles mesmos dias, o *Völkischer Beobachter* fazia um relato sobre os esforços do governo de Hitler para coibir crueldade contra os animais. O jornal lembrava aos leitores a existência da Lei da Polícia para o Campo e a Floresta, que estipulava uma pena que ia "de uma multa de 150 marcos a uma semana de prisão" para quem fosse pego perturbando ovos ou ninhos de aves.[21] Além disso, o ministro dos Transportes, Paul von Eltz-Rübenach, tinha condenado publicamente os maus-tratos de animais, em especial cavalos, transportados através do território alemão. "Em resposta a constantes reclamações quanto às condições intoleráveis nos trens que transportam cavalos usando o sistema ferroviário alemão, o ministro dos Transportes do Reich, em colaboração com a administração da Companhia Ferroviária do Reich alemão e os respectivos escritórios no Reich e na Prússia, tomou medidas", comunicou o ministro. "Um procedimento especial será implementado como um teste para evitar que sejam colocados animais em demasia em vagões."[22] Ele também determinou que um observador acompanharia cada transporte para assegurar um "tratamento ordeiro" dos animais. A matéria, publicada em 11 de maio, tinha como manchete: MINISTRO DOS TRANSPORTES DO REICH CONTRA CRUELDADE COM OS ANIMAIS.

Em 13 de maio, um dia após a investigação sobre Dressel ter sido encerrada e Willy Aron ser sepultado, o dr. Moritz Flamm declarou-se um ariano puro-sangue.[23] Com sua precisa e elegante assinatura, Flamm confirmava três gerações de uma linhagem ariana puro-sangue, e declarava nunca ter sido membro da *Reichsbanner*, a ala militante do Partido Social-Democrata; da Frente de Ferro do Partido Social-Democrata Alemão; da Liga dos Direitos Humanos; ou das republicanas União dos Juízes ou dos Servidores Civis.

Flamm estava cumprindo uma diretiva do presidente do tribunal de Munique II, que requeria o cumprimento da Lei de 7 de abril para a Restauração do Serviço Civil Profissional.[24] Era a mesma lei que custara a Leo Benario seu cargo de professor na Escola Profissional de Negócios e Ciências Sociais de Nuremberg e privado Emil Gumbel de seu magistério na Universidade de Heidelberg. A lei viera junto com uma enxurrada de legislação naquela primavera — a Lei de Concessão de Poderes de 23 de março, que investiu Adolf Hitler de poderes quase ditatoriais, seguida uma semana depois da *Gleichschaltungsgesetz* (lei de sincronização) de 31 de março, e da segunda lei de sincronização, de 7 de abril —, que sufocara os vestígios que ainda restavam da soberania do estado. Em meados de abril, um policial ainda podia afastar um guarda da ss para um lado na pinguela sobre o riacho do Moinho de Würm e ordenar que providenciasse ajuda a um judeu ferido. Um cirurgião ainda podia enxotar uma tropa de choque da porta do quarto de um paciente numa clínica cirúrgica da Nussbaumstrasse. O arcebispo de Munique e Freising ainda podia mandar o ministro do Interior do estado libertar prisioneiros a tempo para o feriado da Páscoa. No início de maio, já não era mais o caso. As pessoas estavam ficando cada vez mais cautelosas. Os nacional-socialistas se tornavam mais ousados. Uma bandeira com a suástica tremulava permanentemente sobre o campo de concentração de Dachau.[25]

Os homens da ss tinham ficado mais atrevidos. Não eram mais intrusos no sistema, estavam se tornando o sistema. O fundamento do sistema jurídico em que Hartinger se apoiava começava a desmoronar. Os sentimentos pró-nazismo proliferavam. "O que comumente era muito simples na administração da promotoria mostrava-se extremamente difícil e complicado nas condições daquela época", lembrou Hartinger. "O diretor administrativo do gabinete do promotor era nazista, portador do broche dourado do partido, que usava o tempo todo. O guarda de segurança, que era responsável pela transferência dos arquivos, tinha as mesmas convicções. Toda a burocracia estava cheia de simpatizantes do nazismo."[26] As pessoas hesitavam em relatar transgressões por parte de membros do Partido Nazista. Testemunhas tornaram-se reticentes. Arquivos eram desviados de seus lugares. Evidências desapareciam. O material das investigações sobre a morte a tiros de Benario, Goldmann e os dois Kahn, juntamente com os desenhos da polícia, não pôde mais ser encontrado.[27]

Nas horas silenciosas da noite, quando seus colegas já tinham encerrado o dia e ido embora, Hartinger ainda ficava, e junto com um único colega de sua confiança, cujo nome nunca revelou, começou a registrar os crimes ocorridos naquela estranha e convulsionada primavera que tinha tantas perturbadoras ressonâncias com a igualmente tumultuada primavera de 1919, quando o sistema jurídico tinha cambaleado, e com ele o país inteiro, mergulhando a Alemanha num banho de sangue que deixou seus cidadãos, como observou Emil Gumbel, quase incapazes de se reconhecerem a si mesmos em meio à atrocidade e à carnificina. Hartinger acreditava que um sistema tão violento como era o regime nazista não poderia durar muito. Como as evidências desapareciam, ele estava determinado a registrar as ocorrências criminais, de modo que houvesse um registro visando a futuros processos.[28]

Começou a manter um registro secreto dos crimes que tinham sido cometidos no campo de concentração de Dachau. "Em 12 de abril de 1933, o estudante Arthur Kahn, de Nuremberg, o economista político dr. Rudolf Benario, de Fürth, e o vendedor Ernst Goldmann, de Fürth, foram mortos a tiros de pistola pelos guardas, ss Hans Burner, ss Max Schmidt, e tenente da ss Robert Erspenmüller", ditou Hartinger, enquanto seu assistente datilografava.[29] "Além disso, o vendedor Erwin Kahn de Munique foi tão gravemente ferido por tiros de pistola que morreu em 16 de abril de 1933." Hartinger continuou observando que Benario, Goldmann e Erwin Kahn "jaziam mortos ou gravemente feridos na vizinhança imediata de sua área de trabalho". Arthur Kahn fora encontrado estendido "na floresta, a cerca de oitenta metros da área de trabalho". Hartinger observou que os três soldados da ss declararam que tinham atirado porque os três homens "estavam tentando fugir", e que o quarto homem, Erwin Kahn, "correra dentro da linha de fogo".

No registro das observações dos três guardas, Hartinger empregou um modo gramatical do alemão conhecido como discurso indireto, que atribui declarações a determinada pessoa de modo que o autor do texto não se comprometa com sua veracidade.[30] Hartinger não se utilizou nem de opinião nem de análise. Ele apresentou a evidência tal como se apresentava. Não fez referência ao fato de que as quatros vítimas eram judias.

Hartinger foi igualmente cirúrgico no registro do suicídio de Dressel. Observou que Dressel fora encontrado em sua cela "morto com os pulsos cortados" com "intrusões na pele" de suas costas, coxas e nádegas "que poderiam provir de espancamentos".

Hartinger fez a mesma coisa no caso de Josef Götz, relatando não apenas o testemunho do ss Wicklmayr, mais uma vez em discurso indireto, mas também incluindo os números dos arquivos do testemunho, G 766/33, e citando o resultado do exame médico-legal de Flamm — BLR.441 — juntamente com uma observação sobre maus-tratos ancilares. "Além do ferimento a bala fatal, uma lesão em forma de talho, cinco centímetros por um centímetro de largura, atravessando em sentido horizontal o lobo frontal esquerdo e coberta com uma crosta, foi descoberta logo abaixo da linha do cabelo", observou. "A causa do ferimento ainda não pôde ser determinada."

Hartinger poderia estar perdendo sua fé no potencial do sistema judiciário corrente, mas mantinha sua confiança na força de evidências médico-legais, assim como no poder duradouro e transcendente da justiça. Ele não sabia, no entanto, que o próprio Wäckerle estava prestes a fornecer a incontestável e incriminadora evidência que estava buscando.

12. A evidência do mal

Uma semana depois da morte de Willy Aron, Hartinger recebeu um relato entregue à jurisdição de Munique II por Hilmar Wäckerle, que descrevia o suicídio de um detento de 53 anos chamado Louis Schloss, que aparentemente se enforcara na tarde anterior em sua cela da casamata da prisão.[1] Em obediência ao parágrafo 159 do Código de Processo Criminal, Wäckerle tinha relatado o incidente à gendarmeria local, que por sua vez informara à promotoria de Munique II. O chefe de polícia local, capitão Schelskorn, fora inspecionar o local onde ocorrera a morte e escrevera um relatório formal. Wäckerle estava entregando agora o relatório a Munique II. Esse relatório do incidente, datilografado num papel timbrado do campo e incluindo detalhes técnicos, tais como a profissão da vítima e a sua data de nascimento, era breve e objetivo:

> Schloss era um detento no campo de concentração de Dachau. Por não querer participar nos trabalhos ele foi posto em detenção solitária. No dia 16 de maio de 1933, às 13h, o oficial da ss Unterhu-

ber viu Schloss em sua cela pela última vez. O administrador do campo, Vogl [sic], entrou na cela de Schloss no mesmo dia às 14h30 e o encontrou enforcado e já morto. Schloss tinha passado seus suspensórios em torno do pescoço, atado o laço a um gancho na parede, e assim dado fim a sua vida. O judiciário foi notificado por um oficial da delegacia de polícia de Dachau.[2]

Havia a observação de que Schloss era "de religião israelita". O relatório era assinado pelo capitão Schelskorn, e acompanhado de breve nota assinada por Wäckerle.

Na tarde anterior, quando chegaram as notícias do incidente, Hartinger tinha enviado o dr. Flamm com o juiz Meyer e o secretário Brücklmeier para investigar o caso. Tinham partido de Munique exatamente às seis e meia e chegado à entrada do campo ao anoitecer, quando já escurecia, por volta das sete horas. Os três homens foram levados à casamata da prisão, onde foram recebidos por Vogel, que os levou à cela 4. Quando Vogel abriu a porta do confinamento, eles testemunharam uma cena terrível. Um homem de meia-idade com cabelos louros e curtos pendia de um par de suspensórios alguns centímetros acima de um banco, num canto da cela.[3] Vestia uma camisa branca de flanela, um par de calças em tecido listrado em cinza e preto, meias listradas em cinza e verde e chinelos marrons. Schloss estava meio sentado no banco, com um laço em volta do pescoço. Era uma posição estranha, grotesca, mesmo na morte. O homem ainda estava de óculos.

Wäckerle estava presente, e fez um relato idêntico ao que afirmara no breve relatório a Munique II. O médico do campo, dr. Nürnbergk, também estava lá. Ele explicou a Flamm que tinha administrado "cânfora e uma injeção cardíaca" na tentativa de reanimar Schloss, mas em vão.[4] Considerando as circunstâncias, no entanto, era estranho que o dr. Nürnbergk não tivesse removido o laço do pescoço do homem antes de tentar reanimá-lo.

Flamm mandou livrar Schloss de seus suspensórios. "Fui eu quem soltou o judeu Schloss, cortando o tecido", relembrou Karl Kübler.[5] "Seu pescoço estava tão apertado no laço que eu tive de cortar para abri-lo." Flamm mandou despir o corpo, depois o deitou numa bancada para um exame médico-legal. A pele de Schloss estava fria, mas seu corpo estava flexível; ainda não ocorrera o rigor mortis. Flamm notou algumas contusões acima dos olhos, um pouco de sangue coagulado nas narinas e vestígios de sangue nos lábios. O pescoço de Schloss tinha uma só marca do enforcamento, com dois centímetros de largura. Flamm achou também um corte de sete centímetros cruzando o peito, e diversas contusões. "Na glande do pênis, uma crosta do tamanho de uma moeda de um *pfenning*", notou Flamm.[6] O corpo foi virado de bruços. "Toda a pele de suas costas, dos ombros às nádegas, de um púrpura-escuro com um tom de vermelho com numerosas marcas de açoitamento já secas, de um azul-escuro", Flamm registrou em suas anotações, "especialmente cruzando a escápula do ombro direito, o flanco lombar direito e a nádega direita." A pele na região mais baixa entre as duas escápulas estava de um "púrpura-escuro" devido ao açoitamento. A parte de trás de ambos os braços tinha sinais idênticos de brutalidade. Era como se o homem tivesse sido submetido à tortura. Era horrível de se ver.

Depois de preencher o relatório, que incluía um desenho de Schloss enforcado em sua cela, Flamm foi ver Hartinger. "Não é possível determinar, a partir do exame do corpo, se a causa da morte foi enforcamento ou se o corpo foi pendurado depois", ele explicou. "Com tantas contusões, a morte por embolia gordurosa parece plausível."[7]

Flamm decidira realizar uma autópsia, mas o dr. Nürnbergk se opôs. As circunstâncias indicavam claramente que o homem se tinha enforcado, o médico disse. Flamm não aceitou a objeção. Ele solicitou que o corpo de Schloss fosse removido para a sala de visitação do cemitério municipal de Dachau para ser autopsiado. Também solicitou fotografias.

Naquela tarde, 17 de maio, Flamm, Meyer e Brücklmeier foram de carro até o cemitério, onde o cadáver de Schloss esperava por eles sobre uma mesa na sala de visitação. Dois atendentes estavam ali perto.[8] Foram tiradas fotografias frontais.[9] O corpo foi virado e suas costas diláceradas também foram fotografadas. Então o dr. Flamm pôs-se a trabalhar. Eram exatamente três horas. Nas três horas seguintes, ele percorreu todo o corpo de Schloss, fazendo incisões na pele e cortando profundamente tecidos e órgãos, trabalhando com paciência, de forma metódica, através do cadáver imóvel e enrijecido. Retirou amostras do pescoço de Schloss, dos órgãos vitais, partes do cérebro, do fígado, do baço e dos rins, bem como um pedaço de pele com as "marcas de enforcamento no pescoço", para enviar a um laboratório para análise microscópica.[10]

Assim que Flamm terminou, chegou a notícia de que ocorrera outra morte em Dachau. Dez minutos depois, Flamm, Meyer e Brücklmeier estavam de volta ao campo de concentração.

Os três homens foram recebidos por Max Winkler, da polícia estadual, e Karl Ehmann, o guarda que dissera ter atirado num detento durante uma tentativa de fuga frustrada, mais cedo, no mesmo dia. A vítima era Leonhard Hausmann, de 31 anos, membro comunista do conselho municipal de Augsburg, que no mês de agosto anterior tivera um entrevero com Ehmann. O guarda Ehmann era conhecido por beber demais e por seu comportamento violento.[11] Quando ele atirou, através da janela do quarto, na mulher de um comunista local, Hausmann distribuíra a foto de Ehmann entre seus companheiros de partido. Nove meses depois, Hausmann estava nas mãos de Ehmann.

Ehmann explicou que Hausmann havia saído da área cercada por arame farpado junto com um grupo de trabalho com cinquenta detentos, naquela manhã, por volta das sete e quinze, acompanhados por quatro guardas da ss. "Os guardas ficaram em torno da área em que estavam trabalhando", declarou Ehmann. "Eu, pessoalmente, passava entre os detentos, dando-lhes instruções relativas a suas várias tarefas."[12] Ehmann instruíra Hausmann e um outro a remover mudas de árvores e levá-las para outra área. Ehmann afirmou que por volta das dez e meia notara que Hausmann não estava mais lá. De repente viu um homem com roupa de prisioneiro correndo agachado entre as árvores na direção da vala de cascalho. Ehmann correu atrás dele e começou a gritar que parasse. O homem continuou a correr, segundo Ehmann, "Ele só olhou para trás uma vez enquanto corria. Foi então que, como determinam os regulamentos do campo, eu saquei minha pistola de oito milímetros e, sem fazer pontaria, atirei no homem em fuga".[13] Hausmann desabou na mesma hora, "sem emitir um som. Quando cheguei até ele, teve um arquejo, breve e profundo", observou Ehmann. "Pensei que estivesse morto." Ehmann disse aos guardas que levassem os outros detentos de volta para o campo e corressem para relatar o fato ao capitão de polícia Winkler.

Ehmann não se lembrava da posição exata de onde tinha atirado em Hausmann, mas estimava que fora a uma distância de dez ou doze metros. Ele não se surpreendeu com o fato de a bala ter atingido o alvo. "Na guerra eu estava com o regimento Uhlan 2 de cavalaria, e era um atirador exímio em minha unidade", explicou Ehmann. "Sou filho de um caçador, e sei manejar uma arma como esta. É por isso que não precisei fazer pontaria antes de atirar no fugitivo pelas costas."[14]

Winkler ratificou o relato de Ehmann. Ele o tinha como um homem calmo e responsável. Winkler se recordava de que Ehmann chegara a seu gabinete por volta das onze para relatar que tinha atirado num detento em fuga. Winkler pedira a Ehmann que descrevesse as circunstâncias. O policial informou Wäckerle do incidente, depois acompanhou Ehmann à cena do tiro. "Era óbvio que o corpo não tinha sido tocado", notou Winkler. "Eu peguei na mão do morto. Ainda estava quente."[15] Winkler ordenou a um guarda que vigiasse o corpo até a chegada da polícia. "Os guardas seguiam regulamentos específicos quanto ao uso de suas armas", relembrou Winkler à equipe de investigação. "Por essas regras, um guarda deve passar à ação no caso de uma tentativa de fuga por um detento e usar sua arma de fogo", esclareceu ele. "Os guardas, assim como os prisioneiros, estão familiarizados com esse código." O capitão Winkler tinha certeza de que o guarda da ss Ehmann estava apenas cumprindo seu dever.

Outro homem da ss, Ludwig Wieland, de 27 anos, testemunhara o disparo e também confirmou o relato de Ehmann.[16] Wieland estava a quarenta ou cinquenta metros de Ehmann vigiando seus detentos quando ocorreu o incidente. Ele ouvira o grito de Ehmann, depois o tiro de pistola. Então Ehmann viera até ele e lhe dissera para levar os prisioneiros de volta ao campo imediatamente.

"O terreno específico no qual estava trabalhando era muito difícil de ser vigiado devido aos arbustos, à vegetação rasteira e a uma plantação de pinheiros jovens", declarou Wieland. Ele conhecia bem o local. "Foi isso que deve ter inspirado Hausmann a crer que sua tentativa de fuga teria êxito. Se o guarda-chefe Ehmann não tivesse sido tão diligente e atento, Hausmann certamente teria conseguido fugir." Wäckerle também confirmou o relato de Ehmann. Mencionou as circunstâncias específicas em torno da vala de cascalho que a tornavam particularmente vulnerável à fuga.

"O promotor Hartinger ordenou que se fizesse um desenho da cena do tiro", registrou Johann Bielmeier, chefe da polícia de Dachau, em seu memorando sobre o incidente. "É de se notar que um relatório detalhado do assassinato de Hausmann foi preparado pelo departamento de polícia política e submetido ao tribunal distrital de Dachau." O mapa anexado, traçado a lápis, incluía os escritórios de Wäckerle e duas construções adjacentes, com a densa floresta e a vala de cascalho ao fundo. "Como a floresta tinha ficado intacta durante quinze anos e crescera por completo, teria sido extremamente fácil para Hausmann fugir dentro da mata", observou Bielmeier. "Se Hausmann tivesse chegado à vala de cascalho indicada no desenho, ou se conseguisse chegar à floresta em frente a ela, sem dúvida sua fuga teria sido bem-sucedida." Bielmeier continuou observando que a floresta ia dar no rio Amper, e a única coisa que poderia deter Hausmann àquela altura seria "uma cerca de arame farpado muito antiga e defeituosa" que restava do tempo da fábrica de munições.

Segundo o exame médico-legal conduzido por Flamm, Hausmann vestia uma camisa azul que estava encharcada de sangue oriundo de um ferimento no peito. No solo "ainda úmido", havia uma poça de sangue "do tamanho de um prato". Os olhos de Hausmann estavam semiabertos. O lado direito do corpo e do pescoço estava untado com "sangue em parte seco em parte ainda líquido", observou Flamm. Nas costas havia uma "abertura denteada com doze milímetros de diâmetro com bordas muito diláceradas". E, na parte frontal do peito, "uma abertura circular de seis milímetros de diâmetro cercada por uma borda azulada escura". Não foram encontradas outras "lesões no corpo". Não havia necessidade de autópsia. A causa da morte era clara: "um tiro através da cavidade esquerda do peito. A bala entrou pelas costas na altura da décima vértebra e saiu pela frente na altura da sexta costela", concluiu Flamm. "Com base na trajetória da bala, pode-se assumir que o coração foi atingido, levando a hemorragia interna na cavidade esquerda do peito." O exame confirmava o relato de Ehmann, mas, como observou Flamm numa anotação manuscrita: "Com base na natureza do orifício de bala no aspecto geral, o tiro deve ter sido desferido a menos de um metro de distância". Flamm levou amostras do tecido para uma avaliação.

O dr. Merkel, no laboratório forense, confirmou com maior precisão a conclusão de Flamm de que o tiro fora desferido a curta distância. As amostras de tecido indicavam que Ehmann tinha atirado com sua arma de uma distância menor que oito centímetros. Hausmann não levara um tiro enquanto fugia, ele fora executado.

Naqueles mesmo dias, Flamm entregou a evidência médico-legal referente ao caso de Schloss que Hartinger estivera buscando nas últimas cinco semanas. "A autópsia demonstrara que a causa da morte não poderia ter sido enforcamento", relatou Flamm, mencionando as extensas contusões e destruição de tecido graduroso. "Isso é condizente com morte por embolia."[17] Em resumo, Schloss tinha sido espancado até a morte, depois enfiado num laço improvisado com seus próprios suspensórios e pendurado num gancho na parede de sua cela. Hartinger dispunha agora de incontroversa prova médico-legal de homicídio nos dois casos. Depois de seis semanas de frustrados esforços, ele dispunha de uma evidência criminal que satisfaria os padrões de Wintersberger.

Sob o artigo 234 do Código Criminal alemão, Hartinger estava agora em condição de processar Ehmann por homicídio. Ainda mais importante, Hartinger dispunha de uma evidência que envolvia Wäckerle e Nürnbergk. Os dois homens descumpriram suas obrigações segundo o parágrafo 161 do Código de Processo Criminal, que requeria que cooperassem "totalmente com o promotor" e "não ocultassem quaisquer fatos relacionados a uma investigação". Ele sabia que seria difícil convencer Wintersberger a emitir indiciamentos por assassinato contra perpetradores não identificados, mas, se Hartinger conseguisse envolver Wäckerle e a equipe mais graduada da ss, talvez pudesse demonstrar um padrão de abuso e de crueldade dentro da instalação, que em sua opinião poderia se constituir num indiciamento coletivo de todo o sistema do campo de concentração. Dada a crescente visibilidade de Munique II devido à presença do campo de concentração em sua jurisdição, uma morte sob o parágrafo 159 em Dachau tinha potencial para um grande interesse da imprensa, inclusive a internacional.

> Eu tinha uma esperança em particular, a de que os funcionários nazistas seriam obrigados por Hindenburg e Ritter von Epp, e Gürtner [o ex-ministro da Justiça bávaro e ministro da Justiça do Reich na época], assim como por alguns nazistas menos raivosos, a remover os ss do campo e substituí-los pela polícia comum ou uma unidade militar.[18]

O timing de Hartinger não poderia ter sido mais oportuno. Hitler já tinha passado por um fiasco diplomático em Londres. Estava em meio a negociações delicadíssimas com Roma. Schacht estava ajudando a reverter a maré da opinião pública nos Estados Unidos. "Na prática, minha intenção era que o público, especialmente no exterior, tomasse conhecimento do que estava acontecendo no campo", Hartinger explicou mais tarde.[19] Ele sabia que os nazistas ainda mantinham "um certo grau de respeito" pela opinião internacional, se não por outra razão por necessidade econômica.

PARTE III: CULPADOS

13. Poderes presidenciais

Numa semana agradável de fim de maio com temperaturas de verão chegaram aos moradores de Dachau as animadoras notícias de que sua cidade era considerada "o lugar mais famoso da Alemanha".

"Dachau ficou conhecida e falada por muitas razões", relatava o *Dachauer Zeitung* em 23 de maio. "Os moradores de Dachau são pessoas simples, camponeses que se mantêm firmes em suas tradições; as características roupas campestres e os vestidos bordados das mulheres são bem conhecidas."[1] E havia, claro, "todos os luminares no firmamento da arte". Os dachauenses contavam entre seus conterrâneos o impressionista alemão Max Liebermann, o precursor expressionista Lovis Corinth e o pioneiro modernista Emil Nolde. Mais famoso era Carl Spitzweg, do século xix, o lendário mestre do pitoresco e do familiar. Cópias de seu quadro *O verme dos livros*, que representa um aluado bibliófilo numa escada de madeira, na biblioteca do Palácio de Dachau, decoravam as paredes de bibliotecários por todo o mundo. E havia ainda a fábrica de munições, que em seu tempo fora "um dos maiores empreendimentos" da Baviera.

A matéria de capa anunciava a súbita e dramática ascensão de Dachau a uma proeminência nacional e internacional, com a conversão de sua abandonada fábrica de munições. "Dachau recebeu recentemente uma nova distinção, ao se tornar agora um centro para a concentração de prisioneiros políticos", escreveu o *Dachauer Zeitung*. "Representantes da imprensa estrangeira já visitaram o campo e vão relatar sobre isso ao mundo inteiro. É lá que comunistas e outros inimigos do povo são obrigados a realizar um trabalho útil."

O jornal observou que durante algum tempo Dachau registrara uma das mais altas taxas de desemprego na Alemanha. O campo provara ser uma dádiva para a economia local. Guardas da ss em licença afluíam ao Café Bestler buscando seu jazz e sua oferta de garotas locais. Inicialmente houvera atritos com os frequentadores regulares do Bestler, mas os ss no fim prevaleceram. A padaria Teufelhart, que vinha fornecendo pão a gerações de habitantes de Dachau, fizera um contrato de fornecimento com a nova instalação. O açougueiro Wülfert entregava não somente carne, mas também pênis secos de boi, que eram usados como rebenques. As tiras de 45 centímetros eram postas de molho num grande caldeirão com água na cozinha do campo para se manterem flexíveis, e era lá que os guardas da ss as apanhavam quando precisavam. "Esses chicotes eram trazidos de carro para o campo, junto com as entregas de carne", lembrou Paul Hans Barfuss, um detento designado para trabalhar na cozinha. "Segundo diziam, o dono do açougue os entregava pessoalmente."[2]

O *Dachauer Zeitung* atribuía a Heinrich Himmler, em particular, o crédito pela renovada boa fortuna da cidade. "Dachau tornou-se mais famosa recentemente por uma ação da polícia em Munique, e isso nos causa grande satisfação", observava o jornal. Mais de cem lojistas "perigosos" tinham sido levados em custódia preventiva, seus estabelecimentos foram fechados com um cartaz de advertência colado na porta: "Negócio fechado por ordem da polícia. Proprietário da loja sob custódia preventiva em Dachau. Comandante da polícia política da Baviera. Himmler". O jornal trombeteava sua gratidão: "Bravo, *Herr* comandante da polícia!".

Dois dias antes de o *Dachauer Zeitung* trazer o auspicioso relato da nova boa fortuna da cidade, Adolf Hitler se reunira com três ministros de seu gabinete e dois consultores pessoais para discutir a urgente questão do enfraquecimento da reputação da Alemanha no exterior e seu impacto na economia nacional. Um relatório sobre o declínio das exportações alemãs, em parte devido a um boicote estrangeiro, advertia quanto a potenciais e graves consequências domésticas. "A situação é ameaçadora porque seus efeitos negativos na produção industrial alemã são inevitáveis", alertava um relatório em 24 de maio.[3] O ministro dos Transportes, Eltz-Rübenach, que tinha procurado melhorar as condições do sistema ferroviário alemão algumas semanas antes, agora se preocupava com a própria sobrevivência da frota mercante do país. Ele mencionou confidencialmente uma iminente catástrofe numa indústria que já sofrera um declínio de 30% desde a quebra de Wall Street em 1929. "Há pouco tempo a situação foi exacerbada, por um lado devido ao boicote aos produtos e transporte marítimo alemães, que começa a representar séria ameaça, e por outro lado em razão da queda de um décimo no valor do dólar", relatou Eltz--Rübenach. "A situação é tão grave que a própria existência da indústria de transporte marítimo alemã está em perigo."[4] Ele via uma "desesperadora" necessidade de uma solução. Em Hamburgo e em Bremen, os dois maiores portos do país, a economia municipal entrara em colapso. Os governos locais estavam pedindo milhões do tesouro nacional. Nesses eleitorados historicamente "vermelhos", havia crescentes rumores de greves de trabalhadores.

Hitler compreendia a importância das relações exteriores, como ficou demonstrado numa reunião ministerial sobre tarifas comerciais, algumas semanas antes. "O chanceler do Reich ressaltou que os interesses relacionados à política exterior têm prioridade sobre as questões de economia doméstica", registrou a ata da reunião de 7 de abril. "Se a Alemanha ficar isolada nos negócios exteriores, os interesses da economia doméstica serão afetados."[5]

Hitler sabia também que o presidente estava de olho. Hindenburg tinha deixado Hitler com as mãos relativamente livres nos primeiros meses de sua gestão. A pedido do chanceler, emitira decretos presidenciais que baniam a imprensa comunista, suprimiam liberdades civis, restringiam direitos dos estados e permitiam que a bandeira com a suástica fosse hasteada ao lado da bandeira nacional como sinal de unidade nacional, sufocando pouco a pouco a democracia que jurara solenemente proteger.

Houve quem visse sinais de senilidade na aquiescência do idoso presidente a seu chanceler de 44 anos de idade. Em Dresden, Victor Klemperer, o sereno mas desesperado cronista judeu daquela época conturbada, perdera toda a esperança depois de ver Hindenburg num cinejornal, comparecendo a uma cerimônia comemorativa naquele mês de março. "Quando o vi num filme há cerca de um ano", escreveu Klemperer em seu diário, "o presidente caminhava um tanto rigidamente, a mão no pulso de seu acompanhante, mas com bastante firmeza e nem um pouco lento, descendo a escadaria do Reichstag; um homem velho mas vigoroso."[6] Agora, um ano depois, o presidente se movimentava com "os passos miúdos e laboriosos de um aleijado". Hindenburg fez Klemperer lembrar-se de seu próprio pai durante os dois últimos meses de vida, após um AVC no Natal de 1911. "Durante esse tempo, ele não estava mais em seu juízo perfeito", lembrou Klemperer. "Agora tenho certeza absoluta de que Hindenburg não é mais do que um fantoche, de que já estava sendo manipulado em

30 de janeiro [quando Hitler fora nomeado chanceler]." Klemperer não tinha muita esperança de que a Alemanha fosse "resgatada das garras de seu novo governo".

Na verdade, Hindenburg sabia exatamente o que estava fazendo. Durante muito tempo alimentara a intenção de fazer a Alemanha voltar ao regime monárquico, mas quis esperar por uma época econômica e politicamente estável para realizar uma transição ordenada. Otto Meissner, seu chefe de gabinete, garantiu mais tarde que manter a constituição "era sua maior prioridade".[7] Um observador menos respeitoso comentou que Hindenburg aderia a seu juramento constitucional "como um cabo que cumpre regulamentos militares".[8] Por volta de 1931, Hindenburg estava visivelmente saturado da República de Weimar. A quebra da Bolsa em 1929, associada ao ascendente radicalismo da direita e da esquerda, instou-o a recorrer cada vez mais aos poderes do artigo 48, que tanto perturbara Heinrich Held ainda em 1919.* O Reichstag aprovou 34 leis em 1931, contra 44 decretos emitidos pelo presidente. "O marechal de campo Paul von Hindenburg, presidente da República Alemã", notou um observador estrangeiro em 1931, "entra no 85º ano de sua vida com o porte ereto de um carvalho, e no sétimo ano de seu termo presidencial com o aspecto resoluto de um ditador."[9]

Em maio de 1932, Hindenburg foi eleito para um segundo mandato com consistentes 52% dos votos, derrotando facilmente Hitler, que obteve nas urnas 38%, e Ernst Thälmann, que teve

---

* Hindenburg empregou uma "combinação 25-48-53" de artigos constitucionais que concediam ao presidente poder quase ditatorial. Ele podia invocar o artigo 53 para nomear e destituir governos à vontade; o artigo 48 para emitir decretos de emergência; e o artigo 25 para suspender o Reichstag, neutralizando sua capacidade de rescindir o artigo 48, referente a decretos de emergência. Em acréscimo, o artigo 23 o investia como comandante-chefe, com a capacidade de exercer essa autoridade.

10%, mantendo, contudo, o apoio de 6 milhões de comunistas leais. Após servir como presidente da República de Weimar durante oito anos tumultuados, Hindenburg estava convencido de que a democracia, imposta à Alemanha "em seu momento de grande desespero e de fraqueza interna", na realidade não "se coadunava com as verdadeiras necessidades e características de nosso povo".[10] O principal objetivo de seu segundo mandato na presidência era repor firmemente seu país no caminho para um regime monárquico.[11]

Mas, quando Hitler abordou Hindenburg para que o nomeasse chanceler naquele mês de agosto, o velho político descartou a ideia. "O presidente do Reich, em resposta, disse firmemente que devia responder a essa solicitação com um claro e resoluto 'não'", registram as minutas do encontro. "Ele não poderia justificar ante Deus, ante sua consciência ou ante sua pátria a transferência de toda a autoridade do governo a um único partido, especialmente um partido que era preconceituoso em relação a pessoas que tivessem opiniões diferentes das suas."[12] Hindenburg ressaltou que isso causaria intranquilidade no país e também poderia despertar preocupações no exterior e complicar a frágil situação internacional da Alemanha.

Hitler repetiu que queria ter o controle total, ou nenhum.

"Isso significa que o senhor vai juntar-se à oposição?", perguntou Hindenburg.

"O senhor não me está dando outra opção", replicou Hitler.

"Então permita-me adverti-lo: conduza a oposição com dignidade e esteja totalmente ciente das responsabilidades e deveres que tem perante sua pátria", disse Hindenburg. Também avisou Hitler quanto às consequências, se não agisse assim. "Vou intervir sem complacência contra quaisquer atos de terror ou violência, mesmo se forem cometidos por membros da SA."

Naquele outono falava-se de uma "guerra civil" entre a ala

militar do Partido Comunista Alemão e o poderoso exército de mais de meio milhão de tropas de choque da sa. No início de dezembro, Eugen Ott, um tenente-coronel do Exército, dispôs em forma de tabelas as potencialmente devastadoras consequências de uma agitação doméstica que incluía greves massivas na cidade portuária de Hamburgo e o colapso da indústria pesada no vale do Ruhr, bem como uma potencial incursão polonesa num território em disputa no leste. O Exército do Reich, com meros 100 mil soldados em armas, seria incapaz de manter a ordem.

Em janeiro, Hindenburg concordou em nomear Hitler chanceler, com Papen como vice-chanceler. Hitler esmagaria a esquerda política e aplacaria a direita. Papen ficaria no centro. O presidente aquiesceu. "Eu realmente não sei o que poderia dar errado", disse Hindenburg a Papen na noite anterior à nomeação de Hitler. "Você é o vice-chanceler, assim como ministro-presidente da Prússia. Com exceção de dois postos ministeriais, todos são ocupados por nossa gente. E de qualquer maneira você estará presente em toda reunião que eu tiver com Hitler."[13] Hindenburg não suportava a ideia de estar a sós com seu novo chanceler, que considerava não muito mais do que um meio fascista para fins monarquistas. O presidente e o chanceler tinham a causa comum de desmantelar as estruturas democráticas da República de Weimar, mas Hindenburg manteria seus poderes presidenciais. Demitira três chanceleres em rápida sucessão, e conservava a autoridade constitucional de fazer o mesmo com Hitler. "Hitler era esperto o bastante [...] para não provocar a oposição dos ministros conservadores e arriscar uma cisão do gabinete", observou Papen. "No caso de uma disputa mais séria, encerrava a discussão e procurava atingir seus objetivos encontrando-se individualmente com os respectivos ministros."[14]

Hindenburg mantinha Hitler sob rédea curta. Ele o convocou a seu gabinete depois do incêndio no Reichstag. Sempre chamava Hitler às falas devido a sua política antissemita. Naquela primavera, Hindenburg recebeu uma carta aflita do príncipe Carl, da Suécia. Os cada vez mais numerosos relatos de excessos antissemitas, o boicote nacional a lojas de judeus e a nova lei que bania os judeus do serviço público eram causas de grave preocupação para o príncipe sueco. Ele instou Hindenburg a poupar a Alemanha "do espetáculo de pesadelo que era a perseguição racial" num país cujo povo era, "com justiça, admirado por sua grande cultura".[15]

    Hindenburg voltou-se para Hitler, pedindo uma explicação. Hitler assegurou a Hindenburg que a situação não era tão ruim quanto estava sendo descrita. Ele culpou a imprensa estrangeira. Hindenburg escreveu ao príncipe sueco, informando que levantara a questão com o chanceler, e que a lei do serviço público era dirigida não tanto contra alemães não arianos, mas contra "judeus e não alemães da Europa Oriental" que imigraram para a Alemanha após 1918 — ele culpou em especial as frouxas políticas imigratórias da República de Weimar —, e que as histórias de atrocidades tinham sido muito exageradas. "Essas infrações, que aliás não estão tão disseminadas quanto relata a imprensa estrangeira", escreveu Hindenburg, "têm sido combatidas com sucesso e com alarde pelo governo do Reich." O príncipe da Suécia podia ter certeza de que "o povo alemão como um todo mantinha uma disciplina exemplar, o que era reconhecido até no estrangeiro", embora, numa linha semelhante à de sua missiva, confessasse compartilhar da preocupação do príncipe em relação ao tratamento dado aos judeus, "o qual eu igualmente deploro e lamento". Hindenburg não estava dando cobertura a Hitler. Estava protegendo o bom nome de seu país.

    Hindenburg observava os desenvolvimentos com frio distanciamento, em geral tolerando os excessos, mas não hesitando em intervir quando parecia necessário. No início de abril, o capitão

Leo Löwenstein, presidente da Associação de Soldados Judeus na Frente de Combate do Reich, escreveu para Hitler protestando contra o iminente banimento dos judeus do serviço público. Löwenstein lembrou que, dos 500 mil judeus da Alemanha, 96 mil tinham combatido na guerra e 12 mil tinham dado suas vidas por sua pátria. "Depois desse sacrifício de sangue e dos serviços prestados à pátria, acreditamos firmemente que os judeus alemães merecem direitos iguais de cidadania", escreveu Löwenstein para o líder nazista em 4 de abril. "No entanto, é com grande dor que vemos como estamos sendo desonrados e como amplos círculos de judeus estão sendo privados da base de sua existência econômica."[16]

Hindenburg também estava sendo pressionado quanto a isso. "Pleiteei várias vezes a Hindenburg que soldados que tivessem participado da guerra não poderiam, em circunstância nenhuma, ser afetados por essa lei", diria Papen mais tarde ao tribunal de Nuremberg, "pois sempre defendi a ideia de que um alemão, não importa de que raça, que tivesse cumprido seu dever para com seu país não poderia ter seus direitos restringidos."[17]

Hindenburg enviou uma dura carta a Hitler. "Caro *Herr* chanceler do Reich", ele escreveu em 4 de abril. "Nos últimos dias tem-me sido relatado um certo número de casos nos quais juízes veteranos, advogados e oficiais de justiça que têm cumprido seus deveres de forma impecável foram postos de licença e serão em breve demitidos de todo, apenas porque são de ascendência judaica."[18] Hindenburg disse que para ele "esse tratamento" a profissionais judeus que serviam havia muito tempo era "totalmente intolerável". O presidente pressupunha que Hitler compartilhasse do mesmo sentimento, e exigia uma imediata ação reparadora. "Em minha opinião", ditou o ex-marechal de campo, "todos os funcionários, juízes, professores e advogados que foram feridos na guerra, que foram soldados na frente de batalha, que são filhos de soldados que caíram no fronte, ou mesmo os que perderam seus filhos em combate, deviam, contanto que não deem motivos específicos para que sejam tratados de outra forma, ser mantidos em seus cargos."[19] Hindenburg queria que Hitler compreendesse que, "se tiveram mérito bastante para lutar e dar seu sangue pela Alemanha, então deveriam ser vistos como merecedores de continuar a servir a pátria em suas profissões".

A lei do serviço público foi reformulada. De uma só vez, Hindenburg salvara as carreiras de cerca de metade dos servidores judeus. Uma intervenção semelhante em benefício de médicos e advogados judeus garantiu o sustento — ao menos por algum tempo — de mais alguns milhares. "No momento a Prússia tem um total de 11 814 advogados licenciados, 8299 dos quais são arianos e 3515 são judeus", reportou o ministro da Justiça da Prússia naquela primavera. "Destes últimos, 735 lutaram no fronte e 1383 eram advogados havia muito tempo. Há 923 judeus na ativa que perderam seu direito de representar clientes. Atualmente, o total de advogados judeus licenciados é de 2158."[20]

Hindenburg recebeu no início de maio outra carta angustiada, de Carl Melchior, um veterano diplomata alemão e contemporâneo do presidente, que desempenhara papel central no restabelecimento do prestígio alemão no pós-guerra. Assim como o príncipe sueco Carl, Melchior estava seriamente preocupado com o novo chanceler. "Por mais de dezessete anos o governo alemão confiou em mim, como representante e como especialista, na condução de negociações, em especial as de natureza econômica com países estrangeiros", Melchior escreveu a Hindenburg em 6 de maio.[21] "Desdobramentos recentes na situação da política exterior me encheram de séria preocupação. Há poucos meses os principais estadistas da Inglaterra, da França e da Itália reconheceram o direito alemão à paridade no armamento." Isso fora conseguido com "o trabalho tenaz de vários estadistas e diplomatas". Agora estava sendo tratado com beligerância e suspeita. Melchior também se referiu, como tantos outros, ao "grande choque" advindo do tratamento que o novo governo dava a "grupos inteiros" de cidadãos "cujos antepassados tinham habitado a Alemanha durante séculos". "Se a Alemanha trata seus próprios cidadãos dessa maneira", eles estavam se perguntando, segundo Melchior em sua carta, "como teriam nos tratado se o resultado da guerra não tivesse sido a nosso favor? Que perigos essa nova Alemanha e seu governo guardam em si?"

Com a incisiva carta, Melchior estava lembrando a Hindenburg de suas obrigações e prerrogativas constitucionais como a autoridade maior do país. Estava chamando a atenção para grande parte da agenda que o próprio Hitler estabelecera para o Partido Nazista, e que vinha apregoando nas cervejarias por mais de uma década. Hitler estava meramente transformando sua retórica em realidade. O programa do Partido Nazista, delineado em 1920, prometia no item 2 ab-rogar o Tratado de Versalhes, e no item 4, contingenciar a cidadania à raça.[22] "Por consequência", declarava o texto, "nenhum judeu pode ser um cidadão." O programa prometia também estabelecer "um poder central forte no Reich", e comprometia as lideranças do partido a um juramento de sangue. "Os líderes do partido prometem dar apoio à implementação dos pontos ressaltados neste programa", concluía, "com o sacrifício de suas próprias vidas se necessário." Hitler tinha reiterado a maioria desses pontos em seu livro *Mein Kampf*, e agora se dispunha a implementá-los como chefe do governo. Para tal fim, nomeou Joseph Goebbels ministro da Propaganda e da Informação Pública.

"Nos longos anos de luta partidária aprendi como influenciar as massas para conquistá-las para certas ideias", explicou Goebbels em sua primeira reunião de gabinete. "Os senhores, cavalheiros, terão de fazer exatamente o mesmo, se quiserem que todo o povo alemão aceite sem protestar as medidas políticas e econômicas tomadas pelo governo."[23] Em meio a uma situação de deterioração no plano internacional, Goebbels tencionava aplicar as mesmas técnicas no estrangeiro. "O mundo vai aprender que não está agindo certo ao ser informado sobre a Alemanha por emigrantes judeus", ele observou um dia após o boicote às lojas de judeus em 1º de abril, que ultrajara a comunidade internacional. "Temos de lançar uma campanha de conquista espiritual, que devemos disseminar pelo mundo, assim como fizemos na própria Alemanha. No fim, o mundo aprenderá a nos compreender."[24]

Naquela primavera, Hitler iniciou uma empreitada individual de política exterior, ou contornando ou desconsiderando canais diplomáticos tradicionais, com vistas a se comunicar com Roma, Washington e Londres. Por meio de trocas informais de informações, Hitler sabia do interesse potencial do Vaticano em assinar uma concordata com a Alemanha. Seria não somente um grande golpe de política internacional, sanando uma brecha aberta cem anos antes por Martinho Lutero, mas também um efetivo estratagema doméstico, para forçar os católicos alemães a se alinharem com o governo de Hitler. O papa Pio XI e seu conselheiro mais próximo, o cardeal Pacelli, tinham sido representantes papais em Varsóvia e em Berlim, respectivamente, e experimentaram em primeira mão o potencial comunista para a violência, especialmente na Polônia, onde, numa incursão do Exército Vermelho em 1919, bolcheviques queimaram igrejas e massacraram membros do clero por atacado.[25] Hitler tinha em seu vice-chanceler Papen um emissário perfeito, católico devoto e havia muito ligado a Pacelli.

Na manhã de quarta-feira, 12 de abril, logo após as onze horas, quando Hans Steinbrenner açoitava Benario, Goldmann e os dois Kahn durante suas últimas horas, Papen estava sentado nas câmaras ornadas a ouro do Vaticano com o papa Pio XI e o cardeal Pacelli. "Sua Santidade cumprimentou minha mulher e a mim com um carinho muito paternal", lembrou Papen, "dizendo que estava encantado de ver uma pessoa como Hitler chefiando o governo alemão, finalmente alguém disposto a declarar uma guerra sem trégua contra o comunismo e o niilismo."[26] As calorosas boas-vindas apresentadas ao emissário de Hitler pelo papa e por Pacelli se alimentavam não só de uma preocupação com o comunismo, mas também do temor pela fragilidade do governo de Hitler. O papa queria fechar um acordo antes que Hindenburg destituísse seu mais recente chanceler do cargo.

Naquelas mesmas semanas, Hitler enviou Hjalmar Schacht, recém-nomeado presidente do Reichsbank, a Washington, para cortejar o presidente Franklin Roosevelt. Schacht era um respeitado banqueiro à moda antiga, famoso por sua cartola e seus charutos, um homem comedido e sofisticado, com um instinto para identificar interesses comuns. "Roosevelt e Hitler assumiram seus cargos mais ou menos ao mesmo tempo", observou Schacht. "Ambos deviam sua eleição à depressão econômica que os precedera. Ambos tinham a missão de deslanchar a economia por meio de intervenção do Estado."

Hitler também enviou Alfred Rosenberg, seu principal ideólogo e editor do *Völkischer Beobachter*, para Londres, como parte da ofensiva de Goebbels. Rosenberg aspirava à posição de ministro do Exterior no gabinete de Hitler, mas Hindenburg deixara claro para Hitler que Konstantin von Neurath continuaria a representar a Alemanha em seus assuntos externos.[27] Neurath era um diplomata elegante e experiente, com as credenciais pessoais que Hindenburg queria que tivesse um representante do país no estrangeiro. "Meu avô, meu bisavô e meu tataravô foram ministros da Justiça e das Relações Exteriores em Württemberg", afirmou o barão no tribunal de Nuremberg. "Do lado de minha mãe eu vim de uma família nobre da Suábia, cujos ancestrais foram na maioria oficiais no Exército Imperial Austríaco."[28] Os "diplomatas sem broche" no número 7 da Wilhelmstrasse representavam um bastião de linhagem aristocrática e de privilégios que se provou resiliente a intrusões nazistas. Em março, depois de alguma hesitação, Hindenburg assinou um decreto presidencial permitindo que a bandeira com a suástica nazista fosse hasteada ao lado da bandeira tradicional do Reich como sinal de unidade nacional, mas a diretiva foi ignorada pelas embaixadas alemãs, com a justificativa de que violava o protocolo diplomático, "que exigia que no estrangeiro só se podiam dispor bandeiras que tivessem sido registradas junto aos governos estrangeiros".[29]

Hitler, frustrado com a arrogância e a atitude obstrucionista da diplomacia oficial, estabeleceu o Escritório de Política Exterior (*Aussenpolitisches Amt*, ou APA) dentro do Partido Nazista e instalou Rosenberg como seu chefe. "Com a criação do APA, a vontade específica e a aspiração única do nacional-socialismo encontrarão expressão no terreno da política exterior", declarou Rosenberg ao *Völkischer Beobachter* em 3 de abril de 1933.[30] Rosenberg estabeleceu Londres como sua primeira missão diplomática. Demonstrou estar singularmente despreparado.

Ao contrário de Papen e Schacht, que viajavam como emissários do chanceler do Reich, Rosenberg chegou a Londres como representante do Partido Nazista. Não falava inglês, e teve uma recepção notadamente fria. "Nós, neste país", disse a ele Sir John Simon, o secretário do Exterior, "não gostamos de ver a imprensa suprimida, pessoas destituídas de sua subsistência por causa de sua raça, e minorias, inclusive representantes eleitos do povo, serem calados em campos de concentração devido a suas opiniões políticas."[31] Simon informou a Rosenfeld que "em dois meses a Alemanha perdeu a simpatia que tinha conquistado neste país em dez anos, e especialmente naqueles setores que tinham sido até então solidários a ela".[32]

A situação de Rosenberg piorou quando, sem consultar a

embaixada alemã, ele depositou uma coroa de flores ornada com a suástica no Cenotáfio, o memorial nacional de guerra britânico, fazendo depois a saudação nazista com o braço esticado, "em homenagem aos soldados britânicos caídos e em homenagem ao chanceler Hitler e ao povo alemão".[33] Um veterano de guerra britânico retirou a coroa e a atirou no Tâmisa. "Eu a tirei como um protesto explícito contra a profanação do Cenotáfio por um mercenário de Hitler", ele disse à polícia ao ser preso. "Também é um protesto contra o barbarismo brutal que existe atualmente na Alemanha."[34]

Naquela tarde, o secretário britânico do Exterior foi chamado a comparecer à Casa dos Comuns para relatar a visita de Rosenberg. Com que atribuição Rosenberg viera a Londres? Como representante do governo alemão? Como representante do Partido Nazista? Como emissário pessoal de Adolf Hitler? O secretário do Exterior procurou uma resposta. Confessou que o status da visita de Rosenberg não era "exatamente claro".[35] Naquela noite, Rosenberg apresentou-se numa coletiva de imprensa no hotel Claridge's, onde estava hospedado, e tentou explicar as políticas de Hitler, em alemão, para uma multidão de jornalistas. Não ajudou em nada o fato de os nazistas terem realizado sua primeira queima de livros naquele mesmo dia.

No dia seguinte, Londres "esbravejava" contra o assessor de Hitler.[36] No museu de cera Madame Tussauds, um manifestante despejou um balde de tinta vermelha sobre uma reprodução de Hitler e pendurou um cartaz em seu pescoço com as palavras "Assassino de massas". Durante um almoço no Claridge's, um casal bem-vestido pôs-se de pé. A mulher começou a distribuir panfletos enquanto o homem vituperava contra Rosenberg. "O governo deste representante de Hitler está maculado com o sangue de trabalhadores alemães", gritava em seu protesto, enquanto Rosenberg assistia em silêncio. "Ele acabou com os sindicatos, com os partidos socialista e comunista. O povo judeu está sendo perseguido."[37] Seguiu-se um tumulto. Mesas foram viradas. Os incidentes foram manchetes no mundo todo. "Rosenberg teve mais um dia infeliz", noticiou o *Chicago Daily Tribune* em uma matéria de destaque. Treze anos depois, durante seu julgamento em Nuremberg, Rosenberg apresentou uma visão semelhante. "Ocorreram diversos incidentes que me demonstraram que o sentimento era de muita repulsa", ele relembrou.[38]

O estado catastrófico das relações exteriores da Alemanha não foi ignorado por Hitler. Cinco dias após o fiasco de Rosenberg, Hitler tomou para si a condução do assunto. Em 17 de maio, ele discursou no Reichstag, levando uma mensagem que era dirigida ao mundo.[39] Falou sobre a ameaça bolchevique. Falou sobre as desesperadoras condições econômicas de seu país. Falou da necessidade de rever o Tratado de Versalhes e da vulnerabilidade alemã a um ataque externo. Lembrou a proposta de Roosevelt de uma intervenção americana em questões europeias. "A Alemanha aceitaria de bom grado a generosa sugestão do presidente americano de que os poderosos Estados Unidos da América se constituíssem numa garantia de paz na Europa, oferecendo com isso grande alívio a todos os que estão verdadeiramente interessados na paz", ele disse. Somente os Estados Unidos, segundo Hitler, possuíam as atribuições necessárias.

No dia seguinte, Hitler dirigiu-se ao povo americano numa entrevista exclusiva ao jornalista americano Thomas Russell Ybarra,* para a popular revista americana *Collier's Weekly*.[40] Ob-

---

* Ao que parece, Thomas Russell Ybarra conseguiu sua entrevista com Hitler por meio de uma combinação de credibilidade profissional e ligações pessoais, Ele tinha se encontrado com Papen em 1932 e publicara uma biografia, *Hindenburg: The Man with Three Lives*, naquele mesmo ano. Uma nota nos arquivos do Ministério do Exterior afirma: "Ele é, basicamente, o raro tipo de respeitável jornalista americano que se esforça por escrever com objetividade e

servando a postura americana em relação à Alemanha, algumas coisas estão além de minha compreensão", disse Hitler a Ybarra. "Certamente os americanos estão interessados na manutenção da paz na Europa, não? Certamente não querem ver a Europa irromper em chamas. Certamente têm interesses econômicos que querem ver consolidados."[41]

Ybarra considerou Hitler cortês, comedido, até mesmo com aparência de estadista. O líder nazista vestia um terno escuro e usava gravata. "Sua expressão era solene, mas sempre é assim", observou Ybarra. "E ele não sorriu — mas raramente o faz."[42] Os dois homens ficaram sentados um diante do outro em poltronas próximas o bastante para que Hitler pudesse enfatizar seus argumentos dando tapinhas no joelho de Ybarra. Hitler falou sobre desemprego, sobre imigração de "judeus da Europa Oriental", sobre o "reinado de terror" que estava sendo alardeado pela imprensa internacional.

"Qualquer violência que tenha havido agora já é passado", garantiu Hitler. "Na Alemanha reina perfeita calma. Nem uma só rua foi destruída, nem uma só casa. Onde está o terror do qual estão falando?"[43] Hitler queria que os americanos soubessem que ele não tinha incendiado o Reichstag, mesmo se achasse que isso poderia ter sido uma boa ideia. "Foi feita a acusação de que o incêndio no Reichstag foi provocado por membros do meu partido", ele disse. "Os americanos realmente acreditam que eu precisava fazer tal coisa em minha luta contra os comunistas, mesmo se eu quisesse?" O líder nazista dedicou grande parte da entrevista à discussão sobre a ameaça vermelha, a qual culpou pelo desemprego em massa no país. "Vocês têm — deixe-me ver —

---

seriedade". ("Aufzeichnung des Oberregierungsrats Thomsen über eine Unterredung des Reichskanzlers mit dem Sonderkorrespondenten von *Collier's Weekly*, Ybarra", 18 maio 1933, *Akfen zur deutschen auswärtigen Politik*, p. 461.)

quantos desempregados? Oito milhões? Dez milhões?"[44] Hitler perguntou a Ybarra. "Bem, suponha que todos esses milhões de americanos desempregados fossem comunistas que recebem ordens da Rússia." Essa era exatamente a situação que Hitler alegava enfrentar. "A Alemanha tem 6 milhões de comunistas", ele observou, "10% de nossa população total."

"Isto é o que eu gostaria que acontecesse", disse Hitler, enfatizando seu argumento com um tapinha no joelho. "Que os americanos pudessem entender esses problemas específicos da Alemanha."[45] Hitler queria que os americanos entendessem a angústia e o desespero que se tinham apoderado da Alemanha durante a República de Weimar. Ele calculou ter havido 224 mil suicídios no país desde a assinatura do Tratado de Versalhes, catorze anos antes. Quarenta por dia. Aqui Hitler fez uma pausa. Olhou para um ponto distante. "Em seu rosto apareceu algo daquela misteriosa qualidade que o ajudava a levar suas plateias à histeria", notou Ybarra. Hitler continuou: "Se pelo menos todos os americanos pudessem vir até aqui, até a Alemanha", ele disse. "Eles olhariam em volta e se perguntariam onde está essa revolução, onde está esse terror, onde estão toda essa destruição e todo esse caos dos quais ouvimos falar?" Com isso, ele levantou-se e deu por encerrada a entrevista.

O impacto dos esforços de Hitler foi imediato e mensurável. O embaixador alemão em Washington relatou que passara uma hora com Roosevelt um dia após o discurso de Hitler no Reichstag e que o presidente americano "se referira calorosamente à fala do chanceler do Reich".[46] Roosevelt assinalou que a opinião pública americana sobre Hitler, que atingira um ponto muito baixo nos meses recentes, tinha melhorado em 40%.

Uma semana depois, Hitler reuniu vários membros de seu gabinete, inclusive Neurath e Goebbels, além de vários colegas do partido, entre eles destacadamente Rosenberg, para discutir sua estratégia de consolidar os ganhos na "propaganda externa" que ele acabara de obter e para iniciar uma campanha estruturada e calculada para reparar a imagem da Alemanha no cenário internacional. Hitler entregou o território a Goebbels. "O propósito da reunião de hoje é discriminar as áreas de responsabilidade entre o Ministério da Propaganda e o das Relações Exteriores", explicou Goebbels. "A primeira prioridade do Ministério da Propaganda e da Informação Pública do Reich deve ser influenciar a opinião pública no estrangeiro."[47] Mas ele queria que todos compreendessem que tal iniciativa ia custar dinheiro, e uma grande quantia. "Para esse propósito vamos precisar de um orçamento maior do que o necessário para a propaganda interna", informou Hitler, ressaltando a necessidade de capacitações especializadas nesse setor. "O ministro do Reich precisa ser posto numa posição que lhe permita responder imediatamente a quaisquer ameaças do exterior. Para esse fim, será preciso enviar adidos às principais representações alemãs. Esses adidos terão o mesmo status dos adidos militares."[48]

Neurath percebeu exatamente os rumos que isso estava tomando. Os nazistas tinham comprometido os serviços de segurança ao introduzir a SA e a SS como "polícia auxiliar". Aqui, eles não estavam somente se infiltrando no Ministério do Exterior ao plantar nas embaixadas "adidos de imprensa", mas também procurando saquear seu orçamento. Duas semanas antes, quando a questão fora levantada numa reunião no Ministério da Propaganda, fora recomendado que toda a seção de imprensa do Ministério do Exterior, bem com seu orçamento, fosse transferida para Goebbels. Agora, na presença de Hitler, ministros e consultores, Neurath traçou uma linha. Ele queria representar a política exterior vigorosa, mesmo beligerante, de Hitler, ajudando a planejar e executar a retirada da Alemanha da Liga das Nações e a ab-rogação dos tratados e compromissos exteriores, mas sem sacrificar uma linha do orçamento do ministério.

"O Ministério do Exterior não pode se sustentar sem seu próprio departamento de imprensa", declarou inequivocamente Neurath. "Se o departamento de imprensa for subordinado ao Ministério do Reich para Propaganda e Informação Pública, haverá, como resultado, uma necessidade urgente de que o Ministério do Exterior crie um novo departamento para esse fim."[49] Ele insistiu que seus diplomatas precisavam de um serviço regular pelo qual a política exterior da Alemanha pudesse ser levada à imprensa estrangeira e, da mesma forma, a imprensa estrangeira pudesse ser analisada enquanto se formulava a política exterior alemã.

Esses eram exatamente os tipos de confrontos divisórios que Hitler procurava evitar em suas reuniões de gabinete. Ele tinha ouvido, sentado e em silêncio, enquanto Goebbels e Neurath discutiam, mas agora resolveu intervir. "Dessas deliberações ficou determinado que, para influenciar a opinião pública no estrangeiro, são necessários meios que ainda não estão disponíveis para nós no momento", ele disse. "É preciso desenvolver uma nova organização que crie seu próprio método de trabalho."[50] Tendo encaminhado essas providências a Goebbels, um de seus ministros mais efetivos, ele agora tentava apaziguar Neurath. "Obviamente o Ministério do Exterior não pode funcionar sem o instrumento representado por um departamento de imprensa, pois é o trabalho deste que provê o Ministério do Exterior com os fundamentos sobre os quais as decisões políticas são tomadas." Mas, disse Hitler, "o avanço de nossos ideais" no exterior, especialmente no desenvolvimento de "um mecanismo de defesa contra os rumores de atrocidades", só poderia ser alcançado com a criação de uma atribuição especial. "Precisamos encontrar uma maneira pela qual a atividade do departamento de imprensa do Ministério do Exterior não seja extinta", ele concedeu, "mas que ainda outorgue suficiente influência ao Ministério do Reich para Propaganda e Informação Pública."[51]

Hitler ressaltou a necessidade que tinha seu governo de moldar a opinião pública internacional "mediante a aplicação sistemática de uma ampla variedade de técnicas de propaganda, especialmente no tocante à imprensa estrangeira". Neurath aquiesceu. "A questão da responsabilidade é relativamente fácil de resolver", disse ele. "Os funcionários do departamento de imprensa no Ministério do Exterior forneceriam informações factuais, mas não criariam elementos de propaganda."[52] Isso seria deixado a Goebbels e sua equipe. Seguiu-se então uma altercação quanto a orçamentos específicos e dotações, que Hitler interrompia com vívidas observações: "Para que haja um aparelho de propaganda que funcione bem, nenhum custo é alto demais. O departamento de imprensa do Ministério do Exterior se limitará no futuro a seus setores prévios de atividade. O Ministério do Reich para Propaganda e Informação Pública, que agora está estabelecendo seu próprio departamento de imprensa, assumirá a responsabilidade de ativar a propaganda exterior". Hitler encerrou a reunião assinalando a vital e urgente necessidade de responder à crescente opinião negativa no exterior e a seu impacto na economia nacional. "Vamos nos encontrar numa posição de isolamento da política mundial da qual só conseguiremos escapar se melhorarmos os sentimentos em relação a nós no estrangeiro."[53]

Dois dias depois, Hitler recebeu notícias alvissareiras quando Schacht visitou a Chancelaria do Reich para falar sobre suas reuniões em Washington com Roosevelt e membros importantes do Departamento de Estado. Schacht tinha conseguido se encontrar quatro vezes com Roosevelt no decurso de apenas uma semana, durante as quais o presidente parecera aberto e disposto a ouvir. Schacht tinha lhe explicado a necessidade da suspensão pela Alemanha dos pagamentos a crédito, a necessidade de suspender as liberdade civis e a decisão da Alemanha de se rearmar. Roosevelt mostrara-se cauteloso, mas compreensivo. Em seu último encontro, o presidente convidara Schacht a se juntar a ele no sofá e lhe dissera com calorosa convicção: "O senhor deixou aqui excelente impressão porque falou aberta e livremente sobre todos os aspectos".[54]

Schacht acreditava ter tocado os sentimentos dos americanos, segundo disse a Hitler, mas agora seria imperativo "que nossa propaganda no exterior se torne muito mais vigorosa".[55] Os Estados Unidos eram uma democracia, e seu presidente em última instância era orientado pela opinião pública, que por sua vez era influenciada pela imprensa. Era vital que Berlim fosse capaz de responder de forma imediata, eficaz e responsável às acusações de atrocidade e terror. "O governo do Reich precisa estar em posição de contestar toda acusação incorreta que apareça nos jornais, e imediatamente", Schacht disse a Hitler.[56]

14. Sentença de morte

Pouco depois das cinco horas da tarde de 24 de maio, quando Adolf Hitler estava com Goebbels e Neurath, arquitetando sua ofensiva de propaganda externa, Josef Hartinger recebeu o relato de mais uma morte em Dachau. Era a primeira ligação desse tipo em aproximadamente duas semanas, e chegou num ambiente carregado e inquieto. A onda de prisões e detenções tanto de pessoas proeminentes como de cidadãos comuns fizera o público em geral ficar cada vez mais cauteloso. Um comentário crítico sobre Hitler ou seu novo governo era recebido com "Tome cuidado ou você vai acabar em Dachau". O popular dito "Falar é prata, calar é ouro" fora adaptado a uma época em transição: "Calar é prata, falar é Dachau". Uma oração para a hora de dormir incluía a invocação: "Senhor, faça-me mudo,/ para que não vá para o campo de Dachau!".[1]

"Muitos têm medo de falar porque uma observação crítica aos nazistas pode mandar alguém para Dachau, o grande campo de concentração para prisioneiros políticos próximo a Munique", escreveu um correspondente do *New York Times* naquela primavera. "A quietude em Munique é total e intensa demais para ser natural."² Na Hofbräuhaus, onde os salões usualmente "reverberavam com o burburinho de uma grande multidão", reinava uma atmosfera de repressão e de tensão, que lembrou ao repórter da "paz de um silêncio abafado" nas ruas de Moscou. "A mesma postura grave e silenciada está em toda parte", observou o jornal, "mesmo nas casas particulares." O mesmo poderia ser dito dos corredores do segundo andar do número 5 da Prielmayrstrasse, onde a ameaça sutil encarnada no vice-promotor Heigl com seu broche da suástica era onipresente.

A maioria dos colegas de Hartinger já tinha ido para casa ao final do expediente quando chegou o telefonema da polícia de Dachau. Hartinger ligou para o gabinete do dr. Flamm, mas ele já fora embora. Ligou então para a casa de Flamm, informou-o da morte, referida no parágrafo 159, e o instruiu a seguir de imediato para o campo. Hartinger pediu então a um colega promotor na jurisdição de Munique II, o dr. Lachenbauer, que ainda estava no escritório e, como Flamm, tinha seu próprio automóvel, que o levasse a Dachau.³ Em uma hora, os investigadores estavam reunidos no campo. A vítima do disparo era Alfred Strauss, um advogado de Munique de 28 anos. Supostamente, tinha tentado fugir quando era escoltado por guardas ao caminhar próximo de uma área destinada à prática de natação pelo pessoal do campo, que estava sendo construída perto da vala de cascalho do lado de fora da cerca de arame farpado.

Strauss tinha sido posto em custódia preventiva em 27 de março por "exercício antiético de sua profissão", apesar do rumor de que sua detenção fora ordenada como "um ato de vingança" pessoal de Hans Frank, com quem Strauss tivera repetidas confrontações no tribunal.⁴ A detenção de Strauss fora revista em 21 de abril, e, mesmo não havendo evidência de um "ato de natureza criminal", ele foi mantido preso, e em 11 de maio transferido para Dachau.

Hartinger e sua equipe foram conduzidos para além da área cercada com arame farpado, até a vala de cascalho. Strauss jazia encolhido no solo, uma poça de sangue formando um semicírculo em torno de sua cabeça pelos ferimentos das balas que o tinham abatido. Era um homem jovem, frágil, que fez Hartinger se lembrar de Benario. Johann Kantschuster, o guarda da ss que havia atirado em Strauss, estava ali. Kantschuster era grande, alto e bonito, provavelmente da mesma idade que Strauss, mas com um comportamento que chocou Hartinger de imediato. "Lembro-me muito bem de que ele tinha a expressão de indivíduo depravado", rememorou Hartinger. Flamm concordou. "Nós dois éramos da opinião de que seu rosto teria lugar num álbum da polícia de fotografias de criminosos fichados."[5] Kantschuster explicou a Hartinger que o dr. Nürnbergk o tinha instruído a levar Strauss para um passeio vespertino. Os dois saíram do complexo cercado e estavam se aproximando da vala de cascalho quando de repente Strauss saiu em disparada, segundo Kantschuster. Ele gritou que parasse, como mandam os regulamentos, depois sacou da pistola e disparou duas vezes. Kantschuster estimava oito metros de distância até Strauss quando ele caiu.

Enquanto examinava o corpo contorcido de Strauss e o solo encharcado de sangue, Hartinger ficou cismado não só com a pontaria impecável de Kantschuster, mas também com a incongruência das circunstâncias. Strauss vestia camisa e calças, mas uma só meia, e chinelos de couro abertos atrás. Isso despertou a curiosidade de Hartinger sobre a possibilidade de um homem sair de chinelos para uma caminhada, e principalmente calçando apenas uma meia. Além das balas em sua nuca, Strauss tinha também um ferimento atrás do pé descalço. Hartinger decidiu que Flamm faria um exame médico-legal. "Mais do que tudo, eu queria saber se o cadáver apresentaria outros sinais de abuso", explicou Hartinger.[6]

Ele ordenou aos guardas da ss que carregassem Strauss de volta ao campo, onde foi posto num galpão desocupado e despido de suas roupas. Flamm pôs-se a trabalhar, com a costumeira precisão. Além do ferimento no pé, encontrou lacerações que atravessavam as costas de Strauss. Suas nádegas tinham bandagens que ocultavam um talho profundo.

Hartinger ordenou que se fizesse uma autópsia, que Flamm realizou na manhã seguinte.[7] A causa da morte tornou-se logo evidente: "paralisia cerebral" em consequência de uma bala que atravessara o crânio de Strauss e de uma outra que se alojara no lado direito do crânio. Mais reveladora foi a trajetória do projétil. Flamm concluiu que o tiro fora disparado "num ângulo que ia da parte inferior traseira do crânio para a parte superior direita", o que era condizente com uma execução. Incapaz de determinar a distância exata da qual fora disparado o tiro, Flamm tirou amostras de tecido para posterior "análise química e microscópica".

Durante as últimas seis semanas, Hartinger vinha tentando sem sucesso satisfazer os padrões de Wintersberger, nem mesmo nos casos de assassinato a tiros de Benario, Goldmann e os dois Kahn, ou do enforcamento de Hunglinger ou dos pulsos cortados de Dressel. Nem mesmo o assassinato de Götz no corredor tinha compelido Wintersberger à ação. Mas finalmente, uma semana depois da suposta tentativa de fuga de Schloss e de Hausmann, e um dia após os tiros em Strauss, o promotor-chefe começava a demonstrar interesse por esse isolado e torturado recanto de sua jurisdição. Como Wintersberger relatou mais tarde em seu testemunho:

> Foi em algum momento de maio ou junho de 1933 que começaram a aflorar rumores de que detentos no campo de concentração de Dachau estavam sendo mortos a tiros. Os guardas da ss no campo evidentemente não estavam mantendo a boca fechada co-

mo deveriam, em estabelecimentos locais em Dachau. Em minha opinião, foi devido ao fato de que as histórias dessas mortes no campo de concentração de Dachau estavam se tornando públicas que, a essa altura, a administração do campo começou a relatá-las ao gabinete do promotor.[8]

Um dia após o fuzilamento de Strauss, veio a notícia de que outro detento, Karl Lehrburger, levara um tiro durante um suposto ataque a um homem da ss. Dessa vez Wintersberger decidiu se encarregar do caso. Chegou ao campo de concentração com toda a autoridade da promotoria de Munique II, e obviamente na companhia do dr. Flamm. Wintersberger e Flamm foram levados à casamata da prisão, onde Lehrburger, um comunista de 28 anos de Nuremberg, tinha sido baleado. Hans Steinbrenner alegou que o detento o atacara com uma faca de mesa durante uma inspeção de rotina das celas de detenção.[9] O corpo de Lehrburger já tinha sido removido, mas os sinais dos tiros ainda eram muito evidentes. As paredes estavam manchadas do sangue fresco que emanara do ferimento de saída da bala. Uma poça de sangue do tamanho de um prato brilhava no chão de concreto onde Lehrburger tinha caído.

Wintersberger recebeu o relatório e o depoimento de Steinbrenner preparados pelo administrador do campo, Josef Mutzbauer. Segundo o registro de Mutzbauer, Steinbrenner entrara na cela de Lehrburger e encontrara o detento tentando esconder uma carta num jarro d'água. Quando Steinbrenner fez menção de olhar dentro do jarro, Lehrburger, supostamente, pegou sua faca de pão e o atacou. Steinbrenner sacou sua pistola e disparou um único tiro. Ele atingiu Lehrburger em cheio na testa. Lehrburger desabou no chão. Cumprindo os regulamentos, Steinbrenner logo fora até o escritório do comandante para relatar o incidente a Wäckerle, que por sua vez o instruiu a dar um depoimento a Mutzbauer.

O exame médico-legal do dr. Flamm confirmou que a morte tinha sido causada por uma única bala disparada à queima-roupa, a uma distância entre dez e vinte centímetros. O cadáver de Lehrburger não mostrava sinais de brutalidade. Flamm não achou que uma autópsia fosse necessária. Wintersberger e Flamm deixaram o lugar tão secamente quanto chegaram.

Naquela noite, por volta das oito horas, Steinbrenner foi ver Anton Schöberl, que mantinha a "folha de chamada" dos detentos na casamata da prisão. "Pode riscar Lehrburger da lista", informou Steinbrenner.[10] "Ele morreu hoje. Eu atirei nesse porco judeu. Ele tentou me atacar." Schöberl lembrava-se de Steinbrenner, um homem da ss que se orgulhava de sua capacidade de cometer atrocidades e que parecia "perturbado". De fato, Steinbrenner passara os dois dias anteriores demonstrando uma hesitação e uma dúvida que não lhe eram peculiares. Ele açoitava e espancava detentos até deixá-los inconscientes, mas até aquele momento nunca tinha matado um homem com a clara e inabalável intenção requerida para um tiro de pistola na cabeça. No mesmo dia em que Hilmar Wäckerle enviara Kantschuster para atirar em Strauss, chamou Steinbrenner a seu escritório e o instruiu a matar Lehrburger. Agentes da polícia política de Nuremberg tinham ido até o campo e informado Wäckerle de que Lehrburger, que chegara na mesma leva de transferências de Strauss e de algum modo escapara na triagem, era judeu.[11] Lehrburger tinha tentado se esconder no beliche mais alto em seu barracão, esperando não ser reconhecido pelos visitantes de Nuremberg, mas assim mesmo foi descoberto e enviado para a casamata da prisão. Agora Wäckerle o queria morto.

Steinbrenner sabia que o comandante não admitia oposição. Wäckerle demitira Anton Vogel quando este se recusou a cumprir a ordem de atirar em Strauss. "Recusei, e expliquei que estava aqui como um administrador", relembrou Vogel, "e que, se ele estava precisando de um carrasco, que procurasse outra pessoa."[12] Wäckerle disse a Steinbrenner que Lehrburger era um agente soviético treinado em guerra bacteriológica na escola da Cheka, na Rússia.[13] "Suspeitava-se de que havia um segundo e um terceiro agentes semelhantes que ainda não tinham sido localizados, e que não se queria que fossem alertados com um julgamento", relembrou mais tarde Steinbrenner, "e além disso não queriam causar inquietação ao grande público. Era portanto necessário atirar nele imediatamente."

Na manhã seguinte, Erspenmüller veio ver Steinbrenner. Queria saber por que não tinha cumprido a ordem de Wäckerle. Steinbrenner confessou que na verdade nunca havia matado um homem. Não sabia como fazê-lo. "Não há nada mais fácil", disse Erspenmüller.[14] Ele elaborou a história envolvendo uma carta escondida, a faca de mesa e o suposto ataque. "Quando os investigadores chegarem, conte que quando estava inspecionando a cela você notou que Lehrburger estava pondo algo no jarro e que quando se inclinou para olhar viu que Lehrburger tinha uma faca na mão e queria apunhalar você, então o tiro foi em legítima defesa."

Erspenmüller lembrou a Steinbrenner o juramento de obediência cega que fizera ao ingressar na ss — citado literalmente por Warren Farr a Sir Geoffrey Lawrence doze anos depois em Nuremberg — e ordenou que cumprisse as ordens, como fora instruído. Steinbrenner ficou desesperado. Ele sabia que outro membro da ss tinha sido espancado por desobediência, mas ainda não conseguia se dispor a atirar em Lehrburger.

Naquela tarde, por volta de cinco horas, Erspenmüller confrontou Steinbrenner mais uma vez. Dessa vez aos gritos. Ordenou a Steinbrenner que atirasse em Lehrburger imediatamente. Se não obedecesse, ameaçou Erspenmüller, sobraria para ele. Steinbrenner criou coragem. Foi até a casamata da prisão, atravessou o corredor, destrancou a porta de Lehrburger e entrou na cela de roldão.

Lehrburger levantou-se quando Steinbrenner entrou. Steinbrenner ergueu sua pistola e atirou em sua vítima bem no meio da testa. Lehrburger desabou sem emitir um som. Steinbrenner olhou para ele por um momento. Não se movia. Ele então arrumou o recinto conforme as sugestões de Erspenmüller, fechou a porta da cela e foi até o escritório do comandante para informar Wäckerle de que suas ordens tinham sido cumpridas à risca.

Wäckerle disse a Steinbrenner que ele provavelmente seria interrogado ou pelo promotor ou pela *Mordkommission*. Deveria simplesmente repetir o que Erspenmüller o instruíra a dizer. Steinbrenner fez um depoimento a Mutzbauer, que o passou a Wintersberger.

Wintersberger não viu fundamento para prosseguir a investigação. Lehrburger estava morto e não havia testemunhas. A inspeção da cela e o exame do dr. Flamm não contradiziam o testemunho fornecido por Steinbrenner. Como no caso de Götz, não havia como refutar o testemunho do homem da ss.

No dia seguinte chegou a notícia de que outro detento de Dachau, Sebastian Nefzger, tinha cometido suicídio em sua cela na casamata da prisão. O vendedor de Munique de 53 anos fora entregue em Dachau no dia 11 de maio, junto com Hans Beimler e os seis espiões que Reinhard Heydrich tinha desenterrado dos arquivos da polícia. O relatório de uma página de Mutzbauer provia as circunstâncias exatas do relatado suicídio de Nefzger:

> Em conformidade com as instruções de 26 de maio, do comandante do campo de concentração, eu relato o seguinte:
> Na noite de 25 para 26 de maio, Nefzger cometeu suicídio em sua cela cortando a artéria de seu pulso esquerdo.
> Às 5h40 da manhã de 26 de maio de 1933, quando fazia sua ronda, o cabo Winhard e o guarda da ss Steinbrenner encontraram Nefzger jazendo morto no chão de sua cela.

Examinando o cadáver pude determinar que Nefzger primeiro tentou cometer suicídio enforcando-se, o que se evidenciava das marcas de estrangulamento em seu pescoço. Nefzger usou a correia de couro de sua perna artificial, que parece ter se rompido devido a seu peso. Parece que Nefzger então, como já foi mencionado, cortou o pulso.

Uma vez que o médico do campo e especialista em medicina legal dr. Nürnbergk determinou que a causa da morte era claramente visível, as autoridades não foram notificadas.[15]

Era uma violação tão clara do Código de Processo Criminal quanto Hartinger poderia imaginar. Não somente o corpo tinha sido removido, mas também a administração aguardara 48 horas antes de reportar o incidente.

No dia seguinte, o dr. Nürnbergk confirmou o incidente num relatório médico com seis linhas. "Exame médico-legal do detento Nefzger, Sebastian, vendedor em Munique, no número 17 da Schommerstrasse, nascido em 10 de janeiro de 1900 em Munique, católico, casado. Ficou determinado que não houve envolvimento externo de pessoas em sua morte", registrou o dr. Nürnbergk. "Não há dúvida de que a morte resultou da perda de sangue decorrente do seccionamento da artéria na mão esquerda." Hartinger chamou o dr. Flamm e o instruiu a fazer seu próprio exame médico-legal.[16]

Na manhã seguinte, às nove horas, o telefone de Flamm tocou. Era o dr. Nürnbergk querendo saber por que estava sendo requerido um exame médico-legal quando já tinha fornecido uma declaração assinada.[17] Flamm disse que estava simplesmente cumprindo instrução do gabinete do promotor. Se Nürnbergk queria saber por que Flamm estava sendo enviado, deveria falar com Hartinger.

Flamm seguiu então para Dachau em seu carro. Nürnbergk

o esperava, quando chegou. Estava visivelmente agitado. Quis de novo saber por que Flamm estava conduzindo um exame médico-legal quando um relatório já fora fornecido e ficara claro que a morte se devera a suicídio. Flamm repetiu que estavam apenas cumprindo ordens. Flamm mandou fotografar o corpo de Nefzger de frente, depois o fez virar e ser fotografado por trás, registrando o padrão das profundas lacerações que cobriam todas as suas costas, como se fossem de algum primitivo ritual de iniciação. Flamm também pediu fotografias em close do pulso cortado, com os tendões e os tecidos claramente visíveis e ainda úmidos de sangue.[18]

Flamm pôs-se a trabalhar. Ele via um homem "de compleição forte e bem-alimentado", mas com o corpo impiedosamente maltratado por lacerações nas costas, nas nádegas e pernas, traços de sangue coagulado em volta dos lábios e marcas de estrangulamento em torno do pescoço.[19] Notou, em particular, "um talho na mão esquerda com uma ferida profunda e aberta que tinha cortado os tecidos e deixado três cortes no osso. Para Flamm foi chocante e incomum que um homem ao cometer suicídio cortasse seu pulso com igual força três vezes, deixando marcas no osso. Por volta das duas da tarde, concluiu seu exame médico-legal e determinou que seria necessário fazer uma autópsia completa no dia seguinte.

Quando Flamm preparava-se para ir embora, Nürnbergk o deteve.[20] Disse que tinha uma pergunta a fazer. Acabara de saber que os rituais de enterro judaicos dispunham que os judeus conduzissem seus próprios exames médicos dos falecidos. Nürnbergk mencionou o caso de um judeu, Wilhelm Aron, que morrera de "parada cardíaca" e para o qual ele emitira um atestado de óbito. Nürnbergk disse que sua opinião como médico fora suficiente naquele caso. Munique II tinha simplesmente colocado Aron num caixão lacrado e o enviado de volta à família, em Bamberg.

Nürnbergk agora se perguntava se haveria alguma maneira de impedir a entrega dos corpos a famílias judaicas, ou de impedi-las de abrir o caixão.

Na tarde de segunda-feira, Flamm e três outros colegas de Hartinger encontraram-se com Mutzbauer, que lhes disse ter visto Nefzger na cela 4 deitado de costas no chão, numa poça de sangue.[21] A faca de mesa estava ali perto, manchada de sangue. A perna artificial de Nefzger também jazia no chão. Na parede da direita, pendurada num gancho, três ou quatro metros acima do chão, estavam as correias da prótese. As tiras tinham se rompido no meio, numa aparente evidência de uma tentativa frustrada de enforcamento.

Flamm começou a autópsia às quatro horas em ponto, notando novamente as inusuais incisões no osso. Era típico nesses casos que houvesse uma ou mais incisões exploratórias, quando a pessoa procurava veias e artérias para cortar, mas era muito incomum que alguém cortasse o próprio pulso com três incisões consecutivas com tanta força. Ainda mais suspeita era a excessiva quantidade de sangue que Flamm descobriu quando examinou o crânio de Nefzger. "O espaço temporal esquerdo está saturado, em grande extensão, de sangue escuro coagulado", registrou Flamm. "O músculo temporal direito está cheio de sangue."[22] Quando Flamm removeu o crânio de Nefzger, também o encontrou saturado de sangue. "Depois de remover o crânio, inclusive a metade superior do cérebro, o revestimento do cérebro era de um azul brilhante", anotou Flamm. "Os vasos cheios, na grande artéria uma boa quantidade de líquido escuro e sangue em livre circulação." Não era o tecido de um homem que tinha sangrado até morrer.

Flamm continuou a trabalhar no corpo de Nefzger, órgão por órgão, membro por membro. Cerca de três horas depois, ele tinha terminado. Suas conclusões foram definitivas:

I. Os resultados da autópsia excluem como a causa da morte o sangramento pelo talho no braço esquerdo.
II. O talho no pulso esquerdo revela três cortes no osso. Não são cortes exploratórios. Essas descobertas contestam a suposição de que essa lesão foi autoinfligida.
III. A causa da morte parece ter sido asfixia. A causa da asfixia poderia ser ou por choque ou por estrangulamento. As marcas no pescoço não correspondem às que usualmente se encontram em casos de mortes por enforcamento.[23]

O dr. Flamm completou sua autópsia às seis e meia daquela tarde e voltou para Munique. Seu relatório da autópsia com trinta páginas e 98 itens, juntamente com o memorando de Mutzbauer e o exame médico-legal de Nürnbergk, contava a história de um macabro incidente noturno: dois homens da ss tinham impiedosamente açoitado um veterano de guerra aleijado até quase deixá-lo inconsciente, o estrangulado até a morte, amarrado as correias de sua própria prótese em volta de seu pescoço, o pendurado pelas correias a um prego na parede, o que fez a correia se romper devido ao peso e o corpo desabar no chão, cortado o pulso do homem com uma faca de pão para simular suicídio, fechado e trancado a porta da cela, para abri-la algumas horas mais tarde e "descobrir" uma vítima de um suicídio noturno.

Hartinger compreendeu que um processo contra os homens da ss por assassinato premeditado e obstrução da justiça implicava desafios. Os tribunais bávaros eram notoriamente conservadores, como Gumbel relatara em seu estudo de 1922, e como Wintersberger sabia desde seu "pequeno julgamento de Hitler", o que o tornara cada vez mais cauteloso sob o novo regime. Mas Hartinger acreditou que mesmo juízes conservadores, quando confrontados com a evidência de tão grotesco horror, não teriam alternativa senão chegar ao único veredicto adequado. Essas atrocidades não poderiam ser descartadas como rumores sem fundamento de uma propaganda "judaica-bolchevique". Tratava-se de evidência médico-legal. Além disso, de um ponto de vista prático, era apresentada por um gabinete estatal expurgado de comunistas e de judeus. Eram evidências forenses de puro-sangue ariano, indiciamentos e ordens de prisão contra criminosos igualmente de puro-sangue ariano, acusados de assassinato premeditado e obstrução da justiça.

A estratégia de acusação de Hartinger era simples. Ele tencionava indiciar Ehmann pelo assassinato de Hausmann e Kantschuster pelo assassinato de Strauss. Os relatórios do dr. Flamm e os resultados de laboratório do dr. Merkel fariam o resto. Processar os assassinos de Schloss e de Nefzger era mais complicado. Hartinger dispunha de evidências médico-legais que provavam o homicídio e de correspondências com papel timbrado do campo de concentração indicando obstrução da justiça, mas não de suspeitos de terem cometido o assassinato. Wicklmayr, Ehmnann, Kantschuster e Steinbrenner tinham todos se demonstrado capazes de atirar num homem à queima-roupa, mas não havia testemunhas e ninguém que estivesse disposto a falar. Hartinger planejou indiciar "perpetradores desconhecidos" desses assassinatos, na esperança de que a verdade acabaria surgindo, e nesse meio-tempo se utilizar desses homicídios para implicar Wäckerle, Mutzbauer e Nürnbergk.

No fim da tarde de 30 de maio, enquanto aguardava os resultados finais dos exames laboratoriais para as mortes mais recentes, Hartinger preparou um sumário dos indiciamentos por assassinato que pretendia apresentar. Resumiu cada caso em uma descrição de meia página, encabeçada por um numeral romano, cada uma incluindo detalhes importantes quanto às circunstâncias, excertos das autópsias de Flamm, números de referência que correspondiam aos arquivos da investigação e os nomes dos guardas da ss envolvidos em cada uma das mortes.[24] Planejou tomar os quatro casos nos quais havia inconteste evidência — Hausmann, Nefzger, Schloss e Strauss — e juntá-los numa série de indiciamentos, com a intenção de demonstrar um padrão nas mortes que sugeria o intencional assassinato em série de detentos, com o possível envolvimento da cadeia de comando do campo. Foram incluídas também as mortes de Götz e de Lehrburger.

Hartinger enfim dispunha de evidências concretas de acordo com os padrões de Wintersberger e, o mais importante, capaz de chamar a atenção do promotor-chefe. "Eu de fato mencionei de passagem, enquanto caminhávamos com o ministro-conselheiro Döbig", lembrou Hartinger, "que assim que recebesse mais alguns documentos que estava aguardado estaria pronto para emitir indiciamentos para o juiz — na época, uma revisão judicial dos indiciamentos era necessária — e, como ele não respondeu, presumi que estivesse de acordo."[25]

No dia 1º de junho, uma terça-feira, Hartinger encontrou-se com o dr. Hermann Kiessner, juiz de investigações da jurisdição de Munique II, e, de acordo com o Código de Processo Criminal, informou-o dos indiciamentos que estavam a caminho. "Se o gabinete do promotor considera necessário promover uma investigação judicial", ditava o parágrafo 162, "a requisição deve ser apresentada ao juiz de investigações do distrito no qual a investigação deve ser realizada."[26] Hartinger sabia que o indiciamento e a efetivação das prisões poderiam ser perigosos e carregados de complicações. "Como é bem sabido, os nazistas eram solicitados a reportar para o partido tudo que pudesse ser de seu interesse", lembrou Hartinger. "Eu tinha planejado que o partido não soubesse dos indiciamentos até o último momento possível."[27] Hartinger tinha confiança total em Kiessner, um juiz já idoso, que imediatamente concordou com o plano. "Uma vez que era necessário agir com rapidez e de surpresa para que tudo desse certo", relembrou Kiessner, "nós dois discutimos os passos a serem tomados."[28] Hartinger prepararia os indiciamentos e ordens de prisão, obteria a assinatura de Wintersberger, e então os entregaria a Kiessner, que por sua vez conduziria pessoalmente as ordens de prisão para o departamento de homicídios. Como ex-juiz e como promotor, Hartinger tinha vasta experiência com a polícia e tinha nela total confiança, acima de tudo em sua "diligência e integridade".[29] Hermann Kiessner concordava: "Estava claro para nós dois que o sucesso dependia inteiramente do departamento de homicídios da polícia. Eu deveria ir o mais rápido possível até lá".[30] A polícia seria enviada sem demora a Dachau para levar em custódia Wäckerle, Mutzbauer e Nürnbergk. "Não havia dúvida de que o departamento da polícia inspirava grande respeito,[31] e eu contei com a esperança", escreveu Hartinger, "de que esse respeito não fosse desprovido de significado inclusive para os nacional-socialistas, e até mesmo para a ss." Três semanas antes, a polícia tinha se valido desse "respeito" para tirar Josef Hirsch de Dachau.[32] Hartinger supôs que poderia fazer a mesma coisa na prisão de Wäckerle.

Enquanto Hartinger finalizava detalhes de seu plano com Kiessner, ele se encontrou com Wintersberger num corredor do segundo andar no número 5 da Prielmayrstrasse. "Começamos a conversar de pé junto a uma janela", Hartinger lembrou mais tarde. "Durante a conversa informei o promotor-chefe de que eu iria agora — provavelmente eu disse 'hoje' — ditar o indiciamento para os quatro casos."[33] Tudo estava pronto para seguir adiante. "E então o promotor-chefe declarou em tom calmo e sem nenhuma reação emocional visível: 'Não vou assinar nada.'" Hartinger olhou para Wintersberger, sem fala. "Foi uma das maiores surpresas de minha vida", ele relatou mais tarde. "Em resumo, fiquei perplexo. Não perguntei o motivo, pois sua posição era clara. Não disse mais nada e fui embora."

A essa altura, Hartinger poderia ter abandonado o processo de indiciamento. Ele já contava com anos de serviço na burocracia do estado e estava classificado na "classe especial" da escala de remuneração, com um salário 20% maior do que ganharia em regiões mais remotas da Baviera. Com um retrospecto excelente de sua atuação, poderia prever que seria nomeado promotor-chefe em algum momento nos cinco anos seguintes, talvez na própria jurisdição de Munique II, e depois ascender à presidência de um tribunal distrital, e até ao cargo de procurador-geral do estado. Também tinha de levar em consideração a sua família. Estava a breves três meses de seu quadragésimo aniversário e tinha um apartamento num bairro elegante de Munique, onde vivia confortavelmente com a família. "Na época, minha mulher ficava doente com frequência", escreveria Hartinger. "Sofria havia muito tempo de um distúrbio cardíaco e nervoso que a levou à beira da sepultura, e que era causado principalmente pela constante preocupação e ansiedade com minha luta inflexível contra as brutalidades nazistas."[34] Em suma, Hartinger tinha todos os motivos pessoais para permanecer em silêncio e toda a justificativa profissional para se submeter a seu superior. Mas, enquanto caminhava pelo corredor em direção a seu gabinete, sabia que só havia uma decisão que poderia tomar. "Para mim estava claro, e não havia nenhum motivo para reconsiderar", ele explicou, "que eu devia agir segundo meu plano, ditar, apresentar e assinar pessoalmente os indiciamentos e os outros documentos."[35]

Naquela noite, Hartinger permaneceu em seu gabinete com um assistente de confiança, cuja identidade nunca revelou, e ditou os indiciamentos e as ordens de prisão por assassinato. Hartinger foi claro, explícito e resoluto:

> Por meio deste emito um indiciamento público contra perpetradores desconhecidos do crime de assassinato de acordo com o

parágrafo 211 do Código Criminal do Reich. Além disso, contra Wäckerle, H., comandante do campo, dr. Nürnbergk, médico do campo, e Mutzbauer, administrador do campo, todos atualmente residentes no campo de concentração de Dachau, pelo crime de ajudar e incitar, de acordo com o parágrafo 257 do Código Criminal do Reich.[36]

Hartinger já tinha emitido os indiciamentos pelos assassinatos de Alfred Strauss, Louis Schloss, Leonhard Hausmann e por fim Sebastian Nefzger. "Embora os acusados Wäckerle, Nürnbergk e Mutzbauer conhecessem as circunstâncias e soubessem a causa da morte, eles não agiram de acordo com seu dever profissional, e depois apresentaram a situação como se se tratasse claramente de suicídio."[37] Hartinger assinalou que Nürnbergk tinha ido ainda mais longe, a ponto de escrever para o tribunal distrital em Dachau, em 27 de maio, que "a possibilidade de morte pelas mãos de outra pessoa está excluída". Hartinger observou que Mutzbauer também tinha apresentado um relatório falso quando claramente tinha conhecimento dos fatos. À luz desses eventos, escreveu Hartinger, "submeto uma requisição no sentido de que se inicie uma investigação judicial preliminar e de que se emita uma ordem de prisão contra os acusados, em razão de um perigo iminente de supressão de evidências".[38] Naquela noite Hartinger voltou tarde para casa, e encontrou sua mulher à sua espera. Quando ela lhe perguntou por que chegara tão tarde, ele disse apenas: "Acabei de assinar minha própria sentença de morte".[39]

15. Acordos em boa-fé

Enquanto Hartinger preparava em seu gabinete os indiciamentos por assassinato e as ordens de prisão, Karl Wintersberger estava no Palácio Wittelsbach alertando Heinrich Himmler sobre a iminente ação judicial contra Hilmar Wäckerle e vários outros membros do pessoal da ss no campo de concentração. Wintersberger forneceu a Himmler as evidências da investigação de Hartinger, inclusive fotografias dos corpos maltratados de Schloss e Nefzger, assim como as provas relativas aos casos de Hausmann e Strauss. "Ressaltei que, com relação a esses quatro casos em particular, com base no fato de que havia uma premente suspeita de graves atos criminosos por parte dos membros da guarda do campo e dos administradores do campo", Wintersberger registrou em suas anotações desse encontro, "e uma vez que este fato se tornara conhecido pelo departamento do promotor assim como pelos funcionários da polícia, há uma obrigação, em graves casos criminais, de tratar da questão independentemente dos indivíduos envolvidos."[1]

As notícias que Wintersberger trouxera sobre os assassinatos em Dachau não foram surpresa para Himmler, mas a ameaça de uma iminente ação judicial sem dúvida sim. Desde as primeiras mortes em abril, a jurisdição Munique II se mostrara convenientemente circunspeta em sua reação. Wintersberger não só tinha encerrado após duas semanas a investigação sobre a morte a tiros de Benario, Goldmann e dos dois Kahn como também confirmado o relato da ss acerca dos assassinatos, citando de forma explícita as afrontosas observações sobre o comportamento dos judeus. Wintersberger investigara pessoalmente a morte de Lehrburger naquele mesmo dia, 1º de junho, e encerrado o caso da mesma maneira. Mas agora ele viera avisar sobre possíveis indiciamentos por assassinato e ordens de prisão.[2]

Durante vários meses antes disso, Himmler e o ministro do Interior Wagner tinham manipulado rápida e facilmente a lei em nome da segurança pública. Quando Hans Frank reclamou da superpopulação das instalações criminais do estado, Wagner foi curto e grosso. "Caso os encarregados da justiça achem que o número de prisões existente é inadequado", propôs Wagner, "eu recomendaria que se implementassem os mesmos métodos que foram antes usados contra os membros encarcerados do Partido Nacional Socialista dos Trabalhadores Alemães. Eles foram confinados em qualquer recinto vazio sem que se preocupasse se constituía proteção adequada contra os efeitos climáticos."[3]

Poucas semanas depois, Himmler anunciou a abertura do campo de concentração de Dachau, com igual desprezo por um devido processo legal. "Tomamos essas medidas sem nos preocuparmos com questões menores", declarou o chefe de polícia de Munique numa coletiva de imprensa, "com a convicção de que estávamos restaurando a tranquilidade da população e agindo em seu melhor interesse."[4]

Enquanto isso Wagner e Himmler modificaram as estruturas de segurança do estado. Wagner nomeou Himmler, o chefe de polícia de Munique, "consultor político" no Ministério do Interior, em 15 de março, e duas semanas depois o fez comandante da polícia política da Baviera e o encarregou dos "campos de concentração já existentes e os ainda em projeto".[5] Himmler encarregou Reinhard Heydrich dos arquivos da polícia, com terríveis consequências, como observou mais tarde Warren Farr, especialmente para agentes infiltrados como Hunglinger e Nefzger.

Em 30 de maio, o campo de concentração de Dachau foi oficialmente transferido para a autoridade da ss. Durante os dois meses anteriores, conforme mencionado, a ss tinha servido como "polícia auxiliar" da polícia estadual da Baviera, sob os auspícios do capitão Winkler. Na qualidade de comandante, Hilmar Wäckerle tinha sido o responsável pelos detentos, mas Winkler continuava a ser o responsável pelas instalações. A transferência de 30 de maio foi realizada com uma passagem formal dessa responsabilidade, de Winkler para Wäckerle. "O comando da unidade de guardas da ss, assim como outros serviços de guarda e de segurança no campo de concentração de Dachau, foi transferido hoje para a liderança da ss", declarava a ata de transferência.[6] Winkler "renunciou oficialmente" à autoridade com a sua assinatura, e Wäckerle "oficialmente a aceitou" com a sua. Os regulamentos do campo, o inventário das armas, a lista dos números de telefone, que incluía a da sede do Partido Nazista em Munique (Tel.: 54901), e outros documentos administrativos foram postos nas mãos de Wäckerle. Winkler partiu. Dachau pertencia a Himmler.

Mas agora Wintersberger chegava com notícias de iminente intromissão judicial. Sua aparição no gabinete de Himmler naquela tarde acontecia em meio a crescentes preocupações no governo estadual com os relatos das mortes em Dachau. Três dias antes, na tarde de 29 de maio, Wintersberger tinha visitado o ministro da Justiça Friedrich Döbig em seu gabinete e lhe mostrara uma cópia dos regulamentos do campo que impunham a lei marcial e dispunham sobre a pena capital.[7] Wäckerle tinha dito a Wintersberger que preparara os regulamentos segundo instruções de Himmler, que posteriormente os aprovara. Wintersberger disse a Döbig acreditar que a pena de morte violava a lei estadual.[8] Ele também informou Döbig das "contradições" entre o relato de Wäckerle das várias mortes recentes no campo e as evidências médico-legais obtidas por Flamm. Döbig convocou Hans Frank e sugeriu que o ministro da Justiça solicitasse ao primeiro-ministro Siebert que incluísse a questão na agenda de uma reunião do ministério marcada para 31 de maio.

No dia seguinte, quando Döbig discutia o assunto com Wagner, o ministro do Interior afirmou que as circunstâncias dos tiros requeriam "maiores esclarecimentos" com Himmler e Wäckerle. Como Himmler não estava disposto, Wagner ligou para Siebert e lhe disse que retirasse o assunto da pauta da reunião. Wagner propôs então uma reunião com Himmler, Wäckerle, Nürnbergk, Wintersberger e Flamm. Döbig retrucou que eles precisavam evitar "qualquer aspecto de interferência na investigação pendente" e propôs em vez disso que Wintersberger tivesse uma conversa reservada com Himmler.[9]

Himmler reconheceu o perigo imediatamente. O emaranhado administrativo que permitira a Wagner e Himmler transferir a autoridade policial de Dachau para a SS estava causando cada vez mais confusão no governo estadual. Siebert era responsável pela Baviera como primeiro-ministro, assim como Epp como governador do Reich. Wagner dividia a autoridade do Partido Nazista com outros gauleiters na Baviera, mas exercia o poder em todo o estado como seu ministro do Interior. Himmler era subordinado a Ernst Röhm, chefe da SA — a SS era uma unidade de elite dentro da SA —, mas tinha autonomia como chefe de polícia de Munique. O caos se aprofundava em meio a disputas locais pelo poder.

"A autoridade do estado está ameaçada por todos os lados por ataques injustificados de funcionários da máquina administrativa normal", denunciava naqueles dias um desesperado funcionário. "Cada líder político local, líder municipal e líder distrital emite decretos que interferem com a autoridade dos funcionários de escalão mais baixo nos ministérios."[10] Instruções e disposições eram introduzidas por autoridades regionais que solapavam disposições emitidas por autoridades distritais, que por sua vez emitiam disposições que solapavam as autoridades daí para baixo, até a menor delegacia de polícia local. "Todo mundo prende todo mundo", ele observou. "Todo mundo ameaça todo mundo com Dachau."[11] A Baviera estava desmoronando num caos administrativo. "Mesmo na menor delegacia de polícia, os melhores e mais confiáveis policiais estão enfrentando incertezas na administração", ele advertia, "que levarão invariavelmente à devastação e destruição do estado."

Em meio ao tumulto e à confusão daquela sangrenta primavera alemã, a violência deu uma guinada inesperada que nem mesmo Emil Gumbel fora capaz de prever. Nazistas começaram a matar nazistas.

Os 500 mil membros das tropas de choque da SA já se mostravam fazia tempo de uma utilidade brutal para a causa nazista. Eles espancavam bolcheviques nas ruas e cervejarias. Como "polícia auxiliar", ajudavam a arrebanhar e frequentemente atacar comunistas, socialistas e judeus. Mas também se voltavam uns contra os outros. Num incidente, em 22 de abril, um líder da SA e dois membros da tropa de choque atacaram um homem da SS numa hospedaria na cidade de Feldmoching, ao norte de Munique, "porque ele tinha antes insultado o pessoal da SA" na cidade.[12] O homem da SS foi espancado e obrigado a se ajoelhar diante dos membros da SA e implorar por perdão antes de ser levado a um hospital, onde passou as duas horas seguintes se recuperando das agressões.[13] O líder da SA "confiscou" a motocicleta de sua vítima e a emprestou a outro homem da SA, que a usou durante dois dias e depois devolveu, não sem antes despejar açúcar no tanque de combustível.

No dia em que Wintersberger se apresentou no Palácio Wittelsbach, Himmler estava na verdade cuidando da liberação de um de seus estimados coronéis da SS de um hospital psiquiátrico. Em março, o coronel Theodor Eicke tinha sido levado em custódia preventiva por Josef Bürckel, o gauleiter de Ludwigshafen, e declarado mentalmente inapto depois de iniciar uma greve de fome. Eicke enviou uma série de cartas furiosas a Himmler, uma delas com dezoito páginas, protestando contra seu encarceramento e lembrando o Reichsführer-SS de sua lealdade em serviço. O psiquiatra de Eicke escreveu a Himmler em 22 de abril, assegurando que após "várias semanas de observação e avaliação" não parecia haver sinal de "doença mental" ou "tendência a uma personalidade psicopata", e sugeriu que o paciente poderia ter alta.[14]

Himmler sabia que Eicke era rabugento, paranoico e violento, mas também fanaticamente leal e membro efetivo da SS. Eicke tinha triplicado o tamanho do destacamento da SS-Standarte 10, de 290 para mil homens, em menos de um ano.[15] Himmler o promoveu pessoalmente a coronel em novembro de 1931 e deu-lhe um livro com uma dedicatória dizendo: "A lealdade é eterna".[16] Lealdade inabalável era um preceito fundamental da SS, como Warren Farr iria ressaltar em Nuremberg, ao enfatizar a culpa coletiva que isso implicava. "Temos de ser honestos, decentes, leais e camaradas com membros de nosso próprio sangue e com mais ninguém", leria Farr, palavra por palavra, para o tribunal. A lealdade seria recompensada com lealdade.

Himmler providenciou um subsídio de trezentos marcos por mês para a família de Eicke enquanto ele estivesse no hospital psiquiátrico, e em fins de maio tentava liberar o ex-coronel de seu encarceramento. "Pretendo usar Eicke em alguma função, provavelmente no governo", Himmler escreveria ao psiquiatra de Eicke em 2 de junho, "mas ele não pode fazer com que as coisas fiquem difíceis ou impossíveis para mim."[17]

No dia 1º de junho, uma terça-feira, enquanto Himmler preparava-se para cumprir sua promessa de lealdade a um camarada da ss, Wintersberger informou que o gabinete da promotoria da jurisdição de Munique II estava de posse de provas incontestes de homicídios cometidos por nazistas e promoveria uma ação contra outro oficial da ss de sua estima. Himmler estudou as fotografias de Schloss e de Nefzger, ouviu os detalhes das quatro investigações, avaliou as implicações. Ele sabia que estava sendo rascunhada uma lei estadual que anistiaria as inúmeras transgressões perpetradas pela sA e pela ss durante vários meses antes disso, inclusive os assassinatos em Dachau, mas precisava ganhar tempo.* "O chefe de polícia Himmler concordou em dar instruções de que não se criassem dificuldades para mim e meu juiz de investigação no decurso das investigações no campo de Dachau", relembrou Wintersberger após a reunião, "e cumprir todas as re-

---

* A "lei da anistia" — Lei para a Descontinuação de Investigações Criminais (*Gesetz über die Niederschlagung strafrechtlicher Untersuchungen*) — foi apresentada em forma de projeto por Hans Frank em 26 de julho de 1933, numa reunião de gabinete do estado, e assinada como lei em 2 de agosto de 1933 por Epp, em sua qualidade de governador do Reich. A lei não anistiava efetivamente os crimes, mas em vez disso provia a descontinuação de investigações criminais que pudessem prejudicar a reputação do governo nacional-socialista. Restringia-se a crimes cometidos antes de 25 de julho de 1933, com a intenção de reduzir excessos criminais posteriores da ss e da sA (Lothar Gruchmann, *Justiz im Dritten Reich 1933-1940: Anpassung und Unterwerfung in der Ära Gürtner*, 2 ed. [Munique: Oldenbourg, 1990], p. 332).

quisições, além de declarar que, obviamente, não fará objeções no que concerne a minhas intenções subsequentes de realizar as investigações referentes aos casos individuais."[18]

16. Domínios da lei

Em 2 de junho, pouco depois de começar mais um dia de trabalho, Hartinger chegou a seu gabinete e descobriu, para seu espanto, que Wintersberger estava agora disposto a assinar os quatro indiciamentos. Como planejado, Hartinger trouxe as quatro acusações, juntamente com os arquivos de investigação do dr. Kiessner, que o esperava em seu escritório. Kiessner estudou com atenção e sem pressa os indiciamentos de Hartinger e mais tarde, naquela mesma manhã, como fora combinado, levou-os pessoalmente ao departamento de homicídios da polícia de Munique. Lá lhe disseram que todos os "casos de crimes políticos" estavam a partir de então sendo conduzidos não pelo departamento de homicídios da polícia estadual, mas pela polícia política no Palácio Wittelsbach.

"Quando, subsequentemente, fui à polícia política, receberam-me com sorrisinhos afetados e disseram-me que era assunto para o chefe da polícia", relembrou Kiessner. "Minha tentativa de vê-lo, no entanto, não foi bem-sucedida, pois na recepção me informaram que estava ausente, a trabalho."[1] Kiessner voltou para seu gabinete e começou a preparar ordens de prisão para enviar a Himmler junto com os arquivos de investigação.

Hartinger ficou furioso quando soube que Kiessner tinha ido ao Palácio Wittelsbach. "Era absolutamente necessário que ele me informasse, por causa do acordo estabelecido entre nós", ele explicou depois. "Estávamos tratando de um caso criminal de natureza especial, que exigia desde o início uma cooperação entre o tribunal e o gabinete da promotoria."[2] Hartinger confiara totalmente em Kiessner, e só pôde atribuir a atitude do juiz à "precipitação". Kiessner pediu desculpas, mas o mal estava feito: Himmler fora alertado. "A presença do investigador nos escritórios da ss ao que tudo indica teve como consequência que o ministro do Interior e gauleiter Wagner provavelmente soube do caso por um funcionário do partido responsável pela administração da polícia, e reclamou junto ao ministro bávaro da Justiça", relembrou Hartinger, sem saber então que Wintersberger comunicara Himmler na tarde anterior.

"Quando, em 2 de junho, eu estava voltando pontualmente a meu escritório depois do almoço, que em geral era entre meio-dia e as duas da tarde, ouvi meu telefone tocar bem quando estava abrindo a porta", relembrou Hartinger. "Quando ergui o fone, o ministro conselheiro Döbig estava na linha e me pediu que levasse pessoalmente os quatro arquivos de investigação com os indiciamentos o mais rápido possível."[3] Hartinger explicou que os arquivos estavam com Kiessner e lembrou a Döbig que o procedimento normal era que os indiciamentos fossem conduzidos pelo procurador-geral, e não pelo ministro da Justiça. "Ele disse que não e insistiu em que eu mesmo os levasse naquela mesma hora."[4] Hartinger pegou os arquivos no gabinete de Kiessner e os levou, conforme pedido, para o ministro da Justiça. O plano estava comprometido. Hartinger sabia que os nazistas tinham sido alertados. Não haveria prisões. Não haveria manchetes.

* * *

Ironicamente, outra investigação criminal chegou às manchetes no dia seguinte. "Como informou o líder distrital da facção do partido no Reichstag Nacional Socialista", relatava o *Völkischer Beobachter*, "o juiz de investigações do Tribunal do Reich, consultor legal do Tribunal do Reich Vogt, concluiu em 1º de junho a investigação preliminar contra Van der Lubbe, Torgler, Dimitroff, Popoff e Tanell, suspeitos do ataque incendiário ao Reichstag."[5] Os editores estamparam a revelação em uma manchete em negrito, sublinhada em vermelho, cruzando todo o cabeçalho no jornal e com o subtítulo "Indiciamento pelo ataque incendiário ao Reichstag". O artigo falava de uma conspiração comunista que envolvia Marinus von der Lubbe, o comunista holandês preso na cena do crime, assim como Ernst Torgler, presidente da bancada comunista no Reichstag, e três comunistas búlgaros. "Este relato irá, de agora em diante, silenciar todos os difamadores que, sem fundamento, sob comando judaico-marxista por todo o mundo, alegaram que o presidente do Reichstag e camarada do partido Göring tinha pessoalmente incendiado o Reichstag."*

Hartinger calculara que a prisão de Wäckerle e as manchetes que se sucederiam deteriam a matança em Dachau e neutralizariam qualquer represália da ss. "Estava claro para nós dois que ao

---

* O Tribunal do Reich em Leipzig condenou Marinus van der Lubbe por traição, em dezembro de 1933, mas absolveu os outros quatro réus. Van der Lubbe foi decapitado em janeiro de 1934. A principal corrente historiográfica assume que Van der Lubbe agiu sozinho, e descarta tanto a teoria de uma conspiração comunista como a de uma cumplicidade nazista; contudo, a questão ainda é tema de continuada especulação. Em 1946, Hans Gisevius, ex-membro da Gestapo, forneceu detalhes de um suposto envolvimento nazista, como o fez também um livro de 2001 baseado em arquivos da Gestapo em Moscou que até então não tinham sido explorados: BAHAR, Alexander; KUGEL, Wilfried. *Der Reichstagsbrand*. Berlim: Quintessenz, 2001.

emitir uma ordem de prisão estaríamos tornando os líderes e os membros da ss em implacáveis inimigos nossos", relembrou Kiessner, "e pondo nossos empregos, nossa liberdade e até mesmo nossas vidas em risco."[6] Os dois homens estavam agora perigosamente expostos. Nos escritórios da jurisdição de Munique II havia um "respeito sem limite pela coragem com que *Herr* Hartinger com frequência entrava na toca do leão".[7] Foi lembrado que, quando um guarda da ss deteve Hartinger na entrada do campo com a ameaça "Vamos atirar em você", Hartinger respondera: "Então você vai ter de atirar em mim. Estou entrando".[8] A "preocupação genérica e grave" subitamente se tornara real e iminente. Steinbrenner mencionou que a ss começou a fazer planos para "cuidar" de Hartinger.[9] "Eu disse várias vezes a meu marido que ele deveria queimar todas as anotações que pudessem ser consideradas perigosas se houvesse uma busca na casa", revelou mais tarde a mulher de Hartinger. "Ele recusou-se a queimar seus registros das ocorrências no campo de Dachau, pois esperava que um dia os perpetradores pudessem, de fato, ser levados à justiça."[10]

Em meio à crise, parece que Wintersberger mudou de ideia. A relutância mostrada pelo promotor-chefe nos dois meses anteriores desapareceu. Wintersberger tinha encerrado em 12 de abril a investigação da morte a tiros dos quatro judeus em Dachau, o que exigia desconsiderar o testemunho ocular de Erwin Kahn e confirmar o relato dos ss. Ele adiara ou encerrara investigações subsequentes de assassinatos em Dachau. No dia em que Wintersberger encontrou-se com Himmler, 1º de junho, finalizara o caso sobre o fuzilamento de Lehrburger, "porque as afirmações de Wicklmayr não podem ser refutadas neste momento".[11] Mas de repente, um dia após se ter recusado a assinar indiciamentos e ordens de prisão, Wintersberger se mostrou disposto por completo a receber de volta os arquivos. "Eu realmente não sei o que havia de errado com Wintersberger naquela tarde", Hartinger concluiu anos mais tarde, "porque depois disso me deu suporte total na investigação e fez tudo que era possível fazer."[12] Wintersberger reemitiu os quatro indiciamentos com sua própria assinatura e ligou para Döbig no Ministério da Justiça pedindo a devolução dos arquivos da investigação. Döbig informou Wintersberger que os casos já tinham sido passados a Wagner, no Ministério do Interior. "Expliquei ao ministro conselheiro Döbig que sem os arquivos eu não teria condição de continuar as investigações necessárias", observou Wintersberger em seus registros.[13] Hartinger e Kiessner tentaram reconstituir os arquivos da investigação. "Isso não pôde ser feito", relembrou Kiessner, "uma vez que o protocolo da autópsia, que era o fundamento decisivo para o caso, não estaria disponível numa segunda versão."[14]

Mas os arquivos na verdade estavam em boas mãos. "Eu pedi ao governador do Reich general von Epp que convocasse uma reunião", Hans Frank relatou depois ao tribunal de Nuremberg, "na qual exibi os arquivos concernentes às mortes e ressaltei a ilegalidade de tal ação por parte da ss e declarei que os representantes do gabinete da promotoria pública alemã sempre puderam investigar cada morte que envolvesse uma suspeita de que tinha sido cometido um crime, e que até então eu não tomara conhecimento de algum descumprimento desse princípio no Reich."[15] A reunião, que se realizou em 2 de junho, pôs Siebert, Epp e Franck em confronto com Wagner e Himmler. Himmler foi instruído a pôr um fim à matança e a realizar "mudanças de pessoal" dentro do campo.[16]

Como tencionava Hartinger, os indiciamentos causaram "considerável inquietação" no governo do estado da Baviera, e posteriormente em Berlim. "Depois disso continuei protestando contra esse método ao dr. Gürtner, o ministro da Justiça do Reich, e ao mesmo tempo ao procurador-geral", continuou Frank.[17] "Ressaltei que isso significava o início de um processo que ameaçava de modo alarmante o sistema legal. Heinrich Himmler mais tarde mencionou a questão a Adolf Hitler, que interveio pessoalmente. Ordenou-se que esses procedimentos fossem reprimidos", relembrou Frank. "Eu apresentei minha demissão como ministro da Justiça [da Baviera], mas ela não foi aceita."[18]

Em meio à disputa judicial, os assassinatos em Dachau cessaram. Não houve relatos de casos de morte com menção ao parágrafo 159 em Dachau durante o mês de junho. O mesmo aconteceu na primeira e na segunda semana de julho. Em 15 de julho, Hilmar Wäckerle foi destituído do cargo de comandante do campo. A notícia veio numa sucinta carta de Himmler com uma linha apenas. "Em 15 de julho eu o estou designando para o posto de oficial distrital na unidade 10 da ss",* informava o texto, "e com isso o liberando de seu posto como ajudante I/29."[19] A força da lei tinha rompido o vínculo do juramento de lealdade da ss.

Na última semana de julho, quando o repórter do *New York Times* chegou a Dachau, encontrou um campo transformado em relação à época de sua primeira visita, três meses antes. Os bosques que circundam o riacho do Moinho de Würm tinham sido desmatados, deixando uma larga faixa de terreno aberto no perímetro do campo. A clareira isolada na qual Benario, Goldmann e os dois Kahn tinham sido alvejados transformara-se num estande de tiro totalmente operacional. A piscina, não longe de onde Alfred Strauss morrera, estava agora terminada. O novo comandante era Theodor Eicke, aparentemente reabilitado.

Eicke, um homem de meia-idade, pescoço grosso e rosto redondo e um tanto corado, tinha o olhar duro e disciplinado de um administrador acostumado a verbas restritas. Com sua experiência com orçamentos, pessoal e segurança obtida em empre-

---

* A unidade 10 da ss estava sediada em Stuttgart, sob o comando do tenente da ss Johann-Eramus Baron von Malsen-Ponickau, que recebera os primeiros guardas em Dachau na qualidade de chefe da "polícia auxiliar" de Munique.

gos anteriores, Eicke ficara assustado com o que encontrou ao chegar. "Em toda a instalação havia apenas três homens que sabiam como usar uma metralhadora", ele reclamou. "Meus homens estavam alojados em galpões de fábrica expostos ao vento. Eram condições de pobreza e de miséria."[20]

Eicke ganhava reles 230 marcos por mês como comandante do campo. "Éramos considerados um mal necessário, que não faziam nada a não ser custar dinheiro; homens irrelevantes atrás de uma cerca de arame farpado", ele se queixou.[21] "Eu tinha, literalmente, de implorar por dinheiro, *pfennings*, do orçamento estadual para pagar meus oficiais e os seus guardas." Pior ainda, Eicke descobriu que Dachau estava sendo usado como depósito para encrenqueiros das unidades da ss em todo o sul da Baviera, o que transformou a instalação num "caldeirão de casos problemáticos" em que predominavam a "deslealdade, a ladroeira e a corrupção". Eicke revelou que demitira sessenta homens em seu primeiro mês de trabalho, e procurou orientar aqueles que ficaram. "Eu me dediquei com energia e satisfação a meu trabalho, promovi guardas a suboficiais, e suboficiais a oficiais", ele relatou.

> Em poucas semanas, uma disposição coletiva para enfrentar sacrifícios e privações e uma calorosa camaradagem criaram um modelo de comportamento do qual surgiu um perfeito espírito corporativo. Não nos tornamos arrogantes porque na realidade não tínhamos nada; atrás do arame farpado cumpríamos calmamente nossos deveres e impiedosamente removíamos de nossas fileiras quem quer que demonstrasse o menor traço de deslealdade. Assim se formou e se fortaleceu uma unidade de guarda na quietude do campo de concentração. Seus ideais era lealdade, bravura e dever.[22]

O novo espírito que prevalecia em Dachau já era bem evidente quando o repórter do *Times* chegou, em fins de julho. O jornalista, que se referia ao local como "campo educacional", ficou especialmente impressionado com Eicke, que se apresentava menos como um comandante no estilo militar e mais como um administrador de um "campo de repouso".[23] Era tarefa sua, o comandante afirmou, fazer funcionar em ordem um estabelecimento, e não determinar por que ou por quanto tempo um homem deveria ficar encarcerado. Não tinha sido assim, disse ele, sob a administração anterior, a qual fora notadamente frouxa. Eicke impusera disciplina e ordem da mesma forma a detentos e guardas. "Isso, como concordam tanto os prisioneiros como o comandante do campo, *Herr* Eicke, é agora mais verdadeiro do que tinha sido antes", observou o repórter. "Agora a vida no campo entrou na rotina organizada de toda instituição penal."

Eicke encarregou Hans Lippert, tenente da ss que substituiu Erspenmüller como vice-comandante, de percorrer a instalação com o repórter do *Times*. Lippert mostrou-lhe as metralhadoras montadas nas torres de observação, o arame farpado, os guardas armados postados ao longo dos muros, os barracões asseados. "Para seu próprio conforto, os homens garantem que todo porcalhão entre eles seja limpo e permaneça limpo", afirmou Lippert. Os detentos punham-se em posição de sentido toda vez que eles entravam num barracão. O pessoal da ss ainda estava alojado em galpões tão espartanos quanto os dos detentos. Mas havia evidentes melhoras. Algumas construções haviam sido adaptadas como oficinas onde artesãos trabalhavam, cada qual em sua atividade. O repórter viu alfaiates costurando uniformes cinzentos de prisão, sapateiros produzindo botinas, marceneiros construindo portas e janelas e serralheiros fabricando vários acessórios. Havia até mesmo um estúdio com uma claraboia, onde artistas faziam desenhos a creiom representando temas nazistas, medalhões com a efígie de Hitler e suásticas de metal. Os retratos de Hitler eram vendidos por cinquenta *pfennings* cada. A faixa etária dos detentos ia desde rapazes com dezessete anos até idosos de cabelos brancos. "Todos os tipos estavam representados — camponeses robustos, trabalhadores vigorosos e intelectuais usando óculos", observou o repórter, assim como "fisionomias que geralmente se atribuem ao submundo das cidades", e todas pareciam "amargas, sombrias, soturnas, tristes ou meramente apáticas".

As reclamações permaneciam as mesmas. Muitos diziam que não sabiam por que estavam lá. Não sabiam por quanto tempo ficariam detidos. O repórter ouviu vagos rumores da existência de "celas disciplinatórias", mas pessoalmente não tinha visto nenhuma. Viu grupos de trabalho com homens despidos até a cintura arrancando arbustos sob o inclemente sol da tarde, vigiados por guardas armados, mas a maior parte parecia estar ociosa no campo. "Eles, em sua maioria estavam deitados na grama, alguns à sombra das poucas árvores disponíveis", escreveu ele. "[...] alguns jogando xadrez, uns poucos lendo livros, a maioria simplesmente sem fazer nada. Era quase um quadro idílico de um campo de repouso."

Segundo as aparências, Hartinger tinha sustado os impulsos homicidas do novo governo. "Era certamente uma conquista o fato de Wäckerle ter ido embora", relatou Hartinger mais tarde. "Claro que eu não poderia saber que seu sucessor seria ainda pior."[24]

A interrupção das matanças no verão foi obviamente ilusória. Em meados de agosto, Franz Stenzer, que quase fora atingido pela bala que matou Josef Götz, foi baleado e morto em uma suposta tentativa de fuga. O mesmo aconteceu em setembro com Hugo Handschuch, de 23 anos, que teria morrido, segundo se alegou, de um ataque do coração.[25] Em outubro houve dois supostos suicídios, o de um médico voluntário do campo, dr. Delwin Katz, e de outro detento, Wilhelm Franz, que trabalhava num escritório em Munique. No mês seguinte, Fritz Bürck levou tiros na cabeça, no peito e no estômago, quando, segundo se alegou, atacara o sargento da ss Wilhelm Birzle, perto de uma das latrinas do campo. Hartinger registrou mais dois casos de suicídio por enforcamento no início de 1934.[26]

O número de mortes em Dachau deu um salto e uma guinada nos meses e anos seguintes, chegando à média de vinte mortes anuais, com uma breve queda em 1936, ano em que se realizaram os Jogos Olímpicos na Alemanha, depois recrudescendo monstruosamente com a irrupção da guerra, quando a profusão de atrocidades em Dachau se espalhou por todo o continente. Ainda em 1922, Emil Gumbel alertara que uma sociedade que sanciona homicídios individuais implica o risco de sancionar no futuro o assassinato em massa. "Os assim chamados assassinatos artesanais são efetivos em circunstâncias controladas, mas só nesse caso", ele observou.[27] Expressando amargura e resignação com a indiferença pública ao "assassinato político", ele previra, com assustadora presciência, formas mais ambiciosas de matar. "Para isso", escreveu Gumbel, "serão requeridos métodos diferentes e aprimorados, de natureza industrial."

As execuções com um simples tiro, inicialmente aplicadas a Benario, Goldmann e os dois Kahn, repetiram-se um milhão de vezes com as unidades móveis de execução que acompanharam o percurso dos exércitos alemães através da Europa Oriental. A queima dos cadáveres, como o de Willy Aron e os de incontáveis e anônimos judeus no depósito de munições abandonado em Dachau, seria realizada em instalações crematórias de alto desempenho, alimentadas a carvão mineral. O método de estrangulamento — primeiramente testado em Louis Strauss na noite de segunda-feira, 17 de maio de 1933 — foi aperfeiçoado com uma substância química cristalizada asfixiante, vendida com o nome comercial de Zyklon B, transformando o ato homicida que a princípio requeria pouco mais que a força bruta num processo industrial que envolvia sistemas fechados de ventilação, câmaras vedadas para a entrada de ar e falsas saídas de chuveiro, que acabaram com a vida de milhões de homens, mulheres e crianças por todo o continente.

Nunca saberemos quais seriam as potenciais consequências, no decurso dos acontecimentos, se os indiciamentos de Hartinger tivessem sido feitos naquele mês de junho. A prisão de Wäckerle e de seus subordinados pela polícia estadual da Baviera teria acontecido em meio às negociações finais da concordata de Roma. O constrangimento doméstico, associado à indignação internacional com a evidência médico-legal de assassinatos premeditados em série, com a possível responsabilidade de toda uma cadeia de comando, bem poderia ter compelido Epp, e em última instância Hindenburg, a agir. "Teria sido uma grande vitória para mim se as prisões tivessem acontecido", Hartinger escreveu mais tarde.[28] Ele garantiu que não se tratava de meras "fantasias". "Como vim a saber depois", ele informou, "houve discussões nesse sentido, mas o 'espírito bom' não prevaleceu."

No fim, os indiciamentos por assassinato podem ter deixado de corresponder à esperança que Hartinger neles investira, mas ressaltaram o potencial para uma mudança de rumo nos primeiros tempos do Terceiro Reich, antes que o aparentemente inimaginável se transformasse no aparentemente inevitável. A Hartinger pode ter faltado o peso aristocrático de Raoul Wallenberg. Decerto ele não dispunha do charme nem dos truques de Oskar Schindler. Era apenas um servidor público de meia-idade e quase calvo, com uma mulher e uma filha de cinco anos de idade. Mas, assim como esses dois heróis do resgate de vítimas do Holocausto, Hartinger demonstrou o potencial da coragem e da determinação pessoais numa época de fracasso humano coletivo. Depois da guerra, quando se tentou prestar-lhe homenagem, Hartinger descartou sumariamente esses esforços. "Eu só estava fazendo o que meu sentimento de dever e meu juramento profissional exigiam", afirmou.[29]

Epílogo: A convicção de Hartinger

No início do segundo semestre de 1945, um oficial da inteligência do Exército dos Estados Unidos estava vasculhando o gabinete de Adolf Wagner quando deparou com um esconderijo de arquivos, trancado na gaveta de uma escrivaninha.[1] O local se mantivera intocado desde junho de 1942, quando o ministro do Interior do estado fora vítima de um AVC, ao qual sucumbiu dois anos depois. Os arquivos continham centenas de páginas de documentos originais, todos datados de maio e junho de 1933, e incluíam os indiciamentos por assassinato e ordens de prisão para Hilmar Wäckerle e vários de seus subordinados. Os papéis foram transferidos para Nuremberg, cidade que durante mais uma década tinha servido como pano de fundo para os desfiles de faixas e bandeiras com a suástica do Terceiro Reich e agora abrigava o Tribunal Militar Internacional, onde a equipe da acusação preparava-se para o iminente julgamento. A cidade vizinha de Fürth, praticamente intocada pelos bombardeios que devastaram Nuremberg, fornecia alojamentos para muitos dos juristas.

Quando o presidente Harry S. Truman abordou pela primeira vez o juiz da Suprema Corte Robert Jackson, propondo que fosse o promotor-chefe no julgamento, Jackson antevira Adolf Hitler no banco dos réus, possivelmente junto com Benito Mussolini e vários de seus braços direitos, como Hermann Göring, Joseph Goebbels, Heinrich Himmler e Martin Bormann.[2] Nas últimas semanas da guerra, Jackson viu sua lista de suspeitos ser eviscerada. Em 30 de abril, Hitler cometeu suicídio em seu bunker em Berlim, seguido um dia depois por Goebbels. Himmler mordera um tablete de cianureto que levava na boca quase imediatamente após ser detido por oficiais da inteligência britânica. Bormann tinha desaparecido, deixando apenas Göring, entre os nazistas mais graduados, para ser submetido a julgamento, obrigando Jackson a recalibrar sua estratégia na acusação. Segundo um cálculo feito por Warren Farr, o segundo escalão de líderes nazistas incluía mil potenciais suspeitos de crimes, seguidos de gauleiters sobreviventes e suas equipes, cujo número era estimado em 4 mil, e ainda 21 mil funcionários locais, e mais 2 mil "líderes de grupos", 60 mil "líderes de células" e outros 300 mil "líderes de blocos", num total de 463 048 suspeitos individuais.[3] Isso excluindo 400 mil membros de menor graduação da liderança do Partido Nazista entre os 4 milhões oficialmente registrados no partido.

A empreitada era tão duvidosa quanto desencorajadora, o que era evidente para todos, inclusive os acusados. "Não se pode indiciar um governo e suas organizações como criminosos", declarou Hans Frank em sua cela de prisão. "O conceito do governo do Reich tem cem anos de idade. Os princípios que o sustentam têm centenas de anos."[4] Frank admitiu que o caso da ss era diferente, "uma vez que foi criada com o partido e pelo partido". "Mas é totalmente impossível indiciar ou condenar uma organização como criminosa se ela tem como membros milhões de pessoas inocentes."

Mas fora exatamente isso que Jackson tinha decidido fazer. Ele indiciou 24 nazistas preeminentes — dos quais 21 estavam no banco dos réus —, cada um responsável por um setor específico do governo, depois demonstrou a natureza criminosa do Partido Nacional Socialista dos Trabalhadores Alemães e das entidades a ele filiadas, como forma de entretecer uma rede ampla e genérica que envolvesse os réus.[5] Jackson distribuiu atribuições entre os juristas russos, franceses, britânicos e americanos, e encarregou Farr da tarefa de "criminalizar" a ss. Ao longo do segundo semestre de 1945, as equipes de acusação perscrutaram mais de 100 mil documentos resgatados de gabinetes, arquivos, cofres selados, minas de sal e montes de cinzas. Farr reconheceu imediatamente o valor dos indiciamentos pelos assassinatos em Dachau.

O pacote formado pelos quatro casos permitiu a Farr demonstrar um processo sistemático de cadeia de comando, com propósitos homicidas deliberados por parte da ss, poucas semanas depois da tomada do poder pelo nazismo. "É significativo que se tenham, um após outro, assassinatos cometidos num curto espaço de tempo", explicou Farr ao tribunal naquele mês de dezembro. "E, em cada ocorrência, um relato oficial do comandante do campo ou da guarda sobre a causa da morte era completamente refutado pelos fatos."[6] Farr fez uma leitura do arquivo de indiciamento pelo assassinato de Alfred Strauss (Documento 641-PS), depois passou ao indiciamento pelo assassinato de Leonhard Hausmann (Documento 642-PS), e foi interrompido pelo presidente do tribunal.

"Não creio que o senhor precise ler os detalhes."

"Eu os apresentarei sem os ler."[7]

Os assassinatos de Louis Schloss (Documento 644-PS) e Sebastian Nefzger (Documento 645-PS) foram rejeitados com igual laconismo, mas Farr continuou a apresentar seu caso. "Esses quatro assassinatos cometidos no curto espaço de duas semanas, na primavera de 1933, cada um por diferentes guardas da ss, são apenas alguns poucos exemplos das atividades da ss nos campos naqueles tempos iniciais", ele explicou. "Na verdade, esse tipo de coisa era oficialmente encorajado."[8]

Na manhã seguinte, Farr continuou com sua acusação, ressaltando a natureza homicida da estrutura de comando do campo, mencionando os regulamentos do campo, citando Himmler mais uma vez e observando que sete dos homens que estavam sentados no banco dos réus haviam sido membros do alto escalão da ss. Ele então chegou ao cerne de seu caso.

> Como uma organização fundamentada no princípio de que pessoas de "sangue alemão" constituíam uma "raça superior", era o exemplo de uma básica doutrina nazista. Serviu como um dos meios pelos quais os conspiradores adquiriram o controle do governo alemão. As operações da sd e das ss *Totenkopf Verbände* [Unidades da Caveira] nos campos de concentração eram meios utilizados pelos conspiradores para consolidar seu regime e aterrorizar seus oponentes. [...] No programa nazista de extermínio dos judeus, todos os ramos da ss estiveram envolvidos desde o começo.[9]

Farr enfatizou novamente que a opção de servir na ss era voluntária e que o terror era parte integrante de sua missão. "Durante todo o tempo, eu alego, foi função e propósito exclusivo da ss realizar os objetivos comuns da conspiração dos réus", ele concluiu. "Suas atividades na condução dessas funções envolviam a encomenda dos crimes definidos no artigo 6 da Carta. Em virtude de seus objetivos e dos meios utilizados para sua realização, portanto, a ss deveria ser declarada uma organização criminosa de acordo com o artigo 9 da Carta."*

Terminada a participação de Farr na acusação, os arquivos da promotoria de Munique foram devolvidos ao ministro da Justiça do estado da Baviera. Conforme o memorando que os acompanhava explicava:

> Os arquivos aqui incluídos foram encontrados na escrivaninha do ex-gauleiter Adolf Wagner. Parece tratar-se de indiciamentos assinados em 1933 e que nunca foram entregues. Os documentos demonstram claramente que os juízes alemães na época pretendiam processar os assassinatos cometidos nos círculos da ss; mas que seus esforços falharam diante do poder esmagador da liderança política. Esses casos servem ao menos como uma valiosa vindicação para os juízes de hoje, e talvez até mesmo para permitir que o processo seja retomado.[10]

Os arquivos ficaram retidos no Ministério da Justiça do estado durante cerca de um ano, e depois chamaram a atenção do chefe de polícia de Munique, Franz Xavier Pitzer, que então os repassou, em 31 de dezembro de 1946, aos escritórios da promotoria da jurisdição de Munique II, onde chegaram às mãos de um ex-colega de Hartinger, Anton Heigl.[11] No início de 1934, Heigl tinha sido demitido pelos nacional-socialistas de Munique II, quando foi descoberta sua antiga ligação com os socialistas, mas ele agora usara isso a seu favor junto às forças de ocupação americanas, que ficaram impressionadas com seu excelente domínio do inglês e sua condição de "vítima" do regime nazista. Heigl foi de-

---

* O artigo 6 da Carta do Tribunal Militar de Nuremberg define o que são crimes contra a paz, crimes de guerra e crimes contra a humanidade; o artigo 9 dá poderes ao tribunal para declarar criminosos "qualquer grupo ou organização" e seus membros.

volvido a Munique II como vice-promotor. Reconheceu imediatamente os arquivos de Hartinger, e decidiu informar seu ex-colega.

Na época, Hartinger estava servindo como juiz distrital em sua cidade natal de Amberg, a leste de Nuremberg. Em março de 1934, tinha sido transferido de Munique II, o que tirou o campo de concentração de Dachau de sua autoridade judicial. Wintersberger também foi transferido alguns meses depois, o que pôs, de forma efetiva, um fim às investigações. Durante a guerra, Hartinger serviu por um tempo na frente oriental, depois na frente ocidental, onde foi feito prisioneiro pelos americanos no segundo semestre de 1944, e passou os dois anos seguintes num campo de prisioneiros de guerra. Posteriormente voltou ao serviço público. Agora, no início de 1947, ele recebia uma carta de Heigl informando-o de que seus indiciamentos de Dachau tinham reaparecido de repente. Hartinger recebeu essa demonstração de gentileza com sentimentos ambíguos. Heigl não escondia o fato de que informava de forma regular os nazistas sobre Hartinger, como se isso fosse parte do curso natural das coisas.[12] "Sinal de um mundo enfermo", Hartinger lamentou depois. "Sim, o mundo estava doente, e infelizmente, de modo especial, o povo alemão."*

Hartinger viajou até Munique, onde Heigl se ofereceu para deixá-lo dar uma olhada nos documentos encontrados. "Eu os trouxe comigo de volta a Amberg e fiz várias cópias de todos os arquivos", relembrou Hartinger.[13] Já tinha perdido os arquivos uma vez; não iria perdê-los de novo. Registrou os papéis em cartório em 17 de maio de 1947, depois devolveu os originais a Heigl, que reabriu as investigações criminais, embora os suspeitos incluídos nos indiciamentos de Hartinger, em sua maioria, estivessem mortos.

---

* Heigl progrediu na Alemanha do pós-guerra. Ele permaneceu na antiga posição de Hartinger até 1948, quando se tornou promotor-chefe de Munique II, e em 1952 foi eleito chefe de polícia de Munique, cargo que ocupou até morrer, em 1963.

O administrador do escritório do campo de Wäckerle, Josef Mutzbauer, tinha sido vítima da mesma maquinaria que ajudara a pôr em movimento.[14] No primeiro semestre de 1934, num momento de imprudência, mencionou a seu motorista da ss que se sentia farto daquele "embuste" que estava sendo perpetrado em Dachau. O motorista, sem pensar duas vezes, relatou o que ouvira. Mutzbauer foi preso e posto na casamata da prisão. No dia seguinte foi encontrado enforcado em sua cela. Não houve investigação. O dr. Werner Nürnbergk continuou a servir como médico do campo até março de 1934, quando foi substituído pelo dr. Hans Mexiner, mas mantém a sinistra distinção de ter sido o primeiro médico da ss a servir em um campo de concentração nazista.

Após sua destituição do cargo de comandante do campo, quando foi enviado por Himmler para Stuttgart, Wäckerle se casou com uma beldade local, Elfried Rupp, nove anos mais moça que ele e filha de um veterinário da cidade.[15] Posteriormente foi transferido para a cidade próxima de Ellwangen, onde ajudou a estabelecer as primeiras unidades armadas da ss, precursoras da Waffen-ss, antes de ser transferido para Hamburgo. Durante a guerra serviu como coronel na Divisão Viking da Waffen-ss, participando das invasões da Polônia, dos Países Baixos e da União Soviética. Foi tão destemido e brutal quanto tinha sido na Primeira Guerra Mundial, cometendo atos de atrocidade e de heroísmo com igual convicção. Nos Países Baixos, liderou uma unidade de vanguarda na captura de uma estratégica estação rodoviária, recebendo por isso a Cruz de Ferro de Primeira e Segunda Classes por bravura, e suportando um ferimento a bala durante o avanço. Uma fotografia tirada um dia após a batalha o mostra enfaixado e transbordante de orgulho, com a farda salpicada de sangue dobrada sobre seu ombro. Morreu dois anos depois, durante as primeiras semanas da invasão da União Soviética, com um tiro na cabeça disparado por um soldado russo quando abriu a escotilha de um tanque russo danificado. "Com o passamento do coronel da ss Wäckerle perdemos um homem cuja vida inteira, desde a primeira juventude, foi dedicada à pátria", registrava o obituário num jornal da ss.[16] O tributo não fazia referência à distinção de Wäckerle como primeiro comandante do campo de concentração de Dachau.

Em maio de 1945, soldados americanos capturaram Hans Steinbrenner na fronteira da Áustria com a Baviera. Steinbrenner tinha passado os doze anos anteriores a serviço da ss. Ele diria, num interrogatório depois da guerra, que tinha sido transferido de Dachau depois da partida de Wäckerle e servira numa guarda de honra no Palácio Wittelsbach, no Ministério do Interior, e no santuário dos "mártires" do Putsch da Cervejaria, na Odeonsplatz. Steinbrenner voltara a Dachau em meados de 1934 para treinar recrutas da ss, e continuou servindo nos campos de concentração de Lichtenburg e Buchenwald. "De setembro de 1939 até a queda da Alemanha", ele contou aos interrogadores, "servi com diversas divisões da Waffen-ss em campanhas na Holanda, na Bélgica, na França e na Rússia em várias frentes."[17] Após sua captura pelos americanos, Steinbrenner conseguiu fugir, e procurou refúgio junto a sua mulher. Ela o entregou à polícia e entrou com uma ação de divórcio. Steinbrenner foi submetido a um rigoroso interrogatório — pelo Corpo de Contrainteligência (CIC) e pelo Serviço de Inteligência Militar (MIS) —, que o deixou incapacitado. "O comportamento dos soldados aliados, dos oficiais do CIC e do MIS depois da guerra, o que incluía atrocidades que eu mesmo experimentei em pessoa", afirmou Steinbrenner, "mostrou que os soldados dos estados democráticos no mundo, os soldados que lutavam em nome de Jesus Cristo, não teriam se comportado de forma diferente do que nossos próprios soldados. Seus atos em nada contribuíram para despertar algum remorso em minha alma, e só criaram um sentimento de ódio imorredouro."[18] Steinbrenner foi entregue mais tarde a autoridades alemãs.[19]

Uma vez em mãos alemãs, Steinbrenner estava disposto a falar. Admitiu que Benario, Goldmann e os dois Kahn tinham sido assassinados, e falou do medo de serem processados que assombrou os guardas da ss depois desses primeiros assassinatos. "Devo observar que naquele momento, se a *Mordkommission* de Munique, que em ocasiões como essa realizava inspeções na cena do crime e outras investigações, tivesse sido mais meticulosa e decisiva desde o início", afirmou Steinbrenner, "a comissão teria de determinar que esses judeus tinham sido assassinados, e não alvejados quando tentavam fugir. Isso, em consequência, teria impedido que houvesse mais e semelhantes transgressões."[20] Steinbrenner foi primeiramente acusado do fuzilamento dos quatro homens, mas as acusações foram retiradas devido a depoimentos conflitantes de testemunhas. Steinbrenner confessou o assassinato de Lehrburger, mas foi vago em relação a seu papel em outros excessos, inclusive a morte de Willy Aron. "Em qualquer dos casos, eu nunca açoitei um detento durante tanto tempo, a ponto de o sangue escorrer de suas nádegas até seus tornozelos", ele insistia. Ele também se apresentou como o "perpetrador desconhecido" da morte de Louis Schloss.[21]

Em 10 de março de 1952, depois de um julgamento que durou quatro dias e que envolveu mais de seiscentos depoimentos e testemunhos, inclusive declarações formais de Wintersberger e Hartinger, Steinbrenner foi absolvido do assassinato de Schloss, por falta de provas, mas condenado pelo "crime de lesões corporais no exercício do dever". Pela morte de Willy Aron, recebeu uma sentença de prisão perpétua, e no caso de Karl Lehrburger o tribunal considerou que agira sob a pressão das ameaças de Erspenmüller e das ordens de Wäckerle, e por isso foi condenado a dez anos.

Steinbrenner passou a década seguinte na penitenciária de Landsberg am Lech, onde Hitler e seus camaradas nazistas tinham sido presos após o putsch de 1923. De Landsberg, Steinbrenner enviou a Hartinger uma carta datilografada de oito páginas, na qual falava de seu papel não só de perpetrador, mas também de vítima.

> Certamente estou ciente de que todo o sofrimento e toda a injustiça cometidos no campo de concentração não poderiam ficar impunes, mas num exame mais minucioso da situação deve-se saber também que o indivíduo, sem qualquer intencionalidade de sua parte, ou qualquer intenção criminosa ou perversa, estava movido por nada mais do que sua crença absoluta no futuro da Alemanha, tinha sido desviado, assediado e fanatizado, e sem qualquer conexão mais estreita com uma comunidade religiosa. Esses indivíduos culpados eram de fato os que mais foram enganados, e não se devia exigir deles que arcassem com as consequências das quais foram poupados seus superiores.[22]

Hartinger não respondeu. Steinbrenner foi solto em 31 de maio de 1963, com a saúde comprometida, e transferido para um estabelecimento de convalescença próximo a Berchtesgarden. Ele enforcou-se no ano seguinte, sem nenhuma declaração de arrependimento.

Aparentemente Karl Wicklmayr foi menos evasivo. "Até onde me lembro, durante meu tempo em Dachau", ele contou à polícia em 1948, "eu matei os detentos Götz, Dressel, Schloss, Nefzger e Strauss, por ordem de Wäckerle, que era o comandante na época."[23] Wicklmayr lembrou-se de ter atirado em Götz com sua pistola .8 e de ter cortado o pulso de Dressel com uma faca, assim como fez com Nefzger. "Ainda hoje eu me lembro de Nefzger", relatou ele, "porque era um detento que tinha uma perna amputada."[24] Wicklmayr ressaltou o fato de que cometera os assassinatos sem a ajuda de ninguém. Também tinha enforcado Louis

Schloss em sua cela, a mando de Wäckerle. "Eu armei uma emboscada para Schloss", ele contou.[25] "Ele não ofereceu resistência, e eu o enforquei pendurando-o na parede." Wicklmayr não conseguiu se lembrar, no entanto, se tinha colocado um prego na parede ou se lá já havia algo pronto. "Por ordem de Wäckerle, eu também atirei no detento Strauss", ele admitiu. "Estava caminhando com Strauss pelo campo e o matei com uma bala na cabeça. Eu o tinha feito caminhar à minha frente e disparei o tiro por trás, para simular uma tentativa de fuga. Como em cada um dos outros casos, relatei a Wäckerle que tinha cumprido suas ordens."[26] Wicklmayr refutou posteriormente partes de sua confissão. Ele não teria, na verdade, matado Alfred Strauss. E também alegou não ter atirado em Josef Glötz. Há quem julgue que estava demente. No fim, Wicklmayr foi condenado a seis anos de prisão por "cumplicidade em homicídio culposo".[27]

Hartinger ficou satisfeito ao ver criminosos de guerra nazistas sendo levados a julgamento, mas tinha menos certeza quanto à atribuição de culpa àqueles que tinham sido cúmplices, mas não criminosos. O próprio Hartinger passara por uma revisão judicial (*Spruchkammerverfahren*) depois da guerra, na qual foi absolvido de qualquer cumplicidade com o regime nazista.* Na verdade, um ex-colega em Munique II, Josef Wintrich, que se tornara presidente do Tribunal Constitucional Alemão em Karlsruhe, sugeriu que Hartinger tornasse público um relato de seus esforços na primavera de 1933. O primeiro-ministro da Baviera,

---

* As *Spruchkammerverfahren* foram audiências judiciais realizadas nas zonas de ocupação americana, britânica e francesa como parte do processo de desnazificação. Ao contrário dos tribunais regulares, nos quais os processos tinham de provar a culpa, nesses casos requeria-se dos acusados que apresentassem provas de sua inocência. Karl Wintersberger foi julgado por ter sido um *Mitläufer* (colaborador) e multado em 1099,35 reichsmarks. Josef Hartinger foi absolvido de toda culpa ou colaboração.

dr. Hanns Seidel, argumentou com Hartinger para que não o fizesse. "Veja, Hartinger, já temos de nos preocupar bastante com o presente sem olhar para o passado", disse Seidel. "Vamos tratar de construir o futuro, sem nos perdermos no passado."[28] Hartinger seguiu o conselho de Seidel. Ele permaneceu em silêncio sobre o assunto durante os trinta anos seguintes.

Em janeiro de 1984, poucos meses após seu 91º aniversário, Hartinger recebeu uma carta do ministro da Justiça da Baviera, pedindo-lhe que contribuísse com suas lembranças como parte do registro de uma história geral que o estado estava preparando. Dessa vez, Hartinger concordou. Queria revelar tudo aquilo que pudesse lembrar, mas hesitava quanto a expressar um juízo. "O ser humano é complicado", ele escreveu, "e em tempos complicados isso pode causar confusão."[29] Ele culpava Hans Frank de ter sido cúmplice em atrocidades que poderia ter evitado. "Como os generais que serviram a Hitler, ele era impotente ante esses criminosos", observou Hartinger. "Mas só o fato de não dispor do poder não significa que alguém fique sem coragem, e no final das contas sem caráter. Não deveria esse alguém tentar encontrar algum modo de fazer a diferença, mesmo em tais circunstâncias de impotência, sem necessariamente pôr sua vida em perigo?"[30]

Hartinger estava pensando em particular na fraqueza de caráter de duas pessoas com quem conviveu naqueles anos. "Até agora eu poupei dois homens pelos quais tinha alta consideração, mas que provavelmente não conseguiriam emprego depois da guerra se eu contasse tudo", ele disse ao justificar suas quatro décadas de silêncio. "Em outras palavras, provavelmente iria sacrificar, pós-fato, dois colegas que a não ser por isso foram impolutos ao *Moloch* nazista."[31]

Assim como não quisera cometer uma injustiça contra outros por transgressões do espírito humano, falando quando ainda estavam em vida, Hartinger não desejava cometer uma contra a história continuando com seu silêncio. Os dois homens já estavam mortos. Não haveria nenhum dano a suas carreiras. Ele agora estava disposto a prover detalhes tão imparcialmente quanto pudesse e sua memória permitisse. O primeiro desses homens era Anton Heigl. O segundo era Karl Wintersberger.

A recusa deste último em assinar os indiciamentos propostos por Hartinger tinha sido, segundo Hartinger, uma das maiores surpresas de sua vida. Agora, quase meio século depois, então com noventa anos, Hartinger ainda tentava compreender aquele momento. "É possível que o promotor-chefe tenha acrescentado, após recusar-se a assinar: 'Você tem de assinar você mesmo'."[32] Hartinger não conseguia lembrar com toda a certeza. "Suponho isso porque me retirei logo depois, e devo ressaltar que ele não expressara anteriormente nenhuma objeção ao indiciamento." Mais uma vez Hartinger queria conceder a seu ex-superior, havia muito falecido, o benefício da dúvida. "Só posso acreditar que Wintersberger estava simplesmente perplexo", especulou. "O que estaria errado com ele em 1º e 2 de junho de 1933? Normalmente ele não era assim. Por que não falou comigo em nenhum desses dois dias? Por que não me contou de sua reunião com Himmler?"[33] Hartinger por fim atribuiu a sua natureza cautelosa a recusa de Wintersberger em assinar. "Eu queria agir sem demora, porque sentia que era uma questão de urgência", explicou Hartinger, referindo-se aos indiciamentos de 1º de junho. "Outros preferiam esperar, e se valeram, como refúgio, de participar de reuniões."[34]

A revisão judicial de Wintersberger no pós-guerra, como a de Hartinger, reconheceu seus corajosos esforços no enfrentamento das primeiras atrocidades nazistas, mas o arquivo pessoal do promotor nos Arquivos do Estado da Baviera era menos complacente. Numa carta de novembro de 1934, Wintersberger alardeava seus bons serviços de longa data ao movimento nazista. Ele denunciava como "difamatória" a descrição de sua agressiva perseguição à Tropa de Assalto de Hitler.[35] Em vez disso, lembrava sua simpatia pelo "entusiasmo nacional, juvenil" dos quarenta réus. Afirmava que durante o julgamento argumentara que os réus poderiam estar "errados quanto à legalidade de suas ações", mas acreditavam que agiam dentro da lei. Continuou descrevendo como durante uma década processara os comunistas, os social-democratas e os críticos de Adolf Hitler. Gabou-se de que em um caso o esquerdista *Münchner Post* tinha criticado "minhas tendências 'nacional-socialistas' expressadas durante o julgamento".[36]

Wintersberger ressaltou também seus serviços particulares a Hitler. Quando um jornalista, Werner Abel, acusou Hitler de fundar o movimento nazista usando capital estrangeiro, o promotor apresentou evidências que eximiam de culpa o líder nazista. "Foi graças a minha meticulosa investigação que Abel foi declarado culpado por difamação", ele registrou.[37] (Abel foi condenado a três anos de prisão e depois transferido para Dachau, onde, pouco antes de completar seus três anos de sentença, supostamente se enforcou.) Wintersberger concluiu sua missiva de cinco páginas com um firme "*Sieg Heil!*". Como a maioria dos alemães da época, gradualmente se acomodara ao novo regime.

Para Hartinger ainda restava uma figura de caráter impoluto, cuja lembrança ele guardava quase com reverência. "Por fim, preciso cumprir um piedoso dever", escreveu Hartinger. "Em meus relatos mencionei o nome do médico-legista dr. Flamm. Ao me referir aos incidentes que ocorreram em Dachau durante o tempo em que ele esteve no cargo, a mera menção de seu nome não lhe faz justiça. Sem Flamm eu não teria tido a menor chance. Ele — e é simplesmente assim que isso deve ser dito — sacrificou-se de um modo que deve servir de exemplo para todo médico-legista."[38] Sentado em sua casa em Amberg naquela tarde de sábado, em pleno inverno de 1984, Hartinger recordou vividamente os momentos em que ele e Flamm estiveram com Wäckerle e Steinbrenner debruçados sobre os cadáveres daquelas primeiras vítimas. "Quando penso no ódio com que os homens da ss olhavam para ele enquanto examinava os cadáveres e realizava as autópsias", Hartinger escreveu, "ainda sinto calafrios percorrerem minha espinha."[39] Flamm nunca vacilou. Nunca esmoreceu. "Para mim Flamm foi um modelo de conduta", afirmou Hartinger.

Em 3 de maio de 1934, Eicke enviara uma dura carta a Wintersberger expressando "na forma do protesto mais veemente possível" suas objeções às contínuas intromissões de Flamm.[40] Eicke estava surpreso de que ainda houvesse indivíduos como Flamm, mesmo depois da "sincronização" do sistema legal. Desconfiava que as motivações de Flamm não estivessem alinhadas com as do governo. Avisou também que estava informando Himmler pessoalmente das intromissões de Flamm. Wintersberger manteve-se firme na defesa de Flamm e alertou o Ministério da Justiça sobre a carta de Eicke. "Ela contém ataques tão sérios e insultuosos e ameaças veladas contra o Médico-Legista do Tribunal, dr. Flamm", escreveu Wintersberger, "que é urgentemente necessária a intervenção das mais altas autoridades."[41] Naquela primavera, Flamm quase foi morto quando foram detonados explosivos escondidos num barracão onde realizaria um exame médico-legal.

Em julho, a ss tentou novamente matar Flamm, dessa vez em seu apartamento em Munique.[42] "Foi somente graças à circunstância casual de que na noite em questão ele não estava em seu apartamento em Munique, mas com sua mãe, em Augsburg", relembrou Friedrich Döbig, "de outra forma também teria sido uma vítima da ss." Em 20 de julho de 1934, Flamm foi transferido da jurisdição de Munique II e designado médico da penitenciária de Stadelheim. Quatro meses depois estava morto. "Ele morreu, até onde eu sempre soube, em circunstâncias bem suspeitas", mencionou Hartinger. "Correu o rumor de que a ss não foi totalmente inocente nesse caso."[43] Na ocasião, já não restava ninguém com coragem ou determinação para investigar.

Hartinger concluiu suas memórias em 4 de fevereiro de 1984. Ele faleceu seis meses mais tarde, pouco depois de seu 91º aniversário.

Apêndice: Os registros de Hartinger

Enquanto escrevia este livro, eu me vi consultando repetidamente os dois registros que Josef Hartinger compilou durante suas investigações criminais na primavera e no outono de 1933. Eles foram para mim um testemunho eloquente e uma prova incontestável da crença de Hartinger no poder transcendente da justiça.

Além de oferecer uma visão contextual da sequência, frequência e circunstância dos assassinatos em Dachau, as entradas desses registros permitiram uma compreensão das sutis diferenças das reações de Hartinger a cada assassinato. A opção de Hartinger pelos detalhes, suas inclusões dos nomes de cada guarda, seu uso de determinadas frases e até mesmo tempos verbais introduzem uma percepção mais aguda de seus meticulosos métodos. Podemos ver a mente investigativa do promotor em ação. A consistente apresentação de Hartinger dos fatos concretos de cada caso sem nenhuma tentativa de tirar conclusões é notável. Isso seria deixado aos tribunais.

O primeiro registro, que inclui seis nomes e é datado de 30

de maio de 1933, serviu evidentemente de base para os indiciamentos por assassinato que Hartinger assinou em 1º de junho de 1933. O segundo registro não tem data e preserva os esforços de Hartinger para prover um registro completo e cronológico das mortes no campo, começando com o fuzilamento de Benario, Goldmann e dos dois Kahn em 12 de abril de 1933, e concluindo com uma entrada final em março de 1934, pouco antes de sua transferência da jurisdição de Munique II. É preciso assinalar que Hartinger comete erros ocasionais no tocante à grafia de nomes e à menção de profissões, por exemplo, Dirnagl em vez de Dürnagl. Além disso, o segundo registro contém pelo menos uma potencial omissão digna de nota, que se refere ao dr. Albert Rosenfelder. Rosenfelder foi um preeminente advogado judeu de Nuremberg, conhecido por suas lutas jurídicas com Julius Streicher e com o jornal antissemita de Streicher, *Der Stürmer*. Rosenfelder foi levado em custódia preventiva em março de 1933 e transferido para Dachau em 13 de abril de 1933. Acabou na casamata da prisão em julho, junto com o dr. Delwin Katz, Wilhelm Franz e Josef Altmann, em virtude de sua tentativa coletiva de contrabandear para fora do campo relatos escritos das atrocidades ali cometidas. Rosenfelder parece ter desaparecido ao mesmo tempo que Katz e Franz, supostamente, se enforcaram. Não se sabe se fugiu ou foi assassinado, o que explica sua ausência da lista de Hartinger.

Eu gostaria de fazer algumas observações quanto à tradução. Hartinger identifica as profissões de várias vítimas com o termo *Kaufmann*, que pode ser traduzido como "vendedor/homem de vendas", "negociante/comerciante" ou "homem de negócios". Eu usei o termo genérico "vendedor", exceto em casos nos quais parece que a vítima tinha seu próprio negócio, como era o caso de Louis Schloss. Hartinger identifica Ernst Goldmann como *Rei-*

sender, que pode ser entendido como turista, vendedor itinerante ou viajante. Como Goldmann residia em Fürth e estava desempregado, usei o termo "itinerante". Hartinger, da mesma forma, não é preciso na profissão de Rudolf Benario, referindo-se a ele primeiro como *Diplom-Volkswirt*, formado em negócios ou economia, e depois como *Diplom-Landwirt*, formado em agricultura, quando na verdade ele tinha o título de *doctor rerum politicarum*, doutor em economia política. Mantive as designações de Hartinger, e também incluí os números originais dos arquivos, por exemplo, no caso de Sebastian Nefzger: AVZ.: G 851/33.

REGISTRO I[1]

Munique, 30 de maio de 1933
Referente a:
    Mortes no campo de concentração de Dachau

I.

Götz, Josef, 37 anos de idade, casado, mecânico de Munique.
Em 8 de maio de 1933, Götz foi morto pelo guarda da SS Karl Friedrich Wicklmayr (estudante de filologia) no corredor do bloco de detenção do campo. O tiro na têmpora esquerda foi disparado com uma pistola. Segundo o testemunho de Wicklmayr, Götz, a quem se tinha ordenado que levasse travesseiros e um leito de palha de uma cela para outra, atacou o guarda duas vezes, enquanto passava. Na primeira vez, Wicklmayr empurrou para trás o agressor. No entanto, quando este avançou sobre ele uma segunda vez, Wicklmayr lhe deu um tiro. Götz caiu imediatamente, morto. (Página 6. R. do arquivo de investigação G 766/33.)
Em 9 de maio de 1933, foi feito no campo um exame médi-

co-legal do cadáver pelo médico-legista do estado, dr. Flamm. À parte do ferimento de bala fatal, uma ferida em forma de talho de cinco centímetros por um centímetro de largura, cruzando em sentido horizontal o lobo frontal esquerdo e coberta por uma crosta, foi descoberta logo abaixo da linha do cabelo. (Página 4 R. a.a.O.) A causa dessa ferida ainda não pôde ser determinada.

ii.

Schloss, Louis, 55 anos de idade, vendedor viúvo de Nuremberg.

Na tarde de 16 de maio de 1933, a polícia estadual foi contatada pela delegacia de polícia de Dachau, depois que esta recebeu a notícia de que Schloss se tinha enforcado numa cela de detenção solitária no campo. No mesmo dia, realizou-se um exame médico-legal do cadáver pelo médico-legista do estado dr. Flamm. (Página 2 do arquivo de investigação a.g. 851/33.) Durante o exame, ficou evidente que o corpo apresentava várias lacerações, e, uma vez que a causa da morte parecia questionável, foi feita uma autópsia em 17 de maio de 1933. Com base numa avaliação preliminar, não se pôde provar a morte por enforcamento. Uma embolia gordurosa e autointoxicação foram consideradas mais plausíveis como causa da morte, como resultado de extensos danos aos tecidos adiposos. (P.12, d.A.)

Não se sabe o que causou esses ferimentos.

iii.

Hausmann, Leonhard, 31 anos de idade, casado, trabalhador braçal de Augsburg.

Hausmann levou um tiro do sargento da ss Karl Ehmann no

final da manhã de 17 de maio de 1933. Segundo este último, Hausmann e outro detento deviam arrancar pinheiros jovens dos bosques junto ao campo e levá-los a um determinado ponto de coleta. Ehmann os estava vigiando. Subitamente, ele não estava mais avistando Hausmann. Por isso começou a procurar pelo detento e o viu correndo para longe, agachado entre as árvores. Ehmann correu atrás dele, gritou "Alto!" diversas vezes, e uma vez [bradou] "Pare de correr", mas não houve resposta. Com isso Ehmann sacou sua pistola e, sem fazer mira, disparou um tiro no fugitivo. Hausmann caiu, morto. Ehmann alegou ter atirado a uma distância de dez ou doze metros. No mesmo dia, 17 de maio de 1933, foi realizado um exame médico-legal do cadáver, por instruções do médico-legista do estado dr. Flamm. Estabeleceu-se que a morte fora causada por um tiro que atravessou a cavidade torácica esquerda. (Página 2 R d. arquivo de Investigação G 866/33.) De acordo com o relatório do exame, o tiro foi disparado (contradizendo a afirmação de Ehmann) de uma distância de menos de um metro. Como relatado pelo médico-legista do estado dr. Flamm, o professor Merkl determinou que a distância fora de menos de trinta centímetros.

IV.

Strauss, Alfred, 30 anos de idade, advogado solteiro de Munique.

Strauss foi morto em 24 de maio de 1933 por dois tiros disparados de uma pistola Dreyse pelo membro da ss que o acompanhava, Johann Kantschuster, enquanto dava uma caminhada, como lhe fora prescrito pelo médico do campo, fora da área cercada do campo. Kantschuster relatou o incidente da seguinte maneira: Ele tinha de acompanhá-lo. Strauss estava caminhando.

Subitamente, Strauss correu para um matagal a seis metros da trilha. Assim que Kantschuster percebeu isso, atirou no homem em fuga duas vezes, de uma distância de cerca de oito metros. Strauss caiu, morto. No mesmo dia, 24 de maio de 1933, foi feita uma inspeção do judicial do local. O cadáver de Strauss jazia na beira do bosque. Calçava chinelos nos pés. Um pé estava vestido com uma meia, o outro estava descoberto, evidentemente devido a um machucado no pé. Após a inspeção do lugar, foi realizado um exame médico-legal do cadáver. Foram encontradas duas balas na nuca do cadáver.

v.

Lehrburger, Karl, 28 anos de idade, vendedor solteiro de Nuremberg.

Lehrburger foi morto em 8 de maio de 1933 em sua cela de prisão, que ocupava sozinho, pelo membro da ss Hans Steinbrenner, com um tiro na testa. Segundo Steinbrenner, Lehrburger tinha feito um gesto súbito em direção a ele, que interpretou como sendo um ataque. Por isso fez uso de sua arma de fogo.

No mesmo dia ocorreu um exame médico-legal do cadáver, realizado pelo médico-legista do estado dr. Flamm. O relatório do exame do cadáver ainda não foi apresentado ao promotor do estado.

vi.

Nefzger, Sebastian, 33 anos de idade, vendedor casado, ex--membro da ss de Munique.

Segundo informação fornecida pelo tribunal distrital de Dachau, a morte de Nefzger ocorreu na noite de 25 para 26 de maio de 1933.

Em 27 de maio de 1933, o tribunal distrital de Dachau recebeu a seguinte notificação: "Campo de concentração de Dachau, Departamento Político, 27 de maio de 1933. Ao tribunal distrital de Dachau. Durante o exame médico-legal do cadáver do detento Nefzger Sebastian, vendedor de Munique, foi determinado que está excluída a possibilidade de morte por ação de terceiros. Sua morte foi sem dúvida causada por excessivo sangramento de um corte na artéria do pulso da mão esquerda. Assinado, dr. Nürnbergk, médico do campo."

O tribunal distrital contatou o gabinete do promotor. Um exame médico-legal do cadáver foi ordenado, e realizou-se naquele mesmo dia. Como a morte por excessiva perda de sangue parecia suspeita, foi feita uma autópsia judicial em 29 de maio de 1933. Com base no relatório verbal do médico-legista do estado dr. Flamm, a autópsia revelou que a morte de Nefzger não poderia ser atribuída à hemorragia. Em vez disso, a causa mais provável era morte por estrangulamento. Os relatórios do exame médico-legal bem como da autópsia ainda não foram entregues aos promotores.

REGISTRO II[2]

[sem data]
Referente a:
Mortes de detentos sob custódia preventiva no campo de concentração de Dachau.

1.

Kahn, Arthur, 21 anos de idade, solteiro. Estudante de Nuremberg.

Dr. Benario, Rudolf, 24 anos de idade, solteiro. Economista formado de Fürth.

Goldmann, Ernst, 24 anos de idade, solteiro. Vendedor itinerante de Fürth.

Kahn, Erwin, 32 anos de idade, casado. Vendedor de Munique.

(AVZ.: G 613 ff/33)

Em 13 de abril de 1933, o estudante Arthur Kahn de Nuremberg, o agriculturista [sic] formado dr. Rudolf Benario, de Fürth, e o itinerante Ernst Goldmann, de Fürth, foram mortos por tiros disparados das pistolas do soldado da ss Hans Burner, do soldado da ss Max Schmidt e do tenente da ss Robert Erspenmüller. Posteriormente, o vendedor Erwin Kahn, de Munique, também fora tão gravemente ferido pelos tiros de pistola que morreu em 16 de abril. Benario, Goldmann e Erwin Kahn jaziam mortos ou gravemente feridos em lugar muito próximo daquele em que estavam trabalhando. Arthur Kahn jazia a uma distância de cerca de oitenta metros do local de trabalho, no bosque.

Os três membros da ss mencionaram que tinham feito os disparos porque Arthur Kahn, Benario e Goldmann tentaram fugir. Erwin Kahn tinha corrido dentro da linha de tiro.

Os procedimentos foram encerrados em 24 de maio de 1933, uma vez que as alegações feitas pelos guardas de que os homens que foram mortos tinham tentado fugir não pareciam implausíveis.

2.

Hunglinger, Herbert, 53 anos de idade, casado. Major reformado de Pasing.

(av. A 53/33)

Na madrugada de 25/ 26 de abril de 1933, o major reformado Herbert Hunglinger, de Pasing, enforcou-se na sua cela de confinamento solitário. Não há dúvida de que foi suicídio.

3.

Dressel, Friedrich, 53 anos, casado. Engenheiro civil de Feldmoching.

(avz.: G 744/33)

Na tarde-noite de 7 de maio de 1933, o ex-delegado comunista no parlamento do estado, Friedrich Dressel, de Feldmoching, foi encontrado morto na cela que ocupava sozinho na prisão, com sua artéria cortada. O cadáver apresentava lacerações nas costas, nas nádegas e nas coxas, que poderiam ser atribuídas a espancamentos.

A investigação foi descontinuada em 12 de maio, na presunção de que tinha sido suicídio.

4.

Götz, Josef, 37 anos de idade, casado. Mecânico de Munique.

(avz.: G 766/33)

Em 8 de maio de 1933, o mecânico Josef Götz, de Munique, foi morto pelo membro da ss Karl Friedrich Wicklmayr. Foi morto no corredor diante de sua cela por um tiro dado em sua têmpora esquerda por uma pistola de serviço.

Segundo o relato de Wicklmayr sobre o incidente, Götz o tinha atacado duas vezes, motivo pelo qual disparou o tiro.

À parte do ferimento de bala, o cadáver exibia um ferimento no tecido mole, com cinco centímetros de comprimento, um talho com um centímetro de largura cruzando seu lobo frontal esquerdo logo abaixo da linha do cabelo.

A causa desse ferimento não pôde ser determinada.

Os procedimentos foram descontinuados em 1º de junho de 1933, já que as alegações de Wicklmayr de que agira em autodefesa não puderam ser refutadas.

5.

Schloss, Louis, 55 anos de idade, comerciante viúvo de Nuremberg.

(AVZ.: G 851/33)

Em 16 de maio de 1933, o comerciante de Nuremberg Louis Schloss, segundo relato, teria se enforcado na cela que ocupava sozinho. A autópsia revelou diversas lacerações por todo o corpo e que a causa da morte provavelmente não fora enforcamento, mas uma embolia gordurosa. Isso ocorreu provavelmente como resultado de danos ao tecido adiposo. A investigação está para ser descontinuada como resultado do Decreto de Anistia de 2 de agosto de 1933.

6.

Hausmann, Leonhard, 31 anos de idade, casado. Trabalhador braçal de Augsburg.

(AVZ.: G 866/33)

Em 17 de maio de 1933, o trabalhador braçal Leonhard Hausmann, de Augsburg, foi morto por um tiro que atravessou a cavidade torácica esquerda, disparado pelo sargento da ss Karl Ehmann. De acordo com Ehmann, Hausmann tinha tentado fugir quando estava trabalhando no bosque junto ao campo. Teria sido fatalmente atingido de uma distância de cerca de dez a doze metros.

Investigações realizadas no instituto médico-legal determinaram que na verdade o tiro fora disparado de uma distância de menos de trinta centímetros.

A investigação está para ser descontinuada como resultado do Decreto de Anistia de 2 de agosto de 1933.

7.

Dr. Strauss, Alfred, 30 anos de idade, solteiro. Advogado de Munique.

(AVZ.: G 927/33)

Em 24 de maio, o advogado dr. Strauss, de Munique, estava fazendo uma caminhada, que lhe fora prescrita pelo médico do campo, quando foi morto por duas balas na nuca, disparadas pelo guarda que o acompanhava, o soldado da ss Johan Kantschuster. De acordo com Kantschuster, Strauss subitamente tentou fugir para um matagal próximo, quando Kantschuster desferiu dois tiros nele com sua pistola Dreyse a uma distância de cerca de oito metros.

Inspeções na área e no cadáver demonstraram que Strauss só estava calçando chinelos de couro, e que vestia meia em apenas um pé, enquanto o outro pé estava descoberto, aparentemente devido a um machucado nesse pé.

A autópsia revelou, além dos dois tiros na cabeça, lacerações mais antigas na coxa direita em torno das nádegas, assim como uma contusão no lado esquerdo do abdome.

A investigação está para ser descontinuada como resultado do Decreto de Anistia de 2 de agosto de 1933.

8.

Lehrburger, Karl, 28 anos, solteiro. Vendedor de Nuremberg.
(AVZ.: G 918/33)
Em 25 de maio de 1933, Karl Lehrburger, de Nuremberg, foi morto em sua cela de confinamento solitário com um tiro em sua testa, desferido pelo soldado da SS Steinbrenner.

Foi relatado que Lehrburger teria feito um movimento que Steinbrenner interpretou como um ataque. De acordo com o que se descobriu durante a autópsia, o tiro foi disparado de uma distância de dez a vinte centímetros.

A investigação foi descontinuada em 1º de junho de 1933, porque não se pôde provar que a alegação de autodefesa de Steinbrenner era falsa.

9.

Nefzger, Sebastian, 33 anos de idade, casado. Vendedor, ex-membro da SS, de Munique.
(AVZ.: G 928 ff/33)
Em 27 de maio, o tribunal distrital de Dachau foi informado pelo campo de concentração de Dachau que o vendedor Sebastian Nefzger, de Munique, pusera fim a sua vida em sua cela de confinamento solitário, cortando seu pulso. Aparentemente ele morreu na noite de 25 para 26 de maio de 1933.

Por meio de uma autópsia determinou-se que tinha morrido por asfixia, causada por estrangulamento e espancamento. A investigação está para ser descontinuada como resultado do Decreto de Anistia de 2 de agosto de 1933.

10.

Stenzer, Franz, 33 anos de idade, solteiro. Ferroviário de Pasing.
(AVZ.: G 1703/33)
Em 22 de agosto de 1933, quando o trabalhador ferroviário Franz Stenzer, de Pasing, estava fazendo uma caminhada pelo campo, o sargento da ss Rudolf Dirnagl, que o acompanhava, disparou uma bala que atravessou seu crânio e o matou.

De acordo com o testemunho de Dirnagl, Stenzer estava fugindo, motivo pelo qual Dirnagl correu atrás dele e atirou. Dirnagl alega que deu o tiro a uma distância de cinco metros. No entanto, após um exame médico-legal preliminar pelo instituto médico-legal, parece que o tiro foi disparado de uma distância de menos de um metro.

A investigação foi descontinuada em 21 de dezembro de 1933, porque a alegação do sargento da ss Dirnagl de que Stenzer estava fugindo, e que portanto Dirnagl tinha o direito de atirar, não pôde ser provada como falsa.

11.

Handschuch, Hugo, 23 anos de idade, solteiro. Artesão de Munique.
(AVZ.: G 1848/33)

Em 6 de setembro de 1933, o artesão Hugo Handschuch, de Munique, foi enterrado no cemitério de Dachau. O cadáver foi trazido do campo de concentração para o necrotério num caixão que fora fechado a pregos. Foi estritamente proibido que se abrisse o caixão.

Depois de uma queixa por parte da mãe do falecido, foi feita a exumação e realizada uma autópsia. As investigações revelaram que a morte tinha sido causada por excessivos maus-tratos. Até este momento, as investigações reuniram evidências de que os maus-tratos a Handschuch começaram imediatamente após sua prisão, na madrugada de 22 para 23 de agosto de 1933, na Casa Marrom, em Munique. De lá Handschuch foi levado para a prisão da polícia na Ettstrasse na noite de 23 de agosto. O que aconteceu em seguida a Handschuch ainda não foi esclarecido. A polícia política bávara foi requisitada a continuar investigando esse caso.

12.

Franz, Wilhelm, 34 anos de idade, solteiro. Vendedor de Munique.
Dr. Katz, Delwin, 46 anos de idade, casado. Médico de Nuremberg.
(AVZ.: G 2138/33)
Um relatório da polícia política em 18 de outubro de 1933 indicava que em 17 de outubro de 1933 o vendedor Wilhelm Franz, de Munique, e na noite seguinte o dr. Delwin Katz, de Nuremberg, tinham se enforcado cada um em sua respectiva cela de detenção solitária. Durante a autópsia realizada em 20 de outubro de 1933, descobriu-se que ambos tinham morrido de asfixia, causada por estrangulamento e espancamento infligidos por outra pessoa. Além disso, o cadáver de Franz mostrava diversas lace-

rações frescas na cabeça, e particularmente abundantes no torso e nos braços. Em torno dos ferimentos havia um extenso sangramento e fragmentação de tecido adiposo, de modo que seu falecimento também pode ter sido causado por embolia gordurosa. Mais investigações estão em progresso.

13.

Bürck, Fritz, 40 anos de idade, casado. Trabalhador da indústria têxtil de Memingen.
(AVZ.: G 2436/33)

Na tarde de 28 de novembro de 1933, o detento Bürck, que era mantido em custódia preventiva, foi morto perto de uma das latrinas do campo pelo sargento da ss Wilhelm Birzle. Foi atingido por três tiros (no coração, na barriga e na cabeça) de uma pistola Mauser calibre 7.63. De acordo com Birzle, ele o conduzira à latrina e o confrontava a respeito de um mau comportamento no dia anterior.

Nesse momento, Bürck avançou em seu pescoço para esganá-lo e, depois de empurrado, claramente tentou atacá-lo outra vez. Foi quando Birzle disparou três vezes contra ele com sua pistola. A investigação foi descontinuada em 16 de dezembro de 1933, já que não se pôde provar que o relato de Birzle era falso. De acordo com o regulamento do comandante do campo de concentração, nessas circunstâncias ele tinha o direito e até a obrigação de usar sua arma de fogo para se defender.

14.

Altmann, Josef, 43 anos de idade, solteiro. Vendedor de Dolling.

P.A. [endereço de correio] Mühldorf a./ Inn.
(av.: G 260/34)

Na noite de 12 de fevereiro de 1934, por volta das 20h30, o detento Altmann, que estava em custódia preventiva, foi encontrado enforcado em sua cela de confinamento solitário. A autópsia realizada em 14 de fevereiro de 1934 não forneceu evidência de que uma segunda pessoa tenha se envolvido em sua morte. As investigações foram descontinuadas em 17 de fevereiro de 1934, por não haver suspeita de participação externa.

15.

Hutzelman, Wilhelm, 37 anos de idade, casado. Vendedor de Nuremberg.

Na tarde de 25 de fevereiro de 1934, o detento Hutzelman, em custódia preventiva, se enforcou num setor isolado do campo. A autópsia, em 27 de fevereiro de 1937, não revelou sinais de participação externa. As investigações foram portanto descontinuadas em 6 de março de 1934.

Agradecimentos

Três descobertas me alertaram para o pleno significado dos assassinatos de Dachau. A primeira foi a observação de Josef Hartinger, em sua carta de 11 de fevereiro de 1984, de que ele acreditara, desde o início, que Hilmar Wäckerle vinha ordenando a execução de judeus em Dachau. A segunda foi a categórica rejeição, por Karl Wintersberger, da suspeita manifestada por seu vice. A terceira, é claro, foi a notável manchete na edição dominical de 23 de abril de 1933 do *New York Times*, relatando os tiros mas não mencionando os nomes de Rudolf Benario, Ernst Goldmann e Arthur Kahn, nem investigando o que houve depois com Erwin Kahn. O repórter deixou escapar a história do século.

Esses quatro assassinatos conferiram especificidade e substância à dolorosa e repetida observação de que o rastro de sangue que começou em Dachau levou por fim, e, ao que parece, inevitavelmente, a Auschwitz. Foi meu objetivo, ao escrever este livro, demonstrar que o que acabou por parecer tão óbvio, mesmo fatal no retrospecto, tinha sido para a maioria dos observadores daquela época inimaginável, inclusive para o jornal americano que serve como referência no registro dos fatos. Também quis demonstrar que, se na Alemanha houvesse mais indivíduos como Hartinger, talvez a história pudesse ter seguido por um caminho diferente, menos terrível.

Primeiramente testei essa ideia num artigo de opinião para o *International Herald Tribune* em janeiro de 2011, sob o título "Os primeiros assassinatos do Holocausto", e estava esperando cartas com ressalvas e correções, dada a especificidade do fato em meio a um acontecimento de tal complexidade e magnitude. Em vez disso, recebi respostas encorajadoras, inclusive do Museu Memorial do Holocausto dos Estados Unidos. Agradeço a Serge Schmemann por ter sido o primeiro a dar a esta história uma audiência, nas páginas da seção de opinião do *International Herald Tribune*.

Quero também mencionar os três primeiros cronistas dos assassinatos de Dachau, cujo trabalho contribuiu para a configuração da história de Hartinger. Hans-Günter Richardi demonstrou o poder narrativo de testemunhas oculares, contando sobre os assassinatos em seu soberbo relato sobre o início do campo de concentração de Dachau, *Schule der Gewalt* [Escola de violência]. O professor Lothar Gruchmann ressaltou para mim a centralidade, e o drama potencial, dos processos judiciais. O dr. Rolf Seubert forneceu-me uma nova e surpreendentemente primordial fonte documental, em sua contribuição para uma retrospectiva sobre o ex-detento de Dachau e eminente escritor do pós-guerra Alfred Andersch.

Contudo, foram os materiais de arquivos e os testemunhos oculares que compuseram a substância principal deste livro. Os registros de transferência e as entregas regulares de prisioneiros a Dachau, geralmente de 25 a trinta a cada vez, foram fonte de pungentes detalhes. Por eles puderam-se traçar as diversas trajetórias e ocasionais coincidências de destinos individuais. Compreendi quão surpreendentemente pequeno e pessoal podia ser o mundo da política extremista da Baviera. Os ônibus vindos de Bamberg, Würzburg ou Nuremberg traziam grupos de amigos, às vezes para as mãos sedentas de vingança de seus adversários nas cidades de origem. Wäckerle ficou em particular interessado numa transferência de Kempten, onde tinha passado vários anos como comandante da unidade local da ss. Leonhard Hausmann, de Augsburg, ficou à mercê e na linha de tiro de um conterrâneo augsburguense, o sargento da ss Karl Ehmann. Karl Lehrburger foi identificado por uma equipe visitante formada por membros da ss de Nuremberg. Os testemunhos tanto de vítimas como de perpetradores constituem, obviamente, a fonte primária deste livro. Os relatos de atrocidade foram infindáveis e avassaladores. Aqui, o aspecto mais diabólico está de fato nos detalhes.

Mas esse material deveria ser abordado com cautela. A memória humana é falha, no melhor dos casos, e ainda mais quando filtrada pelo trauma e pelo tempo, ou, no caso dos réus de Nuremberg, na tentativa de escapar da forca. Não raro há relatos divergentes de testemunhas oculares, mesmo em relação a um incidente tão central como o dos tiros desferidos contra Benario, Goldmann e os dois Kahn. Alguns alegam que os quatro homens estavam numa fila, aguardando a entrega da correspondência, outros, que estavam voltando de algum trabalho, e alguém os tinha visto estendidos na grama entre os barracões II e III, falando sobre um dólar americano. A maioria das testemunhas oculares tinha visto Steinbrenner conduzi-los para o portão e entregá-los a Erspenmüller, mas outros viram Steinbrenner acompanhá-los até o bosque. Segundo um relato, Johann Kantschuster surgira do meio das árvores com uma pistola fumegante na mão. O oficial da polícia estadual Emil Schuler forneceu o relato mais detalhado e verossímil, além de um desenho preciso da cena do crime, mas se mostrou surpreendentemente passivo, de forma quase criminosa, diante de tão gritante atrocidade.

Tive uma cautela especial com os relatórios de Josef Hartinger, e não só por ele relembrar eventos meio século depois de terem ocorrido e logo depois de completar noventa anos. Barbara Distel tinha se encontrado com Hartinger quando era diretora do Memorial do Campo de Concentração de Dachau, e contou-me que ele achava não ter recebido expressões adequadas de reconhecimento por seus esforços, uma vez que toda a atenção se voltara para Karl Wintersberger. Eu me perguntei se sua descrição detalhada dos fatos, muito depois que outros participantes de importância-chave terem morrido, seria uma tentativa de lhe dar um lugar na posteridade. Por isso, fui rigoroso na busca de evidências ou testemunhos que a corroborassem, e deparei com alguns lapsos. Por exemplo, Hartinger lembrou que em 2 de junho ele mesmo resgatara os arquivos do gabinete de Kiessner, porque o juiz já tinha ido para casa naquele dia. Kiessner lembrou que estava em seu gabinete quando Hartinger veio recolher os documentos. Hartinger também não foi capaz de explicar a existência de dois conjuntos de indiciamentos assinados com data de 1º de junho de 1933, um com sua assinatura, outro com a de Wintersberger. Eu tampouco consegui elucidar as contradições. Mas, em relação a esse material, Hartinger pareceu ser tão honesto quanto podia, e certamente mais generoso em sua avaliação de Karl Wintersberger do que os juízes no pós-guerra, que consideraram o promotor culpado por cumplicidade.

Os relatórios de autópsias feitas pelo dr. Flamm que sobreviveram forneceram cruciais evidências para os indiciamentos de Hartinger e são um ponto de referência central desta história. Sou grato ao professor dr. Wolfgang Eisenmenger, ex-chefe do Instituto de Medicina Forense da Universidade Ludwig Maximilian de Munique, pela generosidade em me fornecer cópias do material de arquivo do dr. Flamm, por ter revisto os capítulos iniciais e me alertado para as implicações potencialmente sinistras da autópsia de Erwin Kahn. Sou grato também ao dr. Claudius Stein, do Archiv und Sammlungen des Herzoglichen Gerogianums, da Universidade Ludwig Maximilian de Munique, que me ajudou a esclarecer a identidade do dr. Nürnbergk e me pôs na pista que levou de Munique aos arquivos em Ehrfurt, Weimar, Berlim e Washington. Foi em Washington que o dr. Stefan Hördler, do Instituto Histórico Alemão, me forneceu evidência corroboradora de que o dr. Nürnbergk foi o primeiro médico oficial do campo.

Ajuda especial prestou-me o diretor dos Arquivos do Estado da Baviera em Munique, dr. Christoph Bachmann, ao me levar aos documentos que sobreviveram (a maior parte foi destruída durante a guerra) do "pequeno julgamento de Hitler". Quero também expressar meu particular e sincero apreço a Robert Bierschneider, também dos Arquivos do Estado da Baviera, que foi, como no passado, sempre prestativo ao me guiar para alguns dos materiais mais cruciais na ampla documentação do estado. Anton Knoll deu apoio similar e igualmente valorizado no arquivo do Memorial do Campo de Concentração de Dachau. Devo também meu agradecimento a Peggy Frankston e a Caroline Waddell, do Museu Memorial do Holocausto dos Estados Unidos, em Washington, por sua diversificada e gentil assistência.

Contei também com a generosa ajuda de arquivistas ao recolher material em arquivos locais por toda a Baviera. Em Munique, nisso se incluem os arquivos pessoais e os registros de serviço em tempo de guerra nos Arquivos Centrais do Estado da Baviera, assim como no Instituto de História Contemporânea. Gostaria também de agradecer pela solícita assistência recebida em arquivos públicos e privados em Augsburg, Bamberg, Coburg e Fürth, e especialmente em Amberg, onde Till Strobel foi especialmente colaborativo com materiais sobre Hartinger. Manfred Lehner deu-me acesso a fontes primárias de material sobre Rudolf Benario, reunidas pelos estudantes do Ginásio Soldner, em Fürth. Esses jovens ofereceram um excepcional tributo à memória de uma das primeiras vítimas do Holocausto. Devo sincero apreço também a Michael Schneeberger pela cópia da fotografia de Benario, e agradecimentos a Daniel Dorsch, diretor da Sociedade Willy Aron, em Bamberg, assim como a Gerald Raab, na Staatsbibliothek Bamberg. E a Denise Anderson, por seus grandes esforços na Universidade de Edimburgo. Lothar Kahn, aos noventa anos de idade, compartilhou gentilmente suas lembranças de seu irmão mais velho, Arthur Kahn, e da reação de seus pais à morte do filho.

Florian Beierl compartilhou, como sempre, seus valiosos contatos e materiais de primeira mão, e Guido Burkhardt fez gentilmente a revisão das seções relativas à história da Baviera. Oliver Halmburger e sua equipe na Loopfilm, em Munique, especialmente Kai Schäfer, foram vitais para identificar e preservar imagens e fotos relevantes. Russell Riley, na Universidade da Virgínia, localizou importantes relatos antigos sobre Dachau na imprensa americana, em particular várias matérias no *New York Times*.

Os eruditos professor dr. Johannes Tuchel, dr. Nikolaus Wachsmann e Joseph White deram-me úteis orientações em minha pesquisa sobre os primeiros campos. Meu apreço pelo tempo e atenção concedidos por Philippe Couvreur, o veterano arquivista no Tribunal Internacional de Justiça em Haia, que é o guardião dos arquivos do tribunal de Nuremberg. O juiz Richard Goldstone, principal promotor no Tribunal Criminal Internacional para a Iugoslávia, fez gentilmente a revisão dos trechos relativos à acusação em Nuremberg. Especiais agradecimentos a Jonathan Duff, em Paris, e a Sonia Pressman Fuentes em Sarasota, Flórida, por sua leitura e crítica judiciosa.

Jonathan Segal, meu editor na Alfred A. Knopf, conduziu este livro com firmeza, rigor e sabedoria, do início ao fim. Minha agente, Gail Hochman, segue sendo uma constante fonte de apoio e estímulo, assistida por Marianne Merola, sempre fazendo valer sua magia. E por fim, mas decididamente não menos importante, o dr. Richard M. Hunt continua sendo um modelo e um mentor, como foi há cerca de três décadas, quando lhe servi de assistente de ensino em seu curso sobre Weimar e a cultura nazista na Universidade Harvard. Como sempre, Jonathan Petropoulos, da Califórnia, esteve ao meu lado com sua amizade, seu encorajamento, e com uma implacável e escrupulosa revisão do conteúdo histórico.

Minha mulher, Marie-Louise, que dirige o programa de Educação para Prevenção de Holocausto e Genocídio no Seminário Global de Salzburg, alertou-me para a conexão entre os assassinatos em Dachau e o julgamento de Nuremberg. Por isso, e por seu constante apoio, continuo grato e em dívida, e muito feliz com isso, embora, como se pode imaginar, nossas conversas no jantar não sejam sempre o mais divertido dos temas. Quero agradecer também a nossos dois filhos mais velhos, Katrina e Brendan, por sua solicitude ao me permitir testar com eles minhas ideias, e em particular a nossa filha mais nova, Audrey, por sua grande ajuda no trabalho final com o manuscrito e pesquisas adicionais em arquivo. Por último, mas não menos importante, tenho a satisfação de continuar a agradecer a minha mãe, que sempre esteve comigo para encorajar minha escrita e, numa idade similar à de Josef Hartinger, parece destinada a continuar fazendo isso por muitos anos ainda.

Nota sobre as fontes

A história de Josef Hartinger e dos primeiros assassinatos em Dachau é uma pequena história que ocupa um correspondentemente pequeno mas — ouso dizer — significativo lugar na história muito maior da tomada do poder por Hitler e tudo que se seguiu. Como na maioria das micronarrativas, muitas das fontes foram descobertas em lugares improváveis e às vezes obscuros, ou nos interstícios de fontes e arquivos mais frequentemente visitados.

O contexto da narração desta história deriva de duas longas cartas escritas por Hartinger em 16 de janeiro e em 11 de fevereiro de 1984, a pedido do então ministro da Justiça da Baviera, August Lang. As 32 páginas datilografadas provaram ser uma rica fonte para uma percepção histórica e humana.

Também recorri significativamente aos arquivos pessoais e interrogatórios judiciais do pós-guerra (*Spruchkammer verfahren*) de Karl Wintersberger (Bamberg, 1947) e Josef Hartinger (Amberg, 1948), assim como aos arquivos de investigação originais de Hartinger para os crimes cometidos em abril e maio de

1933. Os julgamentos no pós-guerra dos ex-guardas da ss no campo de concentração, em particular de Hans Steinbrenner, Karl Wicklmayr, Anton Hoffman e Karl Ehmann, foram também fontes importantes. O dr. Nikolas Naaff, o juiz da investigação (*Untersuchungsrichter*), reuniu mais de setecentos testemunhos oculares (ex-detentos, policiais do estado, membros da ss etc.) de 1946 a 1953. Além disso, as memórias publicadas e os diários de um amplo espectro de indivíduos, de Hans Kallenbach a Hans Beimler e a Josef Goebbels, Hans Franck e Hjalmar Schacht, proveram mais detalhes e contexto.

Como seria de se esperar de relatos em primeira mão, especialmente os que têm um viés político (como os de Kallenbach e Beimler) ou aqueles que evocam acontecimentos muito tempo depois de ocorridos os fatos, há contradições frequentes e versões alternativas de incidentes específicos. Tentei manter-me vigilante ao selecionar os relatos para os quais existam ou evidência corroborativa ou testemunhos, mas quero deixar claro que pode haver casos em que versões alternativas sejam igualmente válidas.

Os vários depoimentos, testemunhos, protocolos e interrogatórios usados como evidência no julgamento estão disponíveis nos Arquivos do Estado em Munique (Staatsarchiv München).

Os testemunhos são referidos abaixo com o nome da testemunha (ou perpetrador, nos casos de Steinbrenner, Wicklmayr e Ehmann) e referem-se ao caso de Hans Steinbrenner (*Betrifft: Hans Steinbrenner wegen Kriegsverbrechen*), a menos que haja outra indicação.

As seguintes abreviações correspondem aos arquivos:

Bay HStA	Bayerisches Hauptstaatsarchiv (Arquivos do Estado da Baviera)
BayHStA Abt iv	Bayerisches Hauptstaatsarchiv–Kriegsarchiv (Arquivos do Estado da Baviera, Arquivos de Guerra)

DaA	Archiv KZ-Gedenkstätte Dachau (Arquivos do Memorial de Dachau)
StAM	Staatsarchiv München (Arquivos de Estado em Munique)
StAM Stanw	Staatsarchiv München, Staatsanwaltschaft beim Landgericht (Arquivos de Estado em Munique, Arquivos do Gabinete do Promotor)
StAAm	Staatsarchiv Amberg (Arquivos de Estado em Amberg)
StAB	Staatsarchiv Bamberg (Arquivos de Estado em Bamberg)
SB	Staatsbibliothek München (Blibioteca do Estado em Munique)
USHMM	Arquivo do Museu Memorial do Holocausto dos Estados Unidos

Notas

PRELÚDIO À JUSTIÇA [pp. 11-8]

1. *Julgamento dos Principais Criminosos de Guerra Perante o Tribunal Militar, Nuremberg, 14 de novembro de 1945-1º de outubro de 1946,* v. 4. "Vigésimo Terceiro Dia, Quarta-feira, 19 de dezembro de 1945, Sessão da Tarde", p. 161. Publicação abreviada como *IMT* nas demais notas de fim. Para acesso on-line aos procedimentos, ver Avalon Project, da Universidade Yale: <http://avalon.law.yale.edu/subject_menus/imt.asp>.

2. "Discurso de Abertura, pelos Estados Unidos, do Promotor-Geral de Justiça Robert H. Jackson", 21 nov. 1945, *IMT*, v. 2, "Conspiração e Agressão Nazistas", p. 25.

3. O comportamento dos réus está registrado na transcrição oficial do tribunal, e também nos filmes em preto e branco tomados durante os procedimentos. Telford Taylor, *The Anatomy of the Nuremberg Trials: A Personal Memoir* (Nova York: Alfred A. Knopf, 1992) contém descrições vívidas de cada um. Uma fonte adicional é *The Nuremberg Interviews: An American Psychiatrist's Conversations with the Defendants and Witnesses*, org. de Robert Gellately (Nova York: Alfred A. Knopf, 2004), as transcrições postumamente publicadas do psiquiatra do Exército dos Estados Unidos Leon Goldensohn, contendo entrevistas de um por um dos principais criminosos de guerra. Ver também de G. M. Gilbert, *Nuremberg Diary* (Nova York: Da Capo, 1995; publicado originalmente por Farrar, Straus). Gilbert foi psicólogo de prisão e manteve um diário de suas discussões

com os prisioneiros, citando-os em alguns casos literalmente. As memórias do dr. Hans Frank, *Im Angesicht des Galgens* [À sombra do cadafalso] (Munique; Gräfelfing: Friedrich Alfred Beck, 1953), escritas nos meses que antecederam seu enforcamento, também propiciam percepções úteis sobre a postura de um dos principais criminosos de guerra. Uma interpretação alternativa da contrição de Frank em Nuremberg pode ser encontrada no livro de memórias *Der Vater: Eine Abrechnung*, de seu filho Niklas Frank (Munique: Goldmann, 1993).

4. Keitel disse isso a Leon Goldensohn numa entrevista em 6 de abril de 1946. Goldensohn, *The Nuremberg Interviews*, p. 160.

5. Gilbert, *Nuremberg Diary*, p. 5.

6. Discurso de abertura de Jackson, 21 nov. 1945, *IMT*, v. 2, p. 120.

7. Discurso de abertura de Jackson, 21 nov. 1945, *IMT*, v. 2, p. 101.

8. Taylor, *Anatomy of the Nuremberg Trials*, p. 205.

9. Ibid., p. 206.

10. Acusação de Warren Farr, 19-20 dez., *IMT*, v. 4, pp. 161-88. Toda a troca de palavras citada nesses parágrafos está mencionada nessas páginas.

11. Para os documentos 641-PS, 642-PS, 644-PS e 645-PS relativos aos assassinatos em Dachau, ver *IMT*, v. 26, pp. 171-89.

1. CRIMES DA PRIMAVERA [pp. 21-39]

1. O termo *Hitlerwetter* [clima de Hitler] foi usado alternadamente com *Führerwetter* [clima do *führer*]. "Ontem ainda havia ameaça de chuva, mas hoje o sol está brilhando", escreveu Joseph Goebbels em seu diário em 1º maio 1933. "Um verdadeiro clima de Hitler!" *Joseph Goebbels Tagebücher, Band 2: 1930-1934*, org. de Ralf Georg Reuth (Munique: Piper, 1999), p. 797.

2. Carta de Josef Hartinger ao ministro da Justiça do estado da Baviera, August R. Lang, Munique, 16 jan. 1984, DaA 20.108.

3. Citado entre entradas remanescentes no registro do caso de Munique II. Ver *Beratungsserie München II 1899-1960: München II 1933-1934* (Munique: Generaldirektion der Staatlichen Archiv Bayerns, sem data).

4. Citado entre centenas de entradas em *Archivinventare Band 3, Sondergericht München Teil 1: 1933-1937* (Munique: Generaldirektion der Staatlichen Archiv Bayerns, sem data).

5. Naquela época, Dachau era o único campo de concentração na Baviera, embora prisões estaduais e cadeias locais, assim como depósitos, ginásios esportivos e outras instalações, servissem para detenções temporárias. O primeiro — de fato — campo de concentração na Alemanha foi aberto em 3 mar. 1933, nu-

ma escola na Turíngia. Em Bremen, uma barcaça abandonada num rio foi às pressas colocada em serviço. Dos setenta campos de concentração estabelecidos na Alemanha em 1933, somente três estavam equipados com barracões, arame farpado e torres de vigia, em Papenburg, Emsland e Dachau. Para mais dados sobre os primeiros campos de concentração, ver Geoffrey P. Megargee (Org.), com prefácio de Elie Wiesel, *Encyclopedia of Camps and Ghettos, 1933-1945*, v. 1, *Early Camps, Youth Camps, and Concentration Camps and Subcamps under the SS-Business Administration Main Office (WVHA)* (Bloomington: Indiana University Press, 2009); Jane Kaplan e Nikolaus Wachsmann (Orgs.), *Concentration Camps in Nazi Germany: The New Histories* (Londres; Nova York: Routledge, 2010); e Johannes Tuchel, *Konzentrationslager: Organisationsgeschichte und Funktion der "Inspektion der Konzentrationslager" 1934-1938* (Boppard am Rhein: Harold Boldt, 1991).

6. Carta do cardeal Faulhaber a Franz von Epp, 3 abr. 1933, em Ludwig Volk (Org.), *Akten Kardinal Michael von Faulhabers 1917-1945*, v. 1: 1917-1934 (Mainz: Matthias Grünewald, 1975), p. 693.

7. Ibid.

8. Carta de Wagner para Faulhaber, de 12 abr. 1933, em Bernhard Stasiewski (Org.), *Akten deutscher Bischöfe über die Lage der Kirche 1933-1945*, v. 1: 1933-1934 (Mainz: Matthias Grünewald, 1968), p. 124.

9. Ver Otto Schwarz, *Strafprozessordnung mit Gerichtsverfassungsgesetz und den wichtigsten nebengesetzen des Reiches, Preussens und Bayerns*, Dritte, verbesserte und vermehrte Auflage, Stand vom 15. mai 1933 (Berlim: Verlag von Otto Liebmann, 1933), pp. 146-7. Futuras referências em notas de fim como *Strafprozessordnung*.

10. Ibid., p. 147.

11. Avaliação de desempenho, "Meinungsäusserung über den Oberarzt Moritz Flamm. Garnisonlazarett München Station B III", 20 maio 1920, no arquivo militar pessoal de Flamm, BayHStA Abt, IV OP 739.

12. Ibid.

13. Ibid.

14. Para a denúncia contra Flamm, ver a carta em seu arquivo militar pessoal: "Betreff: Beschwerde des Oberarzt Moritz Flamm. An Reichsbefehlstelle Bayern; Absender: Generalarzt", 19 set. 1919.

15. Carta de Josef Hartinger para August R. Lang, 16 jan. 1984.

16. Em 17 nov. 1918, o rei Ludwig III da Baviera foi deposto, e a Baviera declarou sua independência do Reich como o Estado Popular da Baviera (*Volkstaat Bayern*), que por sua vez levou ao estabelecimento da República Soviética (*Räterepublik*), em abril de 1919. A Batalha de Dachau foi travada em 16 abr.

1919, entre as tropas do Exército Vermelho Bávaro e forças militares ad hoc enviadas para depor o governo bolchevique. Duas semanas depois, unidades da milícia direitista bávara, conhecidas como *Freikorps*, ou Forças Livres, com o apoio de unidades do Reichswehr (o Exército regular) enviadas de Berlim, derrubaram o governo bolchevique e devolveram a Baviera ao governo de Berlim como a *Ordnungszelle Bayern*, ou "célula disciplinada", da Baviera.

17. "Arbeitsbeschaffungsmöglichkeit in den Deutschen Werken", *Dachauer Zeitung*, 25 jan. 1933.

18. Eugen Mondt, *Künstler und Käuze: Aufzeichnungen aus dem Dachau der 20er Jahre* (Munique: Süddeutscher, 1979).

19. "Neues Leben in dem Deutschen Werken?", *Dachauer Zeitung*, 21 mar. 1933.

20. Hans-Günter Richardi, *Schule der Gewalt: Die Anfänge des Konzentrationslagers Dachau 1933-1934: Ein dokumentischer Bericht* (Munique: C. H. Beck, 1995), pp. 36-7.

21. Carta de Josef Hartinger para August R. Lang, Munique, 11 fev. 1984, DaA 20.109.

22. *Strafprozessordnung*, pp. 147-8.

23. A cena, tal como descrita por Erspenmüller, foi reproduzida no relatório de Wintersberger sobre o incidente, "Tötung flüchtiger Gefangener im Sammellager Dachau", 24 abr. 1933, USHMM 1995 A. 104, pp. 67-9.

24. O nome de Robert Erspenmüller é ocasionalmente grafado com erro em testemunhos, como Erpsenmüller ou Erbsenmüller. No campo, ele era às vezes chamado de "*die Erbse*", que significa "o ervilha".

25. Testemunho de Josef Gabriel, "Zeugenvernehmungsprotokoll aufgenommen in der gerichtlichen Voruntersuchung gegen Birzle Wilhelm", Weilheim, 23 jan. 1953, StAM Stanw 34465.

26. Ibid.

27. Testemunho de Emil Schuler, Nuremberg, 29 mar. 1951, StAM Stanw 34464/ 3.

28. "Tötung flüchtiger Gefangener im Sammellager Dachau", 24 abr. 1933, USHMM 1995 A. 104, pp. 67-9.

29. Ibid.

30. Ibid.

31. Ibid.

32. Transcrição do interrogatório de Hans Steinbrenner, Garmisch, 19 ago. 1948. DaA 22.031. Naquele momento, Steinbrenner já tinha passado por alguns interrogatórios e estava sendo mantido internado em Garmisch. Steinbrenner não especifica o contexto exato no qual Flamm fez essa observação a Wäckerle, mas tomei a liberdade de situá-la em seu primeiro encontro.

33. Para o relato de Gesell, ver Hans-Günter Richardi, *Schule der Gewalt: Die Anfänge des Konzentrationslagers Dachau 1933-1934*: *Ein dokumentischer Bericht* (Munique: C. H. Beck, 1995), p. 62.

34. Para o relato de Scharnagel, ver Siegfried Imhoz, "Der Mord an Ernst Goldmann in Dachau am 12. April 1933", p. 6. Disponível em: <http://www.der-landbote.de/Downloads/Der%20Mord%20an%20Ernst%20Jakob%20Goldmann.pdf>.

35. Richardi, *Schule der Gewalt*, p. 89.

36. Testemunho de Heinrich Ultsch. Nuremberg, 6 mar. 1950, StAM Stanw 34462/ 4.

37. Ibid.

38. Ibid. Em seu interrogatório no pós-guerra, Steinbrenner disse equivocadamente que tinha selecionado cinco detentos judeus e que os escolhera de forma aleatória. Houve também relatos que variaram quanto ao momento e as circunstâncias exatos do processo de seleção, embora haja concordância em geral de que o incidente ocorreu no fim da tarde, já ao escurecer de 12 de abril. Ver transcrição do interrogatório de Steinbrenner, Garmish, 19 ago. 1948.

39. Richardi, *Schule der Gewalt*, p. 89.

40. Ibid.

41. Carta de Josef Hartinger para August R. Lang, 11 fev. 1984.

42. Ibid.

2. NOTÍCIAS DO FIM DA TARDE [pp. 40-52]

1. Carta de Leo Benario à administração do campo de concentração de Dachau, 13 abr. 1933, arquivo pessoal de Michael Schneeberger, Kitzingen, Alemanha, reproduzido na p. 12 em *Birken am Rednitzufer — eine Dokumentation über Dr. Rudolf Benario am 12. April 1933 im KZ Dachau ermordet*, Schulprojekt der Hauptschule Soldnerstrasse, Stadt Fürth, 2003.

2. Siegfried Imholz, "Der Mord an Ernst Goldmann in Dachau am 12. April 1933", p. 6. Disponível em: <http://www.der-landbote.de /Downloads/Der%20Mord%20an%20Ernst%20Jakob%20Goldmann.pdf>.

3. Carta do reitor da Universidade Friedrich Alexander em Erlangen, "An das Staatsministerium für Unterricht und Kultur", 12 dez. 1932, Arquivo da Universidade de Erlangen, reproduzida em *Birken am Rednitzufer*, p. 7.

4. Marianne Mohr, "Dr. Siegmund Bing, Nürnberg", Rijo Research, 24 ago. 2013. <http://www.rijo.homepage.t-online.de/pdf/DE_NU_JU_bing.pdf>.

5. Para uma lista do que continha o pacote, ver a carta de Leo Benario para

a administração do campo de concentração de Dachau, de 13 abr. 1933, reproduzida em *Birken am Rednitzufer*, p. 12.

6. Para uma descrição e uma breve história das instituições judaicas de Fürth, ver "Jüdische Geschichte in Fürth": <http://www.fuerth.de/home/tourismus/geschichte/juedische-geschichte-in-fuerth.aspx>.

7. Rolf Seubert, "Mein lumpiges Vierteljahr Haft...", em *Alfred Andersch "Revisited"*: *Werkbiographische Studien im Zeichen der Sebald-Debatte*, org. de Jörg Döring e Markus Joch (Berlim: Walter de Gruyter, 2011), p. 81. Para uma história da família Bing, ver Ignaz Bing, *Aus meinem Leben* (Hamburgo: Wellhausen & Marquardt, 2004).

8. *Advocate of Peace*, n. 7, jul. 1913, p. 149.

9. *Adolf Hitler: Reden, Schriften, Anordnungen: Februar 1925 bis Januar 1933*, ed. por Institut für Zeitgeschichte, 5 v. em 12 partes (Munique: Institut für Zeitgeschichte, 1992-98), v. III, p. 680.

10. "Aus der Asta", *Erlanger Nachrichten*, 18 jan. 1930.

11. Discurso proferido na Universidade de Erlangen, 13 nov. 1930. *Adolf Hitler: Reden, Schriften, Anordnungen: Februar 1925 bis Januar 1933*, ed. por Institut für Zeitgeschichte, 5 v. em 12 partes (Munique: Institut für Zeitgeschichte, 1992-98), v. IV, p. 105.

12. Imholz, "Der Mord an Ernst Goldmann in Dachau", p. 6.

13. "Ruhige Nacht in Fürth: Beginn der Generalsäuberung", *Fürther Anzeiger*, 10 mar. 1933.

14. Seubert, "Mein lumpiges Vierteljahr Haft...", p. 84.

15. Para o texto completo da lei (em alemão), ver "Gesetz zur Wiederherstellung des Berufsbeamtentums": <http://www.documentarchiv.de/ns/beamtenges.html>.

16. Ver o diário de Klemperer, 12 abr. 1933. Victor Klemperer, *I Will Bear Witness: A Diary of the Nazi War Years, 1933-1941*, trad. para o inglês de Martin Chalmers (Nova York: Modern Library, 1999), p. 14.

17. Carta de Leo Benario à administração do campo de concentração de Dachau, 13 abr. 1933.

18. "3 Kommunisten bei einem Fluchtversuch aus dem Dachauer Konzentrationslager erschossen", *Fürther Anzeiger*, 13-14 abr. 1933.

19. "Aus der Schutzhaft entlassen", *Amper-Bote*, 14-15 abr. 1933.

3. WINTERSBERGER [pp. 53-61]

1. Carta de Josef Hartinger para o ministro da Justiça do estado da Baviera, August R. Lang, 11 fev. 1984. DaA 20.109.

2. Avaliação da atuação de Hartinger, "Dienstliche Würdigung 1931", em seu arquivo pessoal, gabinete do promotor do estado, BayHStA MJu 26797.

3. Carta de Josef Hartinger para August R. Lang, 11 fev. 1984.

4. Ibid.

5. Avaliação da atuação de Wintersberger, "Dienstliche Beurteilung durch den Präsidenten des Landegerichts München I", 22 maio 1931, BayHStA MJu 26443.

6. Emil J, Gumbel, "Die Einnahme von München", em *Vier Jahre politischer Mord* (Berlim; Fichtenau: Verlag der Neuen Gesellschaft, 1922).

7. Ibid.

8. Ibid.

9. Ian Kershaw, *Hitler, 1889-1936: Hubris* (Nova York: W. W. Norton, 1998), p. 211.

10. "Vor dem Volksgericht: Vierundzwanzigstr Verhandlungstag", em *Hitler: Sämtliche Aufzeichnungen, 1905-1924*, org. de Eberhard Jäckel e Axel Kuhn (Stuttgart: Deutsche Verlags-Anstalt, 1980), p. 1216.

11. Para o veredicto contra as Tropas de Assalto Adolf Hitler, ver "Urteil vom Volksgericht für den Landgerichtsbezirk München I in der Strafsache Berchtold Josef und 39 Genossen wegen Beihilfe zum Hochverrat, u.a.", 28 abr. 1924, StAM JVA 12436. Os registros do julgamento foram destruídos durante o bombardeio de Munique na Segunda Guerra Mundial, mas uma cópia de cartório do veredicto final sobreviveu.

12. Ibid., StAM JVA 12436, p. 10.

13. Em 1933, um réu da Tropa de Assalto, Hans Kallenbach, publicou as memórias de seu tempo na prisão, *Com Hitler na Prisão de Landsberg*, e dedicou todo um capítulo à acusação feita por Wintersberger. O próprio Hitler escreveu a introdução do livro. Hans Kallenbach, *Mit Adolf Hitler auf Fastung Landsberg* (Munique: Parcus & Co., 1933).

14. Kallenbach, *Mit Hitler auf Festung Landsberg*, p. 19.

15. Ibid., pp. 23-4.

16. Ibid., p. 29.

17. Ver "Dritte Verordnung des Reichspräsidenten zur Sicherung von Wirtschaft und Finanzen und zur Bekämpfung politischer Ausschreitungen", 6 out. 1931. Disponível em: <http://www.documentarchiv.de/wr/1931/wirtschaft-finanzen-ausschreitungen_reichspraesident-vo03.html#t7>.

18. James Waterman Wise, *Swastika: The Nazi Terror* (Nova York: Harrison Smith & Robert Haas, 1933), p. 55.

19. Peter Longerich, *Heinrich Himmler: Biographie* (Munique: Siedler, 2008), p. 160.

20. "Jüdische Rechtsanwalt emordet: S.A. zur Aufdeckung der Tat eingesetzt", *Völkischer Beobachter,* 13 abr. 1933.

21. Ibid.

22. Carta de Josef Hartinger para August R. Lang, 11 fev. 1984.

4. TESTEMUNHO DA ATROCIDADE [pp. 62-70]

1. Para o registro médico de Kahn, ver "Kranken Hauptbuch Nr. II/173 Krankeitsgeschichte Erwin Kahn," StAM Stanw 34465, pp. 81-7.

2. Ibid.

3. LMU Klinikum der Universität München, website oficial: <http://www.klinikum.uni-muenchen.de/Klinik-fuer-Allgemeine—Unfall-Hand-und-Plastische-Chirurgie/de/ueber-uns/historischerRueck blick/index.html>.

4. Para detalhes sobre a prisão de Erwin Kahn, ver Rolf Seubert, "Mein lumpiges Vierteljahr Haft…", em *Alfred Andersch "Revisited": Werkbiographische Studien im Zeichen der Sebald-Debatte,* org. de Jörg Döring e Markus Joch (Berlim: Walter de Gruyter, 2011), pp. 89-90.

5. Carta de Erwin Kahn a sua mulher, Eva, 23 mar. 1933, StAM Stanw 34465, p. 115.

6. Carta de Erwin Kahn a sua mulher, Eva, 30 mar. 1933, StAM Stanw 34465, p. 116.

7. Carta de Erwin Kahn a seus pais, 5 abr. 1933, Ibid., p. 117.

8. Testemunho de Heinrich Ultsch, Nuremberg, 6 mar. 1950, StAM Stanw 34462/ 4.

9. Testemunho de Emil Schuler, Nuremberg, 29 mar. 1933, StAM Stanw 34464/ 3, p. 146.

10. Registro médico de Erwin Kahn.

11. Ibid.

12. Testemunho de Eva Euphrosina Ehlers (Eva Kahn), "Niederschrift aufgenommen in der Voruntersuchung gegen Burner, Hans, ua. wegen Mord", 4 fev. 1953, StAM Stanw 34465: pp. 69-70.

13. Registro médico de Erwin Kahn.

14. Ibid.

15. Carta de Pfanzelt, de 17 abr. 1933, para a Diocese de Munique. Ver o capítulo de Thomas Kempter sobre a prática religiosa nos primeiros dias do campo, "Die ersten Gottesdienste und die Erlaubnis zur Beichte", em sua tese *Gott Feiern in Dachau: Die Feier der Eucharistie im KZ Dachau* (Diplomarbeit, Albert--Ludwigs-Universität Freiburg/ Breisgau, set. 2005), p. 39.

16. Manuscrito de Bernhard Kolb, "Die Jüden in Nürnberg: Tausendjährige Geschichte einer Judengemeinde von ihren Anfängen bis zum Einmarsch der amerikanischen Truppen am 20. April 1945". O manuscrito foi editado com uma introdução por Gerhard Jochem em 2007, e publicado na internet com o título *Bernhard Kolb: Die Jüden in Nürnberg 1839-1945*. Kolb menciona também as mortes de Benario, Goldmann e Erwin Kahn, assim como de vários outros detentos judeus que morreram em Dachau, embora algumas de suas observações se baseiem em testemunhos de terceiros e nem sempre sejam precisas. Para o texto completo, ver: <www.rijo.homepage.t-online.de/pdf/DE_NU_JU_kolb_text.pdf>.

17. Ibid., p. 21.

18. Carta de Herbert Kahn a Gertraud Lehman, 15 dez. 1993, na qual ele escreve que "meu irmão era um estudante de medicina em Würzburg e no momento em que foi preso estava em Nuremberg, durante o feriado da Páscoa. Ele também era ativo no movimento antinazista em Würzburg". Ver Seubert, "Mein lumpiges Vierteljahr Haft…", p. 88.

19. Ibid., p. 87.

20. Ibid.

21. Entrevista telefônica do autor com Lothar Kahn, 9 fev. 2014.

22. O artigo foi mencionado no registro estudantil de Arthur Kahn na Universidade de Würzburg, em 1933. Ver Seubert, "Mein lumpiges Vierteljahr Haft…", p. 87.

23. Ibid., p. 85.

24. Obituário no *Fürther Tagblatt*, 18 abr. 1933, reproduzido em *Birken am Rednitzufer — eine Dokumentation über Dr. Rudolf Benario am 12. April 1933 im KZ Dachau ermordet*, Schulprojekt der Hauptschule Soldnerstrasse, Stadt Fürth, 2003, p. 1.

25. E-mail do professor Wolfgang Eisenmenger ao autor, com comentários detalhados, em 9 jan. 2014.

26. Testemunho de Eva Euphrosina Ehlers (Eva Kahn), 4 fev. 1953, pp. 69-70.

27. Ibid.

5. O ESTADO DA BAVIERA [pp. 73-88]

1. "Die neue nationalsozialistische Regierung in Bayern", *Völkischer Beobachter,* 13 abr. 1933.

2. Frederick T. Birchall, "Incendiary Fire Wrecks Reichstag; 100 Red Mem-

bers Ordered Seized; Alleged Communist Said to Confess Setting Blaze as Main Chamber Is Ruined — Cabinet Drafts Law to Bar Disseminating Proscribed News Abroad: INCENDIARY FIRE WRECKS REICHSTAG: FAMOUS REICHSTAG BUILDING, DAMAGED BY NIGHT FIRE", cabograma especial para o *New York Times*, 28 fev. 1933. Para relatos de testemunhas e documentação sobre o incêndio, ver Walther Hofer, Edouard Calic e Christoph Graf (Orgs.), *Der Reichstagsbrand: Eine wissenschaftliche Dokumentation* (Veröffentlichungen des Internationalen Komitees zur Wissenschaftlichen Erforschung des Ursachen und Folgen des Zweiten Weltkrieges), v. 1 (1972); v. 2 (1978).

3. Franz von Papen, *Der Wahrheit eine Gasse* (Munique: Paul List, 1952), p. 302.

4. Discurso de abertura de Robert Jackson, 21 nov. 1945, *IMT*, v. 2, p. 110.

5. Para as minutas da reunião, ver "Ministerbesprechung 28. Februar 1933", em *Akten der Reichskanzlei: Regierung Hitler 1933-1938. Teil I: Die Regierung Hitler*, v. 1 (20 jan. a ago. 1933), org. de Karl-Heinz Minuth (Boppard am Rhein: Harald Boldt, 1983), pp. 128-9. O volume é daqui em diante mencionado como *Reichskanzleiakten*.

6. Otto Meissner, *Staatssekretär unter Ebert, Hindenburg, Hitler: Der Schicksalsweg des deutschen Volkes, 1918-1945* (Hamburgo: Hoffmann und Campe, 1950), p. 283.

7. "Verordnung des Reichspräsidenten zum Schutz von Volk und Staat ['Reichstagsbrandverordnung']", 28 fev. 1933. Disponível em: <http://www.documentarchiv.de/ns.html>.

8. Richard Kessler, *Heinrich Held als Parlementarier: Eine Teilbiographie 1868-1924* (Berlim: Duncker & Humblot, 1971), p. 394.

9. Carta de Heinrich Held a Hindenburg, 4 fev. 1933, em *Reichskanzleiakten*, v. 1, p. 45.

10. Ibid.

11. "Ministerbesprechung 28. Februar 1933", em *Reichskanzleiakten*, v. 1, p. 132.

12. 5 mar. 1933, registro em *Joseph Goebbels Tagebücher, Band 2: 1930-1934*, org. de Ralf Georg Reuth (Munich: Piper, 1999), p. 773.

13. Registro em 8 mar. 1933, Ibid., p. 775.

14. Ibid.

15. Kurt Preis, *München unterm Hakenkreuz: Die Hauptstadt der Bewegung zwischen Pracht und Trümmern* (Munique: Ehrenwirth, 1980), p. 21.

16. Ibid., pp. 19-20.

17. Ibid., p. 20.

18. Ibid.

19. Ibid., p. 21

20. Ibid., pp. 23-4.

21. Karl Schwend, *Bayern zwischen Monarchie und Diktatur: Beiträge zur bayerischen Frage in der Zeit von 1918 bis 1933* (Munique: Richard Pflaum, 1954), p. 541.

22. T. R. Ybarra, "Says Hitler", *Collier's Weekly*, 1º jul. 1933, p. 17.

23. "Epps zweiter Einmarsch in München", *Völkischer Beobachter*, 10 mar. 1933.

24. "Die neue nationalsozialistische Regierung in Bayern: Abschaffung des Aussenministeriums, Schaffung einer Staatskanzlei", *Völkischer Beobachter*, 13 abr. 1933.

25. "Die Gleichschaltung — die beste und glücklichste Lösung für Deutschland", *Völkischer Beobachter*, 14-15 abr. 1933.

26. Carta do cardeal Faulhaber a Heinrich Held, 13 abr. 1933, em Ludwig Volk (org.), *Akten Kardinal Michael von Faulhabers 1917-1945*, v. 1: 1917-1934 (Mainz: Matthias Grünewald, 1975), p. 695.

27. "Pastorale Anweisungen Faulhabers", ibid., p. 700.

28. Carta de Josef Hartinger à Spruchkammer, 19 set. 1946, Nuremberg. StAAm, p. 589.

29. Carta de Josef Hartinger ao ministro da Justiça do estado da Baviera, August R. Land, 11 fev. 1984. DaA 20.109.

30. Ibid.

31. Peter Longerich, *Heinrich Himmler: Biographie* (Munique: Siedler, 2008), p. 159.

32. Ver a acusação de Warren Farr, 20 dez. 1945, *IMT*, v. 4, p. 186.

33. Frank, *Im Angesicht des Galgens* (Munique; Gräfelfing: Friedrich Alfred Beck, 1953), p. 135.

34. Ibid., p. 134.

35. Carta de Josef Hartinger a August R. Land, 11 fev. 1984.

6. RUMORES DA FLORESTA DO MOINHO DE WÜRM
[pp. 89-100]

1. Para detalhes sobre os casos de Max Neumann, Kindermann e Krel, ver James Waterman Wise, *Swastica: The Nazi Terror* (Nova York: Harrison Smith & Robert Haas, 1933), p. 54. Para um relato detalhado das primeiras atrocidades nazistas, ver: *SA-Terror als Herrschaftssicherung: "Köpenicker Blutwoche" und öffentliche Gewalt im Nationalsozialismus*, org. de Stefan Hördler (Berlim: Metropol, 2013).

2. Ibid., pp. 54-5.

3. Ibid., p. 53.

4. "Mitteilungen des Reichsministers des Auswärtigen", na reunião do gabinete de 7 mar. 1933, *Reichskanzleiakten*, v. 1, p. 166.

5. Rolf Seubert, "Mein lumpiges Vierteljahr Haft...", em *Alfred Andersch "Revisited": Werkbiographische Studien im Zeichen der Sebald-Debatte*, org. de Jörg Döring e Markus Joch (Berlim: Walter de Gruyter, 2011), p. 70.

6. Hans-Günter Richardi, *Schule der Gewalt: Die Anfänge des Konzentrationslagers Dachau 1933-1934: Ein dokumentischer Bericht* (Munique: C. H. Beck, 1995), p. 90.

7. Ibid.

8. Testemunho de Emil Schuler, Nuremberg, 29 mar. 1951, StAM Stanw 34464/3, p. 147.

9. Interrogatório de Hans Steinbrenner, Garnisch, 19 ago. 1948, DaA 12.288.

10. Testemunho de Matthias Grel, Tutzing, 9 nov. 1950, StAM Stanw 33462/7.

11. "Dachau: The 1st Concentration Camp", Holocaust Education and Archive Research Team: <http://www.holocaustresearch project.org/othercamps/dachau.html>.

12. Andrew Nagorski, *Hitlerland: American Eyewitnesses to the Nazi Rise to Power* (Nova York: Simon & Schuster, 2012), pp. 124-5.

13. Ibid., p. 125.

14. Ibid.

15. "Nazis Shoot Down Fleeing Prisoners", *New York Times*, 23 abr. 1933, p. 22. Notas e descrições subsequentes referem-se à matéria aqui mencionada.

16. Carta do cardeal Faulhaber a Hilmar Wäckerle, 26 abr. 1933, em Ludwig Volk (org.), *Akten Kardinal Michael von Faulhabers 1917-1945*, v. 1: 1917-1934 (Mainz: Matthias Grünewald, 1975), p. 718.

17. Ibid. Segundo Richardi, o número de membros da SS em Dachau em 20 abr. 1933 era 217. Ver Richardi, *Schule der Gewalt*, p. 55.

18. Relatório oficial de Wintersberger, "Tötung flüchtiger Gefangener im Sammellager Dachau", 24 abr. 1933, USHMM 1995 A. 104, pp. 67-9.

19. Seubert, "Mein lumpiges Vierteljahr Haft...," p. 107.

7. A UTILIDADE DA ATROCIDADE [pp. 101-13]

1. Para um memorando sobre a necessidade de atualizar os sistemas de segurança e elétricos da instalação, ver "Präsidium der Regierung von Oberbayern

an Kommando der Schutzpolizei. Betreff: Lagerwache Dachau", Munique, 27 mar. 1933, DaA 4118.

2. Regulamentos da polícia do estado da Baviera. "Abwehr von Angriffen", BayHStA Lapo Kdo. Bd. 8.

3. Ibid.

4. Testemunho de Emil Schuler. Nuremberg, 29 mar. 1951, StAM Stanw 34464/ 3.

5. Gerhard Schmolze (org.), *Revolution und Räterrepublik in München 1918/19 in Augenzeugenberichten* (Düsseldorf: Karl Rausch, 1969), p. 381.

6. O discurso ocorreu em 12 de fevereiro de 1933. Ver Christopher Dillon, "We'll Meet Again in Dachau: The Early Dachau ss and the Narrative of Civil War", *Journal of Contemporary History*, n. 45, v. 3, 2010, p. 544.

7. Memorando, "Präsidium der Regierung von Oberbayern an Kommando der Schutzpolizei. Betreff: Lagerwache Dachau", Munique, 20 mar. 1933, DaA A-4118.

8. Rolf Seubert, "Mein lumpiges Vierteljahr Haft…", em *Alfred Andersch "Revisited": Werkbiographische Studien im Zeichen der Sebald-Debatte,* org. de Jörg Döring e Markus Joch (Berlim: Walter de Gruyter, 2011), p. 63.

9. Hans-Günter Richardi, *Schule der Gewalt: Die Anfänge des Konzentrationslagers Dachau 1933-1934: Ein dokumentischer Bericht* (Munique: C. H. Beck, 1995), p. 69.

10. Testemunho de Joahnn Kugler, Passau, 26 abr. 1951, StAM Stanw 34464/3. Ver também o depoimento de Kugler, Passau, 10 fev. 1933, StAM Stanw 34465.

11. Richardi, *Schule der Gewalt*, p. 56.

12. Ibid., p. 52.

13. Ibid., p. 54.

14. Ibid.

15. Testemunho de Hermann Weyrauther, Traunstein, 13 mar. 1951. StAM Stanw 34465.

16. Ibid.

17. Testemunho de Wilhelm Brink, Munique, 18 out. 1950, StAM Stanw 34462/ 7.

18. Protocolo, Munique, 17 abr. 1933, BayHSta Lapo Kdo. Bd. 8.

19. Ibid.

20. Interrogatório de Hans Steinbrenner, Garmisch, 19 ago. 1948, DaA 12.288.

21. Curriculum vitae, "Lebenslauf Hilmar Wäckerle", 15 maio 1936, DaA 38.634.

22. Ibid.
23. Seubert, "Mein lumpiges Vierteljahr Haft...", p. 76.
24. Testemunho de Emil Schuler, Nuremberg, 29 mar. 1951, StAM Stanw 34464/ 3.
25. Richardi, *Schule der Gewalt*, p. 89
26. Testemunho de Otto Franck, Kaserslautern, 24 out. 1951, StAM Stanw 34464/ 3.
27. Testemunho de Emil Schuler, 29 mar. 1951, StAM Stanw 34464/ 3.
28. Richardi, *Schule der Gewalt*, p. 62.
29. Lista de transferência para Dachau de 24 abr. 1933. International Tracing Service. Doc ID 9908504, 1.1.6.1, ITS DiIgital Archives.
30. Registro de transferência: Bayerische Politische Polizei, Munique, 24 abr. 1933, USHMM, Doc 9908504#1.
31. Ibid.
32. Protocolo que menciona Beimler, "Bayrischer Landtag. 4. Sitzung vom 17 Juni 1932", DaA A-1279, pp. 82-6.
33. *Münchner Neueste Nachrichten*, 3 maio 1919. A matéria baseia-se em testemunhos de terceiros e apresenta uma descrição inexata do incidente. No entanto, captura a reação traumática ao incidente no Ginásio Luitpold. Nos círculos da direita, o evento tornou-se o momento de definição da República Soviética da Baviera, como é sugerido em vários livros sobre o assunto, inclusive *Der Geiselmord in München: Ausführliche Darstellung der Schreckentage in Luitpold-Gymnasium* (Munique: Hocshshul, 1919) e *Ein Jahr bayerische Revolution im Bild* (1919), de Heinrich Hoffmann, futuro fotógrafo de Adolf Hitler. Hoffmann publicou seu "relatório fotográfico" com 130 imagens que incluíam o ginásio, o pátio onde se realizaram as execuções e as eminentes personalidades que foram fuziladas.
34. Dillon, "We'll Meet Again in Dachau", p. 546.

8. STEINBRENNER FORA DE CONTROLE [pp. 114-22]

1. Testemunho de Fritz Jrlbeck, Marktredwitz, 24 out. 1950, 34439.99.
2. Ibid.
3. "Abschrift, Landesausschuss der pol. Verfolgten in Bayern an das Bayerische Staatsministerium der Justiz. Herrn Dr. Lachenbauer: Angehörige der sogenannten Schlägergruppe in Dachau", 18 mar. 1948, StAM Stanw 34464/ 1.
4. Testemunho de Hans Steinbrenner, Garmisch, 19 ago. 1948, DaA 12.288.
5. Testemunho de Kasimir Dittenheber, 15 fev. 1950, STAM Stanw 34439.

6. Testemunho de Friedrich Schaper, Kriminalaussenstelle Coburg em Kronach, 27 jul. 1948, StAM Stanw 34464/ 3.

7. Testemunho de Willibald Schmitt, Munique, 3 nov. 1950, StAM Stanw 34464/ 2.

8. Testemunho de Josef Hirsch, Munique, 27 dez. 1949, StAMStanw 34439.

9. A menos quando houver menções específicas a fontes, a descrição e os diálogos apresentados neste capítulo relativos à prisão de Beimler e ao tratamento que recebeu no campo são tirados das memórias de Beimler, primeiramente publicadas em agosto de 1933 na União Soviética e na Alemanha: *Im Mörderlager Dachau: Vier Wochen unter den braunen Banditen* (Moscou; Leningrado: Verlagsgenossenschaft ausländischer Arbeiter in der UdSSR). O livro de 48 páginas foi publicado na Inglaterra no mesmo ano sob o título *Four Weeks in the Hands of Hitler's Hell-Hounds: The Nazi Murder Camp of Dachau* (Nova York: Modern Library). Foi relançado em 2012 e incluiu uma biografia de Beimler por Friedbert Mühldorfer: Hans Beimler, *Im Mörderlager Dachau: Um eine biographische Skizze ergänzt von Friedbert Mühldorfer* (Colônia: Papy Rossa, 2012).

10. Testemunho de Andreas Irrgang, 14 fev. 1951, StAM Stanw 34464/ 2.

11. Desenho da casamata feito por Emil Schuler para a polícia, incluído nos arquivos da investigação, Hans Steinbrenner, StAM Stanw 34439, p. 16.

12. Interrogatório de Hans Steinbrenner, Garmisch, 19 ago. 1948, DaA 12.288.

13. Beimler, *Im Mörderlager Dachau*, p. 45.

14. Depoimento de Josef Hartinger, "Abschrift von Abschrift Landesgerichtsdirektor Hartinger, Betrifft Vorgänge im Konzentrationslager Dachau", Amberg, 13 jul. 1949, DaA 8834.

9. O RELATÓRIO GUMBEL [pp. 123-35]

1. Emil J. Gumbel, *Vier Jahre politischer Mord* (Berlin; Fichtenau: Verlag der Neuen Gesellschaft, 1922).

2. Ibid., pp. 27-42.

3. Ibid., p. 87.

4. Ibid., p. 146.

5. Ibid., p. 90.

6. Para detalhes no caso de Max Mauer, fuzilado em 31 out. 1921, ibid., pp. 116-8.

7. Ibid., pp. 117-8.

8. Ibid., p. 149.
9. Ibid., p. 147.
10. Ibid., p. 92.
11. Ibid., p. 147.
12. Os governantes do Palácio Wittelsbach conseguiram pela primeira vez o título de reis em 1806, quando foram assim denominados por Napoleão. Para detalhes do contexto familiar de Hartinger, ver seu arquivo pessoal no gabinete do promotor, BayHStA MJu 26792.
13. Arquivo pessoal de Hartinger, arquivo da promotoria.
14. Avaliação da atuação de oficiais, 6º Regimento de Artilharia de Campo da Baviera, 23 fev. 1918, Bay HStA Abt.IV, OP 16158.
15. "Die grosse Schlacht in Frankreich", em *Bayrisches Feldartillerie Regiment 10*, pp. 128-64, BayHStA Abt.IV ABsw3777.
16. Avaliação da atuação de Hartinger, "Dienstliche Würdigung Joseph Hartingers durch den Generalstaatsanwalt des Oberlandesgerichts München und den Oberstaatsanwalt des Landgerichts München II", 1º jun. 1931, arquivo pessoal, gabinete do promotor. BayHStA MJu 26797.
17. Christopher Dillon, "We'll Meet Again in Dachau: The Early Dachau ss and the Narrative of Civil War", *Journal of Contemporary History*, n. 45, v. 3, 2010, pp. 546-7.
18. Gumbel observa que seus cálculos não incluem a grande Munique. Gumbel, *Vier Jahre politischer Mord*, p. 31.
19. Ibid.
20. Hartinger alistou-se no Freikorps Hilger em Amberg. Ver também o arquivo militar pessoal de Hartinger, BayHStA Abt.IV, Freikorps 154. Por volta de abril de 1919, ele morava no número 14/1 da Blütenstrasse, em Munique, e se matriculara como estudante na faculdade de direito da Universidade Ludwig Maximilian.
21. Arquivo pessoal de Hartinger. Gabinete do promotor, BayHStA MJu 26797.
22. Alexandra Ortmann, "Vom 'Motiv' zum 'Zweck'. Das Recht im täglichen Wandel — das Beispiel der Reichsstrafprozessordnung 1879", em *Wie wirkt Recht? Ausgewählte Beiträge zum ersten gemeinsamen Kongress der deutschsprachigen Rechtssoziologie-Vereinigung an der Universität Luzern, 2008*, org. de Michelle Cottier, Josef Estermann e Michael Wrase (Baden-Baden: Nomos, 2010), p. 417.
23. Ibid.
24. "Das A-B-C des Angeklagten", em Kurt Tucholsky, *Kritiken und Rezensionen*: *Gesammelte Schriften 1907-1935*, v. 7 (Reinbek; Hamburgo: Rowholt, 1975), pp. 20-4.

25. Formulário de requisição "Bezirkskommando II Munich", 5 abr. 1921, BayHStA Abt.IV.OP 16158.

26. Carta de "Versorgungs-Amt I. München an Militär-Fonds-Kommission", 17 maio 1921, BayHStA Abt.IV.OP 16158.

27. "Nachweisung über die Einkommens-und sonstige Verhältnisse des Unterzeichneten...", 25 maio 1921, BayHStA Abt. IV.OP 16158.

28. Avaliação do desempenho de Hartinger pelo primeiro promotor Himmelstoss (não há registro do primeiro nome), "Abschrift: Dienstliche Würdigung durch den I. Staatsanwalt Himmelstoss für Josef Hartinger", arquivo pessoal de Hartinger, gabinete do promotor, 30 set. 1925, BayHStA MJu 16797.

29. Ibid.

30. Carta de Josef Hartinger à Spruchkammer, Nuremberg, 19 set. 1946, StAAM 589.

31. Carta de Josef Hartinger à Spruchkammer, Amberg, 14 fev. 1948, StAAm 589.

10. LEI E DESORDEM [pp. 136-49]

1. "Flucht aus dem Konzentrationslager Dachau", *Dachauer Zeitung*, 11 maio 1933.

2. Relatório da polícia, "Abschrift Bayerische Politische Polizei", 1º maio 1933, DaA 17.269.

3. Ibid.

4. "Bayerische Politische Polizei", 3 maio 1933, DaA 17.270.

5. Testemunho de Emil Shuler, Nuremberg, 29 mar. 1951, StAM Satnw 34464/3.

6. Hans Beimler, *Im Mörderlager Dachau: Um eine biographische Skizze ergänzt von Friedbert Mühldorfer* (Colônia: Papy Rossa, 2012), p. 57.

7. Ibid., p. 58.

8. Ibid.

9. Ibid., pp. 58-9.

10. Testemunho de Josef Hirsch, Munique, 27 dez. 1949, StAM Stanw 34439.

11. Ibid.

12. Beimler, *Im Mörderlager Dachau*, pp. 59-60.

13. Ibid.

14. Beimler, *Im Mörderlager Dachau*, pp. 59-60.

15. Ibid., p. 60.

16. Ibid.

17. Testemunho de Friedrich Schaper, 27 jul. 1948, Coburg in Kornach, StAM Stanw 34464/ 3.
18. Ibid.
19. Beimler, *Im Mörderlager Dachau*, 64.
20. Ibid.
21. Ibid., pp. 65-6.
22. Ibid., p. 66.
23. Testemunho de Emil Schuler, Nuremberg, 29 mar. 1951, StAM Stanw 34464/ 3, p. 147.
24. Beimler, *Im Mörderlager Dachau*, pp. 66-7.
25. Ibid.
26. Ibid.
27. Ibid.
28. Testemunho de Josef Hirsch, Munique, 27 dez. 1949, StAM Stanw 34439, p. 29.
29. Ibid.
30. Ibid.
31. Ibid.
32. Testemunho de Rudolf Wiblishauser, Sonthofen, 22 fev. 1950, StAM Stanw 34462/ 4.
33. Ibid.
34. Declaração juramentada do dr. Walter Buzengeiger, Ulm, jun. 1945, StAM Stanw 34464/ 4.
35. Ibid.
36. Max Holy estava na lista de transferências de 3 maio de 1933. Testemunhos no caso de Hans Steinbrenner contêm numerosos relatos da fuga de Beimler, sendo o mais notável o de Josef Hirsch (testemunho, 27 dez 1949). Ver também as memórias não publicadas de Anna Sophie Lindner, nas quais ela conta como ajudou Beimler, oferecendo-lhe um lugar para ficar e depois providenciando seu transporte para a Tchecoslováquia, DaA 17991.
37. Beimler, *Im Mörderlager Dachau*, pp. 69-70. Em 1983, Dorothea Dressel, viúva de Fritz Dressel, ofereceu um relato menos dramático, porém muito mais plausível, alegando que Beimler foi ajudado por Max Holy, que possibilitou a fuga e providenciou que Beimler fosse entregue na casa dos Dressel às cinco da manhã de 9 de maio e levado a Munique, de onde escapou escondido pela fronteira da Tchecoslováquia para Praga, de onde por fim chegou a Moscou. Mais tarde, Beimler foi combater na Guerra Civil Espanhola, onde morreu em dezembro de 1936.
38. Hirsch disse também: "Esse capitão foi extremamente decente conosco,

e eu gostaria de deixar bem claro que salvou minha vida, porque com sua ordem livrou-me de mais abusos, e, acima de tudo, de levar um tiro". Testemunho de Josef Hirsch, Munique, 27 dez. 1949.

39. Ver registro de Hartinger, 30 maio 1933, no Apêndice.

40. Interrogatório de Hans Steinbrenner, Garmisch, 19 ago. 1948, DaA 12.288.

41. Ibid.

42. Testemunho de Max Holy, Hersching, 18 maio 1949, StAM Stanw 34439.

43. Testemunho de Friedrich Schaper, Tettau, 29 de novembro de 1949, StAM Stanw 34464/ 4.

44. Testemunho de Kasimir Dittenheber, Munique. 15 fev. 1951, StAM Stanw 34439.

11. UM REINO VOLTADO A SI MESMO [pp. 150-65]

1. "Biographie Willy Arons (1907-1933)", em "Willy-Aron-Gesellschaft Bamberg e.V.": <http://www.willy-aron.de>.

2. Steinbrenner lembrou que a cabeça de Aron estava envolta em roupa de cama, mas não conseguia lembrar se foi ele quem o segurou ou se participou no açoitamento. Ver o interrogatório de Hans Steinbrenner, Garmisch, 19 ago. 1949, DaA 12.288.

3. Andreas Dornheim e Thomas Schindler, *Wilhelm Aron (1907-1933) Jude, NS-Gegner, Sozialdemokrat und Verbindungsstudent* (Bamberg: Schriftenreihe des Historischen Verbands Bamberg, 2007), v. 40. Dornheim e Schindler realizaram um estudo em profundidade da "primeira vítima nazista" da cidade de Bamberg, Wilhelm Aron. A não ser quando há outra menção de fonte, as citações e descrições concernentes a Wilhelm Aron nesse capítulo referem-se a essa obra.

4. *Bamberger Volksblatt*, 3 dez. 1932.

5. *Freistaat*, 9 dez. 1932.

6. *Bamberger Volksblatt*, 12 out. 1932.

7. Carta do "Präsidenten des Landgerichts Bamberg an den Präsidenten des Oberlandesgerichts Bamberg", 22 abr. 1933, StAB K 100.

8. Ver carta de Karl Wintersberger para o ministro da Justiça da Baviera, 29 maio 1933, que incluía os regulamentos (*Sonderbestimmungen*), DaA 18.736/ 6.

9. Ibid.

10. Para uma descrição do tratamento dado a Schloss, ver Hans-Günter Richardi, *Schule der Gewalt: Die Anfänge des Konzentrationslagers Dachau 1933-1934: Ein dokumnetischer Bericht* (Munique: C. H. Beck, 1995), p. 89.

11. Testemunho de Emil Schuler, Nuremberg, 29 mar. 1951, StAM Stanw 34464/ 3.

12. Karl-Günter Richardi, *Schule der Gewalt*, p. 100. Ver também o testemunho de Eugen Oehrlein, StAM Stanw 34462/ 2.

13. Ver a carta de Oppenheimer, "Schreiben des ehemaligen Dachauer KZ--Häftlings Justin Oppenheimer an den Generalstaatsanwalt München aus Israel", 3 nov. 1951, em Dornheim e Schindler, *Wilhelm Aron*, p. 109.

14. Ibid.

15. Ibid.

16. Testemunho de Hans Steinbrenner, Garmisch, 19 ago. 1948. DaA, 12.288.

17. Testemunho de Anton Schöberl, Hilpoltstein, 17 out. 1951, StAM Stanw 34464/ 3.

18. Testemunho de Hans Steinbrenner, Garmisch. 19 ago. 1948, DaA 12.288.

19. Dornheim e Schindler, *Wilhelm Aron*, p. 43.

20. *Bamberger Volksblatt*, 13 maio 1933.

21. "Reichstransport Minister gegen Tierquälerei", *Völkischer Beobachter*, 11 maio 1933.

22. Ibid.

23. Carta do dr. Moritz Flamm ao presidente da corte distrital de Munique II, 13 maio 1933, Rechtsmedizin Universität München, Archive Prof. Dr. Eisenmenger.

24. Carta do presidente da corte distrital de Munique II ao dr. Moritz Flamm, 21 abr. 1933, relativa a "Reichsgesetz zur Wiederherstellung des Deutschen Amtentums", Arquivos do prof. dr. Eisenmenger.

25. Quando os primeiros homens da SS chegaram em Dachau no fim de março e hastearam uma bandeira com a suástica, o policial estadual Herman Weyrauther os obrigou a recolhê-la. Ver o testemunho de Weyrauther de 13 mar. 1951. Na verdade, a SS tinha o direito de hastear a bandeira, conforme permissão dada pelo decreto de Hindenburg de 12 mar. 1933, no parágrafo intitulado "*Flaggenerlass*".

26. Carta de Josef Hartinger ao ministro da Justiça do estado da Baviera, August R. Lang, 16 jan. 1984, DaA 20.108.

27. Não consegui localizar o arquivo da investigação por Hartinger do fuzilamento de Benario, Goldmann e os dois Kahn (1933, Arquivo número: G 613 ff/33). O único registro dele extraído é o relatório final, por Wintersberger, datado de 24 abr. 1933, que encerrou formalmente a investigação.

28. Ver o registro de Hartinger no Apêndice deste volume.

29. Ibid.

30. Ibid.

12. A EVIDÊNCIA DO MAL [pp. 166-74]

1. Protocolo, "Konzentrationslager Dachau Politische Abteilung an die Staatsanwaltschaft für den Landgerichtsbezirk-Munich II: Betreff Schloss Louis", assinado por Hilmar Wäckerle, 16 maio 1933, DaA 8832.

2. Ibid.

3. Para o relatório oficial da morte de Schloss, mais o desenho dele enforcado em sua cela, ver "Protokoll aufgenommen in Sachen Schloss Luis [sic], verw. Kaufmann aus Nürnberg hier dessen Selbstmord durch Erhängen. Dachau, Conzentrationslager [sic], 16 Mai. 1933", 17 maio 1933, DaA 8832.

4. Ibid.

5. Testemunho de Karl Kübler, Augsburg, 26 jul. 1950, StAM Stanw 34462/6, p. 129.

6. "Protokoll aufgenommen in Sachen Schloss Luis [sic], verw. Kaufmann", 17 maio 1933, DaA 8832.

7. Ver a entrada sobre Schloss no registro de Hartinger, no Apêndice deste volume.

8. Fatura datada de 30 maio 1933, referente a 26,30 marcos pelos custos de "Leichenwärter, Leichenfrau, Leichentransport, Benutzungsgebuehr für Sektionsraum: Geschäftstelle des Amtsgerichts Dachau an die Staatsanwaltschaft München II", DaA 8832.

9. "Vorder-& Rückansicht des verstorbenen Kaufmanns Louis Schloss. Aufgenommen im Auftrage der Staatsanwaltschaft im Leichenhaus in Dachau", 17 maio 1933, DaA 8832.

10. Relatório da autópsia de Schloss, "Protokoll aufgenommen in Sachen Leichenschau und Leichenöffnung in Sachen Schloss Luis [sic]", 17 maio 1933, DaA 1471.

11. Christopher Dillon, "We'll Meet Again in Dachau: The Early Dachau SS and the Narrative of Civil War", *Journal of Contemporary History*, n. 45, v. 3, 2010, p. 550.

12. Depoimento de Karl Ehmann, "Protokoll aufgenommen in Sachen Hausmann Leonhard hier dessen Tod durch Erschiessen auf der Flucht am 17.5.1933 in Concentationslager [sic] Dachau", 18 maio 1933, DaA 8833.

13. Ibid.

14. Ibid.

15. Depoimento de Max Winkler, ibid.

16. Depoimento de Ludwig Wieland.

17. Autópsia de Schloss, 17 maio 1933.

18. Carta de Josef Hartinger ao ministro da Justiça da Baviera, August R. Lang, 16 jan. 1984, DaA 20.108.

19. Ibid.

13. PODERES PRESIDENCIAIS [pp. 177-98]

1. "Dachau, der bekannteste Ort in Deutschland", *Dachauer Zeitung*, 23 maio 1933.

2. Testemunho de Paul Hans Barfuss, Munique, 11 abr. 1950, StAM Stanw 34439, p. 57.

3. "Vermerk des Ministerialrats Willhun über den Stand und die Aussichten der deutschen Warenausfuhr", *Akten zur deutschen auswärtigen Politik, 1918-1945, Serie C: 1933-1937, das Dritte Reich: Die ersten Jahre, Band 1, 2: 16. Mai bis 14. Oktober 1933* (Göttingen: Vandenhoeck & Ruprecht, 1971), p. 148. Citado daqui em diante como *Akten zur Deutschen Auswärtigen Politik*.

4. "Der Reisverkehrsminister an Staatsekretär Lammers, Betrifft: Unterstützung der Seeschiffahrt", 23 maio 1933, em *Reichskanzleiakten*, v. 1, pp. 475-6.

5. Minutas da reunião ministerial de 7 de abril de 1933, "Ausserhalb der Tagesordnung: Deutsch-holländische Handelsvertragsverhandlungen", em *Reichskanzleiakten*, v. 1, p. 236.

6. Victor Klemperer, *I Will Bear Witness: A Diary of the Nazi War Years, 1933-1941*, trad. para o inglês de Martin Chalmers (Nova York: Modern Library, 1999), pp. 7-8.

7. Otto Meissner, *Staatssekretär unter Ebert, Hindenburg, Hitler: Der Schicksalsweg des deutschen Volkes, 1918-1945* (Hamburgo: Hoffmann und Campe, 1950), p. 385.

8. Theodor Eschenburg, "Die Rolle der Persönlichkeit in der Krise der Weimarer Republik: Hindenburg, Brüning, Groener, Schleicher", *Vierteljahrshefte für Zeitgeschichte*, n. 9, v. 1, jan. 1961, p. 6.

9. Thomas Russell Ybarra, *Hindenburg: The Man with Three Lives* (Cornwall, NY: Cornwall Press, 1932), p. 5.

10. Para a última vontade e o testamento de Hindenburg (*politisches Testament*), ver Walther Hubatsch, *Hindenburg und der Staat: Aus den Papieren des Generalfeldmarschalls und Reichspräsidenten von 1878 bis 1934* (Göttingen: Musterschmidt, 1966), p. 382.

11. Ibid.

12. "Aufzeichnung über die Besprechung des Herrn Reichspräsidenten mit Adolf Hitler am 13. August 1932 nachmittags 4.15", em Hubatsch, *Hindenburg und der Staat*, p. 338.

13. Franz von Papen, *Der Wahrheit eine Gasse* (Munique: Paul List, 1952), p. 289.

14. Ibid., p. 326.

15. A carta de Hindenburg de 26 abr. 1933 para o príncipe Carl, da Suécia, menciona a carta do príncipe de 4 abr. 1933. Ver "Der Reichspräsident an den Präsidenten des Schwedischen Roten Kreuzes, Prinz Carl von Schweden", *Reichskanzleiakten*, v. 1, p. 391.

16. Para a carta de Löwenstein a Hitler de 4 de abril de 1933, ver "Der Reichsbund judischer Frontsoldaten an den Reichskanzler", *Reichskanzleiakten*, v. 1, pp. 296-8.

17. Testemunho de Von Papen, 17 jun. 1946, *IMT*, v. 1, pp. 296-8.

18. Carta de Hindenburg a Hitler, "Gegen die Entlassung kriegsbeschädigter jüdischer Justizbeamter", Berlim, 4 abr. 1933, em Hubatsch, *Hindenburg und der Staat*, p. 374.

19. Ibid.

20. Papen, *Der Wahrheit eine Gasse*, p. 323.

21. Carta de Carl Melchior, "Carl Melchior an den Reichspräsidenten", Hamburgo, 6 maio 1933, em *Reichskanzleiakten*, v. 1, pp. 430-2.

22. "Program of the National Socialist German Workers' Party", The Avalon Project, Yale University. Disponível em: <http://avalon.law.yale.edu /imt/nsdappro.asp>.

23. Papen, *Der Wahrheit eine Gasse*, p. 325. Ver também minutas de reuniões do gabinete, "Betrifft: Auslandspropaganda", *Reichkanzleiakten*, 24 maio 1933, pp. 477-9.

24. Diário de Goebbels, 11 abr. 1933, *Josef Goebbels Tagebücher, Band 2: 1930-1934*, org. Ralf Georg Reuth (Munique: Piper, 1999), p. 790.

25. Ludwig Volk, *Das Reichskonkordaat vom 20 Juli 1933* (Mainz: Matthias--Grünwald, 1972), p. 64.

26. Papen, *Der Wahrheit eine Gasse*, p. 314.

27. As referências de Ernst Piper às aspirações de Rosenberg em *Alfred Rosenberg: Hitlers Chefideologue* (Munique: Karl Blessing, 2005), p. 287. O testemunho de Neurath em Nuremberg confirmou a insistência de Hindenburg para que Neurath continuasse a ser o ministro do Exterior. Ver 22 jun. 1946, *IMT*, v. 16, p. 600.

28. Testemunho de Neurath, 22 jun. 1946, *IMT*, v. 16, p. 593.

29. Minutas das reuniões do gabinete, *Alfred Rosenberg: Hitlers Chefideologue* (Munique: Karl Blessing Verlag, 2005), p. 287.

30. John P. Fox, "Alfred Rosenberg in London", *Contemporary Review*, 1 jul. 1968, p. 6.

31. Fox, "Alfred Rosenberg in London", p. 8.

32. "Simon and Hitler Envoy in Angry Session: German's Visit Is Denounced in Commons", *New York Times*, 11 maio 1933.

33. Fox, "Alfred Rosenberg in London", p. 9.

34. "British Minister Warns the Reich of 'Sanctions' If It Bolts on Arms: Hailsham Threatens Action Under Versailles Treaty — Rosenberg Denounced in Parliament — Margot Asquith Tells Him Nazi Policies Are Held in Contempt", *New York Times*, 12 maio 1933.

35. Fox, "Alfred Rosenberg in London", pp. 6-11.

36. "London Rages at Hitler Aide: Rosenberg Has Unlucky Day as Visitor in Britain; Wreath Laid on Cenotoph Dumped into River; Objection to His Admission to Country Raised", *Los Angeles Times*, 12 maio 1933.

37. John Steele, "Rosenberg Has Another Sad Day in London: Reds Denounce Hitler at Envoy's Hotel", *Chicago Daily Tribune*, 13 maio 1933.

38. Testemunho de Alfred Rosenberg, 15 abr. 1946. *IMT*, v. 11, p. 454.

39. Para o discurso de Hitler no Reichstag sobre política exterior em 17 maio 1933, ver *Akten zur deutschen auswärtigen Politik*, p. 446.

40. Andrew Nagorski, *Hitlerland: American Eyewitnesses to the Nazi Rise to Power* (New York: Simon & Schuster, 2012).

41. T. T. Ybarra, "Says Hitler", *Collier's Weekly*, 1º jul. 1933, p. 17.

42. Ibid.

43. Ibid.

44. Ibid.

45. Ibid.

46. Telegrama do embaixador Luther ao Ministério do Exterior em Berlim, "Der Botschafter in Washington an das Auswärtige Amt, Hatte 3/4 stündige Unterredung allein mit Präsident", 23 maio 1933, *Akten zur deutschen auswärtigen Politik*, p. 475.

47. Minutas das reuniões do gabinete, 24 maio 1933, *Reichskanzleiakten*, v. 1, p. 477.

48. Ibid.

49. Ibid.

50. Ibid., p. 478.

51. Ibid., pp. 478-9.

52. Ibid.

53. Ibid., p. 479.

54. Schacht, *76 Jahre meines Lebens*, p. 393.

55. Minutas das reuniões do gabinete, 26 maio 1933, *Reichskanzleiakten*, v. 1, pp. 489-91.

56. Ibid., p. 491.

14. SENTENÇA DE MORTE [pp. 199-215]

1. Nos originais em alemão: "Vorsicht sonst kommst du nach Dachau"; "Sprechen ist Silber. Schweigen ist Gold"; e "Lieber Gott, mach mich stumm, dass ich nicht nach Dachau kumm". A palavra *kumm* é dialeto bávaro que deriva do alto-alemão *kommen*.
2. "Tourists Sought by Bavarian Nazis", *New York Times*, 4 jul. 1933, p. 6.
3. Carta de Josef Hartinger à Spruchkammer, Amberg, 13 jul. 1949, StAM 589.
4. Reinhard Weber, *Das Schicksal der jüdischen Rechtsanwälte in Bayern nach 1933* (Oldenbourg: Wissenschaftsverlag, 2006), p. 53.
5. Carta de Josef Hartinger à Spruchkammer, Amberg, 13 jul. 1949.
6. Carta de Josef Hartinger ao ministro da Justiça da Baviera, August R. Lang, 16 jan. 1984, DaA 20.108.
7. Ver registros de Hartinger no Apêndice deste volume.
8. Testemunho de Wintersberger, Bamberg, 7 mar. 1951, DaA 8768.
9. Depoimento de Josef Mutzbauer, "Beglaubigte Abschrift, Betreff: Nefzger Sebastian", 26 maio 1933, DaA 8834.
10. Testemunho de Anton Schöberl, "Zeugenvernehmungsprotokoll Betrifft Zill Egon wegen Kriegsverbrechen", 20 ago. 1951, StAM Stanw 34462/ 10, p. 15.
11. Ibid.
12. Testemunho de Anton Vogel, "Zeugenvernehmungsprotokoll aufgenommen in der Voruntersuchung gegen Wicklmayr Karl u.a.", 15 jan. 1951, StAM Stanw 34439, p. 127.
13. Interrogatório de Hans Steinbrenner, Garmisch, 19 ago. 1948, DaA 12.288.
14. Ibid.
15. Depoimento de Josef Mutzbauer, 26 maio 1933.
16. Ver o memorando "Konzentrationslager Dachau Politische Abteilung — An das Amtsgericht Dachau", assinado por dr. Nürnbergk, 27 maio 1933, DaA 8834.
17. "Vormerkung zum Falle Nefzger", assinado por dr. Flamm, Munique, 1º jun. 1933, StAM Stanw 7014.
18. Fotografias da autópsia feita por Flamm, StAM Stanw 7014.
19. "Protokoll aufgenommen in Sachen Leichenschau und Leichenöffnung zum Tode des verh. Kaufmanns Nefzger Sebastian aus München im Konzentrationslager Dachau", assinado por dr. Flamm, dr. Mueller, Essel, Brücklmeier, Dachau, 29 maio 1933, DaA 8834.
20. "Vormerkung zum Falle Nefzger."

21. Ibid.

22. Autópsia de Nefzger, ver anexo a "Beglaubigte Abschrift Protokoll in Sachen Leichenschau und Leichenöffnung zum Tode des verh. Kaufmanns Nefzger Sebastian".

23. Ibid.

24. Ver registro de Hartinger, 30 maio 1933, no Apêndice deste volume.

25. Carta de Josef Hartinger a August R. Lang, 16 jan. 1984.

26. *Strafprozessordnung*, p. 148.

27. Carta de Josef Hartinger a August R. Lang, 16 jan. 1984.

28. Declaração juramentada do dr. Hermann Kiessner, "Eidesstattliche Erklärung", Munique, 6 jan. 1947, em Hartinger, "Spruchkammerverfahren", StAAm 589.

29. Carta de Josef Hartinger a August R. Lang, 16 jan. 1984.

30. Declaração juramentada do dr. Kiessner, 6 jan. 1947.

31. Carta de Josef Hartinger a August R. Lang, 16 jan. 1984.

32. Hirsch tinha voltado ao campo de concentração, mas estava alojado com outros detentos e não mais submetido aos abusos que experimentara na casamata da prisão. Ver testemunho de Hirsch, 27 jan. 1949.

33. Carta de Josef Hartinger a August R. Lang, 16 jan. 1984.

34. Carta de Joserf Hartinger à Spruchkammer, Amberg, 14 fev. 1948, StA Am 589.

35. Ibid.

36. Indiciamento pela morte de Sebastian Nefzger, assinado por Josef Hartinger em 1º jun. 1933.

37. Ibid.

38. Ibid.

39. Ver declaração juramentada de Helene Hartinger, "Spruchkammerverfahren, Josef Hartinger", Amberg, 14 fev. 1948, StAAm 589.

15. ACORDOS EM BOA-FÉ [pp. 216-23]

1. Relatório de Wintersberger ao Ministério da Justiça sobre a reunião com Himmler, "Betreff: Ableben von Schutzhaftgefangenen im Konzentrationslager Dachau", 2 jun. 1933, DaA 18.788. Wintersberger começa seu memorando com a palavra *auftragsgemäss*, ou "como instruído", indicando que a reunião com Himmler tinha sido previamente agendada por instruções superiores. Dados as responsabilidades jurisdicionais de Hartinger em relação a Dachau e seu papel central nas investigações, é curioso que Wintersberger não o tenha informado a respeito.

2. Memorando de Wintersberger, de 1º jun. 1933, encerrando o caso do fuzilamento de Lehrburger, DaA 18.727.

3. Hans-Günter Richardi, *Schule der Gewalt: Die Anfänge des Konzentrationslagers Dachau 1933-1934: Ein dokumentischer Bericht* (Munique: C. H. Beck, 1995), p. 36.

4. "Ein Konzentrationslager für politische Gefangene in der Nähe von Dachau", *Münchner Neueste Nachrichten*, 22 mar. 1933.

5. Johannes Tuchel. *Konzentrationslager: Organisationsgeschichte und Funktion der 'Inspektion der Konzentrationslager' 1934-1938* (Boppard am Rhein: Harald Boldt, 1991), p. 122.

6. "Wachtruppe Übergabe-Protokoll: Konzentrationslager Dachau", 30 maio 1933, BayHSta Lapo Kdo. Bd. 8.

7. Para detalhes da visita de Wintersberger a Döbig e das discussões com Wäckerle, ver memorando de Döbig intitulado "Betreff: Konzentrationslager Dachau", 1º jun. 1933. Anexo ao memo de Wintersberger "Betreff: Schutzhaftlager Dachau", datado de 29 maio 1933, com cópia dos regulamentos de Wäckerle (*Lagerordnung*), DaA 18.736.

8. Ibid.

9. Ibid.

10. Carta a Ludwig Siebert de um vice-comissário especial da SA (*Sonderkomissar*), citada na obra de Lothar Gruchmann *Justiz im Dritten Reich 1933-1940: Anpassung und Unterwerfung in der Ära Gürtner*, 2 ed. (Munique: Oldenbourg, 1990), p, 381.

11. Ibid.

12. Gruchmann, *Justiz im Dritten Reich*, p. 384.

13. Ibid.

14. Ibid., p. 37.

15. Ibid., p. 131.

16. Ibid., p. 136.

17. Ibid., p. 138.

18. Relatório de Wintersberger ao ministro da Justiça sobre a reunião com Himmler, 2 jun. 1933, DaA 18.737.

16. DOMÍNIOS DA LEI [pp. 224-35]

1. Declaração juramentada do dr. Hermann Kissner, "Eidesstattliche Erklärung", Munique, 6 jan. 1947, em Hartinger "Spruchkammerverfahren", StAAm 589.

2. Carta de Josef Hartinger para o ministro da Justiça da Baviera, August R. Lang, 16 jan. 1984, DaA 20.108.

3. Ibid.

4. Ibid.

5. "Die Voruntersuchungen die Reichstagsbrand abgeschlossen", *Völkischer Beobachter*, 3 jun. 1933.

6. Declaração juramentada do dr. Kiessner, 6 jan. 1947.

7. Johan Schütz, *Josef Hartinger: Ein mutiger Staatsanwalt im Kampf gegen den KZ-Terror* (Munique: Bayrisches Staatsministerium der Justiz, 1990), p. 8.

8. "Spruchkammerverfahren Josef Hartinger", Amberg, 14 fev. 1948, StA AM 589.

9. Carta de Hans Steinbrenner a Josef Hartinger, citado em Otto Gritschene-der, "Es gab auch solche Staatsanwälte", *Münchner Stadtanzeiger*, 24 fev. 1984, p. 5.

10. Testemunho de Helene Hartinger (*Eidesstattliche Erklärung*), Amberg, 14 fev. 1948, "Spruchkammerverfahren Josef Hartinger". A mulher de Hartinger se referia à situação depois que tinham se mudado para Amberg e encontravam-se sob estreita vigilância dos nazistas locais, mas tomei a liberdade de situar a citação no contexto de seus anos em Munique.

11. Memorando de Wintersberger, de 1º jun. 1933, encerrando o caso da morte de Lehrburger, "Staatsanwaltschaft von dem Landgerichte München II an den Herrn Generalstaatsanwalt bei dem Oberlandesgerichts München Beteff: Ableben des Schutzgefangenen Karl Lehrburger im Kozentrationslager Dachau", DaA 18.727.

12. Carta de Josef Hartinger a August R, Lang, 16 jan. 1984.

13. Cópia datada de 7 mar. 1951 do memorando original de Wintersberger para o arquivo, datado de 21 jun. 1933. Contém uma lista de três páginas com oito entradas em ordem cronológica de suas tentativas de reaver os arquivos. A última é de 11 maio de 1934. A lista está anexada ao testemunho de Karl Winterberger, Bamberg, 7 mar. 1951, DaA 8768.

14. Declaração juramentada do dr. Kiessner, 6 jan. 1947.

15. Testemunho de Hans Frank, 18 abr. 1946, *IMT*, v. 12, p. 5.

16. Hans-Günter Richardi, *Schule der Gewalt: Die Anfänge des Konzentrationslagers Dachau 1933-1934: Ein dokumentischer Bericht* (Munique: C. H. Beck, 1995), p. 113.

17. Testemunho de Hans Frank, 18 abr. 1946, *IMT*, v. 12, p. 5.

18. Ibid.

19. Memorando do Reichsführer da SS ao Sturmhauptführer da SS, 27 jul. 1933, DaA A 4369.

20. Carta de Eicke de 10 ago. 1936, Berlim, "Am dem Reichsführer SS", DaA 16444.

21. Ibid.
22. Ibid.
23. "Special Correspondent", "*Times* Writer Visits Reich Prison Camp", *New York Times*, 26 jul. 1933, p. 9. As citações do *New York Times* que se seguem são tiradas dessa matéria.
24. Carta de Josef Hartinger ao ministro da Justiça da Baviera, August R. Lang, 16 jan. 1984.
25. Memorando de promotor-chefe Karl Wintersberger, "Ableben des Schutzhaftgefangenen Hugo Handschuch im Lager Dachau", 19 set. 1933, DaA 1588/ 4.
26. Ver registro de Hartinger, sem data, no Apêndice deste volume.
27. Emil J. Gumbel, *Vier Jahr politischer Mord* (Berlim; Fichtenau: Verlag der Neuen Gesellschaft, 1922), p. 125.
28. Carta de Josef Hartinger ao ministro da Justiça da Baviera, August R. Lang, 16 jan. 1984.
29. Ibid.

epílogo: a convicção de hartinger [pp. 236-51]

1. Junto com os arquivos foi encontrada uma carta de "Polizeiprässident Pitzer an Oberstaatsanwalt beim Landegerchte München ii", datada de 31 dez. 1946, StA Am 589, p. 92.
2. John Q. Barrett, "The Nuremberg Roles of Justice Robert H. Jackson", *Washington University Global Studies Law Review*, n. 6, 2007, p. 518.
3. Ibid., 519.
4. Leon Goldensohn, *The Nuremberg Interviews* (Nova York: Alfred A. Knopf, 2007), p. 33.
5. Martin Borman, chefe da *Parteikanzlei* e secretário pessoal de Hitler, foi julgado in absentia. O chefe da Frente Alemã para o Trabalho, Robert Ley, cometeu suicídio pouco depois de o julgamento começar; e o industrial Gustav Krupp von Bohlen und Halbach foi considerado velho demais para ser submetido a julgamento. Para a lista dos 21 que foram a julgamento, ver os arquivos de *Trial of the Major War Criminals Before the International Military Tribunal, Nuremberg, 14 November 1945-1 October 1946* (*IMT*), no Projeto Avalon, Universidade Yale, disponível em: <avalon.law.yale.edu>.
6. Ver a acusação de Farr, 9 dez. 1945, *IMT*, v. 4, p. 190.
7. Ibid.
8. Ibid.
9. Ibid.

10. Memorando com indiciamentos reproduzido na carta, StAAm 589, p. 92.

11. Carta, "Polizeiprässident Pitzer an Oberstaatsanwalt beim Landegerchte München II", datada de 31 dez. 1946.

12. Carta de Josef Hartinger ao ministro da Justiça da Baviera, August R. Lang, 11 fev. 1984, DaA 20.109

13. Ibid.

14. Otto Gritschneder, "Es gab auch solche Staatsanwälte", *Münchner Stadtanzeiger*, 24 fev. 1984, p. 5.

15. Para detalhes sobre a vida de Wäckerle depois de Dachau, ver o obituário "Standartenführer Wäckerle gefallen...", DaA 38.634.

16. Carta de Steiner, "H-Division 'Viking'", 2 jul. 1941, informando o Reichsführer da morte de Wäckerle naquele dia, DaA 38.634.

17. Interrogatório de Hans Steinbrenner, Garmisch, 19 ago. 1949, DaA 12.288.

18. Ibid.

19. Ibid.

20. Ibid.

21. Ibid.

22. Carta de Hans Steinbrenner a Josef Hartinger, citada em Gritschneder, "Es gab solche Staatsanwälte", p. 5.

23. Testemunho de Karl Wicklmayr, "Vernehmungsniederschrift Karl Wickelmayr [sic], Landpolizei Oberbayern, Kriminalaussenstelle Mü-Pasing", Garmisch, 10 set. 1948, StAM Stanw 34462/1.

24. Ibid.

25. Ibid.

26. Ibid.

27. Para o veredicto final no caso de Wicklmayr, em 2 jul. 1951, ver StAM Stanw 2624.

28. Carta de Josef Hartinger ao ministro da Justiça da Baviera, August R. Lang, 16 jan. 1984, DaA 20.108.

29. Ibid.

30. Carta de Hartinger a Lang, 11 fev. 1984.

31. Ibid.

32. Ibid.

33. Ibid.

34. Ibid.

35. Carta de Wintersberger, "An den Herrn Präsidenten des Oberlandsgerichts Bamberg, Betreff: Beleidigung des Oberlandesgerichtsrats Karl Wintersberger in Bamberg durch die Presse", 8 nov. 1934, BayHStA MJu 26443.

36. Ibid.
37. Ibid.
38. Carta de Hartinger a Lang, 11 fev. 1984.
39. Ibid.
40. Carta de Theodor Eicke, "An Herrn Oberstaatsanwalt beim Landgericht Mch.II, Begrifft: Dort. Aktz. G506/34", 3 maio 1934, DaA 34851/24852.
41. Memorando de Wintersberger para o Generalstaatsanwalt beim Oberlandsgericht Munich Sotier, "Betreff: Ableben des Schutzhaftgefangenen Martin Stiebel", 9 maio 1934, DaA 34851/ 24852.
42. Testemunho de Friedrich Döbig, 21 ago. 1951, StAM Stanw 34464/ 3.
43. Carta de Josef Hartinger a August R. Lang, 16 jan. 1984.

apêndice: os registros de hartinger [pp. 252-67]

1. "Wichtige Vorkommnisse im Konzentrationslager Dachau", DaA 34851.
2. DaA 8833.

Créditos das imagens

p. 1. Argenta Press [alto]; Bundesarchiv Bild [centro e abaixo]

p. 2 e 3. Arquivos do site do Memorial do Campo de Concentração de Dachau

p. 4. Museu Memorial do Holocausto dos Estados Unidos [alto]; *BayersicherHeimgarten*, Staatsbibliothek München [centro]; Archiv KZ-Degenkstätte Dachau [abaixo]

p. 5. Bundesarchiv Koblenz [alto e abaixo]; Bundesarchiv Bild [centro, em cima]; Arquivos do site do Memorial do Campo de Concentração de Dachau [centro, abaixo]

p. 6. *Bayerischer Heimgarten*, Staatsbibliothek München [centro]; Staatsarchiv München [abaixo]

p. 7. Bayersiche Staatsbibliothek [alto]; Michael Schneeberger [centro]; Arquivo da Universidade de Würzburg [abaixo à esquerda]; Staatsarchiv München [abaixo à direita]

p. 8. Arquivos do site do Memorial do Campo de Concentração de Dachau [alto]; *Völkischer Beobachter*, Staatsbibliothek München [centro]; Bundesarchiv Bild [abaixo]

p. 9. Bundesarchiv Bild [alto e centro]; *Bayerischer Heimgarten*, Staatsbibliothek München [abaixo]

p. 10. Bundesarchiv Bild [alto]; Staatsbibliothek München [centro]; Arquivo do site do Memorial do Campo de Concentração de Dachau [abaixo]

p. 11. Bundesarchiv Bild [alto]; Archiv KZ-Degenkstätte Dachau [centro]; Staatsbibliothek München [abaixo]

p. 12. Staatsarchiv München (StAM Stanw 34462/3) [fileira ao alto]; Arquivos da Universidade de Munique [centro e abaixo]

p. 13. Arquivos da Universidade de Munique [alto e centro]; Bayerisches Haupstaatsarchiv [embaixo à esquerda]; Staatsarchiv München (StAM Stanw 7014) [abaixo à direita]

p. 14. Doc ID 9908504, 1.1.6.1 ITS Digital Archives [alto]; Staatsarchiv München [abaixo]

p. 15. Bundesarchiv Bild [alto]; *Süddeutsche Zeitung* [abaixo]

p. 16. Museu Memorial do Holocausto dos Estados Unidos [alto]; Archiv KZ-Gedenkstätte Dachau [abaixo]

Índice remissivo

Abel, Werner, 249
abortos, 152-3
Advocate of Peace (publicação americana), 44
Alemanha: boicote estrangeiro da, 179; crise econômica na, 83, 179, 192-3, 197; eleições de 1932 na, 181; indústria de transporte marítimo da, 179; Jogos Olímpicos de 1936 na, 233; militarismo na, 124; Ministério da Propaganda da, 195; Ministério das Relações Exteriores da, 90; Partido Comunista da, 48, 49, 142, 183; Partido Nacional Socialista dos Trabalhadores Alemães, 60, 217, 238; Partido Social-Democrata da, 46, 57, 153, 162; Prússia, 77-8, 80, 124, 127, 161, 183, 186; raízes históricas da violência na, 123-35; sistema judicial alemão, 55, 126, 163-5; taxa de suicídios na, 194; tesouro nacional da, 179; unificação da (1871), 77
Altmann, Josef, 253; suicídio de, 267
Amman, Max, 80
Amper-Bote (jornal), 30, 52, 284*n*
Andersch, Albert, 90, 284*n*, 286*n*, 290-1*n*
animais: crueldade coibida pelos nazistas, 161
Anistia, Decreto de (1933), 261, 263-4
antissemitismo, 43, 51, 59, 99, 154, 156, 158, 168, 184, 186-7, 204, 217; em Fürth, 49-50; na imprensa, 12, 253; *ver também* judeus
ariana, supremacia, 45; leis em defesa da, 51
Aron, Albert, 150, 152
Aron, Wilhelm "Willy": alegada parada cardíaca de, 160, 208; casos legais importantes de, 151-3; herança judaica de, 151, 160; posição antinazista de, 153; prisão e morte por espancamento de, 150, 153-4,

156, 158-61, 166, 208, 233, 244, 297n
asfixia química, 233
assassinato: assassinatos em Dachau como precursores de assassinato em massa, 233; assassinatos políticos, 55, 125, 127, 233; estudo e relatos de Gumbel sobre assassinatos políticos, 55, 123-7, 131, 134, 154, 164, 210, 233; novos e mais ambiciosos métodos de, 233; taxas comparativas de, 127
Associação de Soldados Judeus na Frente de Combate do Reich, 185
ativismo político, 41, 125; comunista, 111-2, 138; de A. Kahn, 68; de E. Kahn, 63; de R. Benario, 46, 48-9; social-democrata, 153; suprimido pelo governo, 48, 127
Aussenpolitisches Amt (APA, Escritório de Política Exterior), 190
Áustria, 46, 59, 243
autodefesa/legítima defesa, alegação dos guardas de, 205, 263
autópsias, 16, 26, 35, 67, 69, 168, 172-3, 202, 204, 208-11, 228, 250, 255, 258, 261-5, 267, 299n, 303n

Bach, Johann Sebastian, 123
Bamberger Volksblatt (jornal), 151, 153, 160, 297-8n
Barfuss, Paul Hans, 178, 300n
Bastian, Claus, 104
Baviera, 17, 21-2, 24-5, 28, 30, 32, 41-4, 49, 53, 57, 73, 76-83, 86-8, 91, 95, 103-5, 107, 111-2, 128, 130, 134, 152, 154, 177, 179, 214, 218-20, 228, 230, 234, 240, 243, 246-8; Exército Vermelho Bávaro, 103, 131, 282n; incursão nazista na, 63, 73-87; índice de assassinatos políticos na, 127; levante político na, 56, 130; Partido Popular da Baviera, 76, 78, 84-5; questão da soberania do estado da, 29, 76-8, 281n; República Soviética da, 29, 103, 130, 292n
"bazi", 24n
Beethoven, Ludwig van, 123
Beimler, Hans, 103, 146, 206, 277, 293n, 295n; abuso sofrido por, 116-21, 141; fuga de, 136-9, 144-7, 296n; relato da prisão e da fuga de, 146-7
Bélgica, 243
Benario, Leo, 40-5, 47, 50, 162
Benario, Maria Bing, 40-4, 47, 50
Benario, Rudolf, 33, 35, 254, 283n, 287n; aparência física de, 45; ativismo político de, 46-9; como estudante, 45-6; contexto familiar de, 40-4, 50-1; Ernst Goldmann e, 40, 48; morte a tiro de, 51-2, 66, 73, 92, 100, 108, 119, 157, 163-4, 188, 202, 217, 229, 233, 253, 259; prisão de, 48-50
Bento XV, papa, 25
Bergmann, Ernst von, 63
Berlim, 23, 46, 48, 56, 63, 73, 76, 89-90, 92, 118, 123, 188, 198, 228, 237, 282n
Bestler, Café, 178
Biddle, Francis, 14
Bielmeier, Johann, 171-2
Bing Eisenbahn, trenzinhos de brinquedo da, 43
Bing, Ignaz, 43, 284n
Bing, Metalúrgica, 43-5, 47

Bing, Siegmund, 42, 283n
Birchall, Frederik, 93n, 287n
Birzle, Wilhelm, 233, 266, 282n
Bismarck, Otto von, 125
boicote: da Alemanha, 179; de lojas de judeus, 188
bolcheviques, 27, 29, 82, 103, 105, 110, 112-4, 131-2, 141, 188, 192, 211, 220, 282n; *ver também* comunistas
Bormann, Martin, 237
Brahms, Johannes, 123
brigada anti-incêndio do campo de Dachau, 159
Bronner, Max, 157
Brücklmeier, secretário, 167, 169, 303n
Brüning, Heinrich, 22, 300n
Bruxelas, 110
Bühler, Josef, 87
Bürck, Fritz: morte a tiro de, 233, 266
Bürckel, Josef, 221
Bürgerbräu, cervejaria (Munique), 55-6, 58
Bürner, Hans, 33

cadáveres: caixões lacrados para, 67, 160, 208; liberação de, 122; queima de, 159-60, 233; violação de, 34
cães de ataque, 32, 107, 142
campos de concentração, 11, 13, 15-6, 190, 218, 239, 243, 281n; indiciamento de, 174; justificativa para, 15, 103, 178; primeiro (1933), 280n; *ver também* Dachau, campo de concentração de
Carl, príncipe da Suécia, 184, 186, 301n
casamata da prisão, 115, 118, 120-1, 139, 142, 145-6, 149, 166-7, 203-6, 242, 253, 293n, 304n

católicos, 22, 24-5, 67, 84-5, 88, 94, 112, 128, 152, 188, 207
cavalos, 130, 161
Cenotáfio (memorial de guerra britânico), 191
Cheka (polícia secreta soviética), 108, 205
Chicago Daily Tribune, 192, 302n
Chicago Tribune, 93
chicoteadores, equipe de (*Schlägergruppe*), 115, 122, 139
Clínica Cirúrgica de Munique, 62
Clube de Remo de Fürth, 48
Clube dos Estudantes Republicanos, 46
clubes de estudantes, 46
Código de Processo Criminal (*Strafprozessordnung*), 33, 131-2, 160, 166, 173, 207, 212
colaboração vs. cumplicidade, 246
Collier's Weekly: entrevista de Hitler a Ybarra no, 192-4
Comissão da Renânia, 127
comissão de homicídio (*Mordkommission*), 206, 244
comissão judicial (*Gerichtskommission*), 31n
Comitê Internacional de Conciliação, 44
comunistas, 22, 27-8, 41, 49-50, 52, 74-5, 98-9, 102-3, 111, 113, 138, 178, 182, 193, 211, 249; atrocidades dos, 112, 292n; como ameaça à segurança em Dachau, 102-3, 111; culpas atribuídas aos, 74-5, 90; envolvidos no incêndio do Reichstag, 226; perseguição aos, 50, 82, 95-8, 180, 220; *ver também* bolcheviques
Constant, d'Estournelles de, barão, 44

Cordeiro Dourado, restaurante (Fürth), 49
Corinth, Lovis, 177
crematórios, 233
culpa coletiva, conceito legal de, 11, 57, 221
custódia preventiva (*Schutzhaft*), 24, 41, 50, 52, 59, 63, 68, 97, 104-5, 125, 136, 154, 178, 200, 221, 253, 258, 266-7

Dachau (cidade), 28, 42; renascimento de, 177-9; vitória dos bolchevique em, 102-3, 130-1, 281*n*
Dachau, campo de concentração de: ameaças à segurança no, 101-4, 137-8; caos e desordem no, 136-49; como incentivo à economia local, 178; condições de vida no, 96-8, 104; diminuição dos assassinatos no, 226, 229-30, 232; disciplina brutal instituída no, 101-21, 138-42, 145, 154-5; estabelecido como jurisdição, 155; estabelecimento do, 22, 30, 40, 42, 64, 67, 217, 280*n*; estatísticas de morte no, 233; evidência de mortes no, 16; infrações de regulamentos estaduais no, 32; investigações de Hartinger sobre o *ver* Hartinger, investigações de; medo de falar e de ser preso no, 199-200; Páscoa comemorada no, 67; primeira visita de Hartinger ao, 31-8, 249-50; primeiras quatro mortes no, 24, 26, 33-6, 51-2, 69, 81, 88, 90-1, 98-100, 108, 227, 238, 249-50, *ver também* Benario, Rudolf; Goldmann, Ernst; Kahn, Arthur; Kahn, Erwin; protocolo de chegada a, 108, 111-2, 115-7, 138, 156; "Regulamentos Especiais" para o, 154-5; relatos do *New York Times* sobre, 93-101, 109, 137, 229-30, 232; rumores de atrocidades no, 90-100, 202; terminologia para o, 101*n*; transferência da autoridade da polícia bávara para a ss no, 65, 105-8, 218-9; transformação do, 229-32
Dachauer Zeitung, 29, 30, 177-9, 282*n*, 295*n*, 300*n*
Dankenreiter, Max, 111, 116
Dannenberg, Emil, 58
decreto de emergência, 75-7, 79
"Decreto para Ordem Pública", 59
"Decreto Presidencial para a Proteção do Povo e do Estado", 75
"Decreto Presidencial sobre a Supressão da Violência nas Ruas", 48
Dennstädt, Josef, 153
desnazificação, 246*n*
Dimitroff, 226
Dinamarca, 68
discurso indireto, Hartinger empregando o, 164
Distler, Peter, 111, 116
Dittenheber, Kasimir, 115, 148-9, 292*n*, 297*n*
Döbig, Friedrich, 212, 219, 225, 228, 250, 305*n*, 309*n*
Dochow, Adolf, 132
Dressel, Dorothea, 296*n*
Dressel, Friedrich "Fritz": suposto suicídio de, 136, 138-43, 162, 165, 202, 245, 260, 296*n*
Dürnagl, Rudolf, 253

economia: crise econômica de 1929, 47, 179, 181; crise econômica alemã, 83, 179, 192-3, 197; depressão econômica global, 189
Ehmann, Karl, 109, 169-73, 211, 255-6, 262, 277, 299*n*
Eicke, Theodor, 221; campo de Dachau administrado por, 229-30
Einstein, Albert, 55, 123
Eisenmenger, Wolfgang, 69*n*, 287*n*
eleições de 1932 na Alemanha, 181
Eltz-Rübenach, Paul von, 161, 179
Epp, Franz von, 78-85, 88, 105, 107, 130-1, 174, 219, 228, 234, 281*n*
Erlanger Nachrichten (jornal), 47, 284*n*
Erspenmüller, Robert, 33-4, 37-8, 65, 91, 100, 106, 109, 138, 145, 159, 164, 205-6, 231, 244, 259, 282*n*
Escócia, 37, 68
Escritório de Política Exterior (*Aussenpolitisches Amt*, ou APA), 190
espancamentos: como punição por indisciplina, 138-42, 146, 150; de judeus, 36, 115-21, 158-9; mortes por, 156-61, 165, 173, 265
Espanha, 296*n*
Esser, Hermann, 82
Estados Unidos, 12, 94, 99, 192, 198; Exército dos, 236, 240, 279*n*; iniciativa de Hitler para relações exteriores com os, 174, 188-94, 197
estudantes: apoiando o nazismo, 45-6, 68; clubes de, 46
exames médico-legais, 35, 149, 165, 168, 172, 201, 207, 254-6, 264
execuções, 17, 104, 124-5, 202, 233, 292*n*; parâmetros dos "Regulamentos Especiais" para, 155

Exército dos Estados Unidos, 236; forças de ocupação do, 240
Exército Vermelho Bávaro, 103, 131, 282*n*

Fábrica Real de Pólvora e Munições (Dachau), 28
Farr, Warren F., 11-7, 57, 86, 205, 218, 221, 237-40, 280*n*, 289*n*, 307*n*
Faulhaber, cardeal (arcebispo de Munique e Freising), 24, 83, 94, 281*n*, 289-90*n*
Fiehler, Karl, 58
Flamm, Moritz: alta consideração por, 26; elogio de Hartinger a, 249-50; exames médico-legais e autópsias realizadas por, 26, 35, 69, 100, 149, 165, 167-9, 172, 200-2, 206-11, 219, 250, 255; linhagem ariana de, 162; morte de, 250; na Primeira Guerra Mundial, 27; na primeira visita a Dachau, 31-2, 34, 38, 40
França, 45, 74, 186, 243
Franck, Otto, 109, 156, 292*n*
Frank, Hans, 13, 82, 87, 109, 130, 280*n*
Frankfurter Zeitung, 44, 51
Franz, Wilhelm, 253; estrangulamento até a morte de, 232, 265
Freikorps (milícias do estado), 107, 112-3, 130-1, 282*n*, 294*n*
Freistaat (jornal), 152, 154, 297*n*
Frick, Hans, 80-1
fuga, supostas tentativas de, 33, 53, 68, 70, 92, 100, 125-6, 145, 164, 169, 200-1, 232, 244
Fürth: antissemitismo em, 49-50; Clube de Remo de, 48; como refúgio para judeus, 43, 47-8; juristas de Nuremberg hospedados em, 236
Fürther Anzeiger (jornal), 50, 284*n*

gás venenoso, 129
gauleiters, 25, 67, 79, 85, 105, 219, 221, 225, 237, 240
George, o Pio (margrave alemão), 43
Gerichtskommission (comissão judicial), 31*n*
Gerum, Josef, 58
Gesell, Willi: testemunho ocular de, 36-8, 283*n*
Gestapo, 14, 86
Gisevius, Hans, 226*n*
Gleichschaltungsgesetz (leis de sincronização), 162
Goebbels, Joseph, 78, 187-9, 194-7, 199, 237, 277, 280*n*, 288*n*, 301*n*
Goldensohn, Leon, 279-80*n*
Goldmann, Ernst, 35, 38, 40, 48-9, 253, 283-4*n*; afastamento dos pais, 48, 68; ativismo político de, 48-9; morte a tiro de, 33-6, 52, 66, 73, 92, 100, 119, 157, 163-4, 188, 202, 217, 229, 233, 253, 259; Rudolf Benario e, 40, 48
Goldmann, Meta, 48, 68
Goldmann, Siegfried, 48, 68
Göring, Hermann, 12-3, 59, 74, 226, 237
Götz, Josef: morte a tiro de, 90-1, 119, 121, 137, 139, 141, 143, 145-9, 165, 202, 206, 212, 232, 245, 254, 260-1
Graf, Alfons, 23
Greuelpropaganda (propaganda de terror), 92
Grohe, Rudolf, 111, 116
Gruchmann, Lothar, 17, 305*n*
Grünwiedl, Martin, 104
Gumbel, Emil J., 7, 162, 220; estudo e relatos de assassinatos políticos de, 55, 123-7, 131, 134, 154, 164, 210, 233
Gürtner, dr. (ministro da Justiça), 174, 228, 305*n*

Handschuch, Hugo: espancamento até a morte de, 232, 264-5, 307*n*
Hartinger, Helene, 306*n*
Hartinger, Josef, 244; ameaça nazista a, 215, 226-7, 306*n*; aparência física de, 32, 54; carreira legal de, 21-3, 26, 132-4, 241; carta de Steinbrenner para, 245; como estudante de direito, 132; como herói, 234; competência profissional de, 53-4, 69, 133, 211, 214, 226-7, 234; contexto militar de, 128-31; em determinada busca de justiça, 18, 53-4, 60-1, 128, 134, 163, 165, 227, 234, 252; Flamm e, 26, 249-50; humildade de, 234; memórias de, 247, 250; mulher de, 134, 214, 227, 234, 306*n*; na Primeira Guerra Mundial, 128, 130; na Segunda Guerra Mundial, 241; não querendo cometer injustiça, 247; pais de, 128; pobreza de, 132; primeiras suspeitas de, 31, 38, 53, 94; prosperidade de, 134; registros compilados por, 163, 227-8, 236, 252-67; relatório escrito de, 17-8; retrospecto judicial de, 246; sentimentos antinazistas de, 83-7, 213; Wintersberger e, 53
Hartinger, investigações de, 17-8, 122, 134, 154, 159, 166-8, 171-3, 199-202; acompanhamento das, 236-51; arquivos das, 163, 227-8, 236-

40, 254-67, 298*n*; como ameaça a Himmler, 216-20; comprometimento das, 224-25; descontinuação das, 234, 263, 298*n*; erros e omissões ocasionais, 253; estratégia de acusação das, 211-5; evidência suprimida nas, 67, 163, 215; exames médico-legais nas *ver* autópsias; exames médico-legais; fortes evidências nas, 166-73, 202, 210, 212; impedimentos às, 60-1, 70, 100, 149, 160, 163, 168, 174, 207, 210-2, 216-22, 224-5, 228, 238-9, 304*n*; indiciamentos nas, 211-7, 225, 227-8, 234, 248, 253; início das, 21-2, 31-2, 34-40; lembranças escritas de Hartinger sobre, 247, 250; nos julgamentos de Nuremberg, 236-9; objetividade das, 164-5, 252; provas de homicídios nas, 173; reativação das, 241; silêncio de Hartinger sobre, 247

Hausmann, Leonhard: morte a tiro de, 169-73, 202, 211-2, 215-6, 238, 255-6, 261-2

Hechtel, Hans, 85

Hecker, dr., 66

Heigl, Anton, 84-5, 200, 240-1, 248

Held, Heinrich, 22, 76-9, 81-4, 181, 288-9*n*

Hess, Rudolf, 12

Heydrich, Reinhard, 86, 111, 206, 218

Himmler, Heinrich, 107, 130, 239, 242; campo de Dachau sob os auspícios de, 59-60, 104, 106, 154, 218, 250; como chefe da ss, 14-5, 79, 85, 221, 228; como comandante da polícia, 30, 85, 106, 178; investigações de Hartinger como ameaça a, 216-20; investigações de Hartinger impedidas por, 221-5; reunião de Wintersberger com, 216-22, 225, 227, 248, 304*n*; suicídio de, 13, 237

Hindenburg, Paul von, 22, 59, 74-6, 80, 174, 234; e Hitler, 180-9; objetivo monárquico de, 181

Hindenburg: The Man with Three Lives (Ybarra), 192*n*

Hirsch, Josef, 138-41, 145-7, 213, 293*n*, 295-7*n*, 304*n*

Hitler, Adolf, 11, 127*n*, 134*n*, 161, 199, 231, 237, 247, 292*n*; agenda para o Partido Nazista, 187; comemoração do aniversário de, 94; como chanceler, 21-4, 49, 59, 74, 77, 103, 181-98; Departamento de Segurança de, 111; discurso no Reichstag de, 192, 194; e Hindenburg, 180-9; e o putsch da cervejaria, 56-7, 245; iniciativa de propaganda nos Estados Unidos de, 192-4; investigação de Hartinger suprimida por, 229; *Mein Kampf*, 187; oposição a, 23, 84, 112, 191, 195-6, 249; "pequeno julgamento de Hitler", 57, 210; poderes crescentes de, 30, 45, 83-5, 87, 89, 107, 162, 180-98, 276; polícia estadual e, 111; relações exteriores de, 174, 179-80, 187-98; serviços de Wintersberger ao movimento nazista, 248; sobre a supremacia ariana, 45; suicídio de, 12, 237

Hoffmann, Heinrich, 292*n*

Holanda, 242-3

Holocausto: assassinatos em Dachau como precursores do, 233; heróis do, 234; primeiras evidências, 17

Holy, Max, 138, 147, 296-7*n*
Hornung, Walter, 110
Hunglinger, Herbert, 111, 116, 218; suicídio de, 122, 142, 202, 260; vítima de abuso, 117-21
Hutzelman, Wilhelm: suicídio de, 267

Im Mörderlager Dachau (Beimler), 147*n*
imprensa, 44; cobertura da fuga de Dachau na, 136; correspondentes estrangeiros, 92; na propaganda, 195-7; nazista, 59; transgressões na, 133; violência promovida pela, 125
indústria de transporte marítimo alemã, 179
Inglaterra, 43, 92, 186, 293*n*
Irrgang, Andreas, 116
Itália, 186
Iugoslávia, 23

Jackson, Robert H., 12-3, 47, 74, 237-8
Jesus Cristo, 25, 243
"jogos judaicos" (*Judensport*), maus-tratos aos detentos judeus apelidados de, 115
Jogos Olímpicos (Alemanha — 1936), 233
judeus: atitude alemão oficial de apoio aos, 59, 184, 186; banidos do serviço público, 185-6; como veteranos da Primeira Guerra Mundial, 185-6; discriminação contra *ver* antissemitismo; execução sistemática de, 11, 17, 60; Fürth como refúgio para, 43, 47-8; perseguição nazista aos, 89-90, 106, 111, 187, 192-3, 220, 233, 239; rituais de enterro judaicos, 208; suspensão das liberdades dos, 184, 186-7; tratamento brutal dos, 36, 39, 92, 114-21, 157-9, 164; *ver também* antissemitismo
"juramento de legalidade" (Legalitätseid), 87
jurisdição sobre o campo de concentração de Dachau, 155
Justiz im Dritten Reich (Gruchmann), 17
Juventude Hitlerista, 79

Kafka, Franz, 29
Kahn, Arthur, 108; morte a tiro de, 33-6, 52, 66-7, 73, 92, 100, 108, 119, 157, 163-4, 188, 202, 217, 229, 233, 253, 259
Kahn, Erwin, 34, 100; autópsia e sepultamento de, 69; contexto de, 63-4; fuzilamento e morte de, 34, 61, 63-6, 69, 73, 92, 100, 108, 119, 157, 163-4, 188, 202, 217, 227, 229, 233, 253, 259; pais de, 65
Kahn, Eva, 64-6, 69-70
Kahn, Levi, 68
Kahn, Lothar, 68
Kahn, Marta, 68
Kaltenbrunner, Ernst, 12
Kantschuster, Johann, 109, 150, 201
Katten, rabino, 161
Katz, Delwin, 97, 109, 142, 159, 253, 265; morte por estrangulamento de, 232, 265
Keitel, Wilhelm, 12, 280*n*
Kiessner, Hermann, 212-3, 224-5, 227-8, 304*n*, 306*n*

Kindermann (vítima dos nazistas), 89, 289n
Klemperer, Victor, 51, 180-1, 284n, 300n
Kolb, Bernard, 67, 287n
Kolmeder, Julie, 23
Kraudel, Joseph, 111, 116
Krel (vítima dos nazistas), 89, 289n
Krupp von Bohlen und Halbach, Gustav, 307n
Kübler, Karl, 168, 299n
Kugler, Johann, 104, 291n

Lachenbauer, dr., 200, 292n
Lackner, Max, 23
Langstädter, Bertoldt, 157
Lawrence, Geoffrey, 13, 205
Laxer, Erik, 63
Legalitätseid ("juramento de legalidade"), 87
Lehrburger, Karl: morte a tiro de, 203-6, 212, 217, 227, 244, 257, 263, 305-6n
Lei da Polícia para o Campo e a Floresta, 161
Lei de Concessão de Poderes, 162
lei marcial, 98, 154, 219
Lei para a Descontinuação de Investigações Criminais, 222n
Lei para a Restauração do Serviço Civil Profissional, 50, 162
Lei para Proteção da Liberdade Pessoal, 41n
leis de sincronização (*Gleichschaltungsgesetz*), 162
Ley, Robert, 307n
liberdades civis, suspensão das, 76, 180, 197
Liebermann, Max, 177

Liga das Nações, 195
Lindner, Anna Sophie, 296n
Lippert, Hans, 231
Lister, Joseph, 63
livros, queima de, 191
Lochner, Louis, 92
Londres, 137, 174, 188-91
Löwenstein, Leo, 185
Ludwig II, rei da Baviera, 281n
Luitpold, Ginásio, 113, 292n
Lutero, Martinho, 188

Madame Tussauds, museu de cera (Londres), 191
Malic, Ilya, 23
Malsen-Ponickau, Johann-Erasmus von, barão, 105, 107, 130
Mauer, Max: assassinato político de, 125
Meier, dr., 91
Mein Kampf (Hitler), 187
Meissner, Otto, 75, 181, 288n, 300n
Meixner, Hans, 242
Melchior, Carl, 186-7, 301n
Mendler, Franz Sales, 23
Merkel, dr., 173, 211
Meyer, juiz, 167, 169
milícias do estado (Freikorps), 107, 112-3, 130-1, 282n, 294n
militarismo alemão, 124
Ministério da Propaganda da Alemanha, 195
Ministério das Relações Exteriores da Alemanha, 90
Mondt, Eugen, 29, 282n
Mordkommission (comissão de homicídio), 206, 244
Moscou, 110, 113, 116, 121, 137, 200
Mowerer, Edgar, 93

Müller, Arthur, 148
Müller, dr. (médico), 69
Münchner Post, 57-8, 249
Munique I, jurisdição de, 26, 55-6, 84, 123, 133-4
Munique II, jurisdição de, 22, 26-7, 53-5, 60, 84-5, 99, 123, 134-5, 162, 166-7, 174, 200, 203, 208, 212, 214, 217, 222, 227, 240-1, 246, 250, 253, 280n, 298n
Mussolini, Benito, 56, 237
Mutzbauer, Josef, 109, 203, 206, 209-11, 215, 242, 303n; indiciamento de, 213, 215; prisão e morte de, 242

Na colônia penal (Kafka), 29n
Napoleão Bonaparte, 77, 294n
nazistas/nacional-socialistas, 22, 24, 59-60, 213, 217, 248-9; acomodação de Wintersberger com os, 248; agenda de Hitler para os, 187; ameaças dos, 199; apoio de estudantes aos, 46, 68; caos administrativo dos, 219-20; crueldade e brutalidade dos, 15, 59-60, 105; Departamento de Segurança dos, 111; em Nuremberg (cidade), 236; implicados no incêndio no Reichstag, 74; incursão nazista na Baviera, 63, 73-87; nos julgamentos de Nuremberg, 236; oposição aos, 112, 133, 152-3, 199; perseguição ao judeus, 89-90, 106, 111, 187, 192-3, 220, 233, 239; poder crescente dos, 30, 49, 58, 68, 107, 153, 163, 180-98; reputação internacional dos, 174, 184, 188, 190, 195; restrições de Hindenburg aos, 75; rumores sobre atrocidades dos, 89-90; supressão da democracia pelos, 180; terminologia para, 24n; violência interna entre os, 220
Nefzger, Sebastian, 111, 116, 218, 254; alegado suicídio de, 206, 208-10, 263; morte por estrangulamento de, 211-2, 215, 222, 238, 245, 257-8, 263-4
Neumann, Hans, 157
Neumann, Max, 89, 289n
Neurath, Konstantin von, 189, 194-7, 199, 301n
New York Times, 93, 199, 229; relatos sobre Dachau no, 93-4, 96-9, 101, 109, 137, 229-30, 232
New Yorker (revista), 17
Nobel, Prêmio, 44
Nolde, Emil, 177
Nuremberg (cidade), 43-4, 47, 97, 108, 203
Nuremberg, Tribunal Militar Internacional em, 11-5, 17-8, 57, 74, 86-7, 189, 192, 204-5, 221, 236-9; Carta do, 239; réus no, 12-3, 236-7, 307n
Nürnbergk, Werner, 109, 167-8, 201, 207-11, 215, 219, 258, 303n; forte evidência contra, 173; indiciamento de, 213, 215; substituição de, 242

Oppenheimer, Hans, 157-8, 298n
Ossietzky, Carl von, 92

Pacelli, cardeal, 188-9
Palácio Montgelas (Munique), 79, 81-2, 84, 134
Palácio Wittelsbach (Munique), 31, 134, 216, 221, 243, 294n

Papen, Franz von, 22, 183, 185, 188-90, 288*n*, 301*n*
Paris, 110
Partido Comunista Alemão, 48-9, 142, 183
Partido Nacional Socialista dos Trabalhadores Alemães, 60, 217, 238
Partido Popular da Baviera, 76, 78, 84-5
Partido Social-Democrata da Alemanha, 46, 57, 153, 162
Páscoa, anistia da (1933), 21-5, 42, 52, 67, 94, 96, 110, 163
paz, defesa da, 44-5, 51
Pfanzelt, Friedrich, padre, 67, 94, 286*n*
Pio XI, papa, 188
Pitzer, Franz Xavier, 240, 307-8*n*
polícia, 147, 163, 169, 224, 240; autoridade em Dachau transferida da polícia bávara para a SS, 65, 105-6, 108, 218-9; como guarda do campo de Dachau, 31, 103-5, 108, 157, 174; Hitler e a, 111; integridade da, 213
Polônia, 13, 188, 242
Popoff, 226
Praga, 110, 137
Primeira Guerra Mundial, 28, 44, 242; armistício de Natal na, 25; brutalização psicológica da, 125; Flamm na, 27; Hartinger na, 128, 130; judeus como veteranos da, 185-6; status de proteção para veteranos da, 51
prisão de Stadelheim (arredores de Munique), 64
prisioneiros políticos, 22, 30, 103, 178, 199
propaganda: Goebbels como chefe da, 194; nas relações exteriores da Alemanha, 192-9; nazista, 195
propaganda de terror (*Greuelpropaganda*), 92
Prússia, 77-8, 80, 124, 127, 161, 183, 186
Putsch da Cervejaria (1923), 56-9, 107, 245

Quatro anos de assassinatos políticos (Gumbel), 7, 55, 123

Rahm, Joseph, 138-40
rebenques, 115, 139-40, 156, 178
Reconstrução cirúrgica completa (Bergmann), 63
Reichstag, 23, 48, 55, 59, 73-5, 77, 118, 180-1, 183, 192-4, 226, 287*n*, 302*n*; indiciamentos pelo ataque incendiário ao, 226
Reitinger, *Frau*, 23
Renânia, Comissão da, 127
República Soviética da Baviera, 29, 103, 130, 292*n*
revisões judiciais (*Spruchkammerverfahren*), 246, 276
Ribbentrop, Joachim von, 133
Richardi, Hans-Günter, 17, 282-3*n*, 290-2*n*, 297-8*n*, 305-6*n*
Rilke, Rainer Maria, 29
Rogen, Hans, 138
Röhm, Ernst, 79, 82, 110, 219
Roma, 56, 174, 188, 234
Roosevelt, Franklin D., 189, 192, 194, 197
Rosenberg, Alfred, 12; fracasso diplomático de, 189-91
Rosenfelder, Albert, 253
Ruprecht, príncipe da Baviera, 78

Rússia, 194, 205, 243; *ver também* União Soviética

SA (*Sturmabteilung*), 13, 59, 65, 79-80, 82, 90, 93, 118, 138, 182-3, 195, 219-22

Schacht, Hjalmar, 12, 174, 189-90, 197-8, 277, 302*n*

Schaper, Friedrich, 142, 148, 293*n*, 296-7*n*

Scharnagel, Horst, 36, 283*n*

Schelskorn, capitão, 166, 167

Schemm, Hans, 82

Schindler, Oskar, 234, 297-8*n*

Schlägergruppe (equipe de chicoteadores), 115, 122, 139

Schleicher, Kurt von, 22, 300*n*

Schlemmer, capitão, 104-5, 108, 137

Schliersmaier, Franz, 23

Schloss, Louis, 156, 253; suposto suicídio de, 156-7, 166-9, 173, 202, 211-2, 215-6, 222, 238, 244-6, 255, 261, 297*n*, 299*n*

Schmidt, Max, 33, 164, 259

Schöberl, Anton, 159-60, 204, 298*n*, 303*n*

Schule der Gewalt (Richardi), 17, 282-3*n*, 290-2*n*, 297-8*n*, 305-6*n*

Schuler, Emil, 91, 102, 106, 108, 138, 143-4, 156, 282*n*, 286*n*, 290-3*n*, 296*n*, 298*n*

Schutzhaft (custódia preventiva), 24, 41, 50, 52, 59, 63, 68, 97, 104-5, 125, 136, 154, 178, 200, 221, 253, 258, 266-7

Schutzstaffel *ver* SS

Segunda Guerra Mundial, 233, 241-2, 285*n*

Seidel, Hanns, 247

serviço público, judeus banidos do, 185-6

Siebert, Ludwig, 82, 85, 88, 219, 228, 305*n*

Simon, John, 190

sistema judicial alemão, 55, 126, 163-5

Socorro Vermelho, 138

Spitzweg, Carl, 177

Spruchkammerverfahren (revisões judiciais), 246, 276

SS (*Schutzstaffel*), 79, 86, 138-41, 165, 195, 213, 216-7, 219-21; anistia para a, 222; atrevimento cada vez maior da, 163; como ameaça a Hartinger, 227; como guardas do campo de Dachau, 18, 31, 36, 65, 95-6, 101, 104-6, 108-10, 120, 148, 155-6, 171, 173, 178, 201-2, 212, 230, 238; criminalidade da, 12, 14, 57, 151, 237-9; estrutura e natureza da, 14; Flamm ameaçado pela, 250; juramento de obediência da, 205; lealdade como valor enaltecido pela, 221, 229; Tropa de Assalto de Hitler (*Stosstrupp Hitler*) como precursora da, 56

Stálin, Ióssif, 23

Steinbrenner, Hans, 35, 107, 109, 130, 203, 257, 277, 282*n*, 290-3*n*, 296-8*n*, 303*n*, 306*n*, 308*n*; argumentação e autojustificação de, 244-5; brutalidade sádica de, 114-21, 139-43, 145, 150, 157-9, 188; carta a Hartinger de, 245; dilema para um assassinato por parte de, 204-5; prisão, julgamento e condenação de, 243-5; suicídio de, 245

Stenzer, Franz, 148; morte a tiro de, 232, 264
Storey, Robert, 13
Stosstrupp Hitler (Tropa de Assalto de Hitler, precursora da SS), 56-8, 249
Strafprozessordnung (Código de Processo Criminal), 33, 131-2, 160, 166, 173, 207, 212
Strauss, Alfred: morte a tiro de, 200-4, 211-2, 215-6, 229, 238, 245-6, 256-7, 262
Strauss, Louis, 233
Streicher, Julius, 12, 85, 253
Strohle, Maria, 23
Sturmabteilung (SA), 13, 59, 65, 79-80, 82, 90, 93, 118, 138, 182-3, 195, 219-22
Stürmer, Der, 12, 85, 156, 253
Suécia, 184, 301*n*
Suíça, 81
suicídio: de Himmler, 13, 237; de Hitler, 12, 237; de Steinbrenner, 245; instigação ao, 120-1, 143, 145; supostos suicídios, 136, 143, 208, 215, 232, 255, 260, 263, 267; taxa alemã de, 194

Tanell, 226
Taylor, Telford, 13, 14, 279*n*
Tchecoslováquia, 296*n*
Teufelhart, padaria (Dachau), 178
Thälmann, Ernst, 181
Thurn und Taxis, Gustav von, conde, 113
Toller, Ernst, 103
Torgler, Ernst, 226
Totenkopf Verbände (Unidades da Caveira), 14, 239
trens de brinquedo, 43

Tropa de Assalto de Hitler (*Stosstrupp Hitler*, precursora da SS), 56-8, 249
Truman, Harry S., 236
Tucholsky, Kurt, 132, 294*n*

Ultsch, Heinrich, 37, 283*n*, 286*n*
União Soviética, 293*n*; invasão nazista da, 242
Unidades da Caveira (*Totenkopf Verbände*), 14, 239
Universidade Friedrich Alexander, 41, 45, 283*n*
Universidade Ludwig Maximilian, 109, 128, 131, 294*n*
Unterhuber, Johann, 150, 157, 166

Van der Lubbe, Marinus, 226
Varsóvia, 188
Vaticano, 188
Verme dos livros, O (quadro de Spitzweg), 177
Versalhes, Tratado de (1919), 29, 45, 187, 192, 194
violência na Alemanha, raízes históricas da, 123-35
Vogel, Anton, 92, 118-21, 139-41, 148-9, 167, 204, 303*n*
Vogt, juiz, 226
Völkischer Beobachter (jornal), 73, 80, 146, 161, 189-90, 226, 286-7*n*, 289*n*, 298*n*, 306*n*

Wäckerle, Elfried Rupp, 242
Wäckerle, Hilmar: assassinatos ordenados por, 204, 245; campo de Dachau administrado por, 18, 35, 91, 130, 137, 154, 159, 165-7, 171, 203-5, 211, 218-9, 242-3, 245, 250; como nazista, 107; correspondente

do *New York Times* recepcionado por, 93-7, 101, 137; demitido de Dachau, 229, 232, 242; discliplina brutal instituída por, 101-12, 136; forte evidência contra, 173; indiciamento de, 213-6, 226, 236; morte de, 242-3; na Primeira Guerra Mundial, 242; natureza cruel de, 32, 39, 60, 70, 114-7, 138-42, 147, 159; relato dos tiros por, 97-9

Waffen-ss, 242-3

Wagner, Adolf, 25, 30, 67, 79, 82, 85, 104, 130, 217-9, 225, 228, 236, 240, 281*n*

Wallenberg, Raoul, 234

Washington, D.C., 188-9, 194, 197, 302*n*, 307*n*

Weimar, República de, 29, 46, 56, 76-8, 87, 126, 132, 181-4, 194

Westarp, condessa von, 113

Weyrauther, Herman, 298*n*

Wiblishauser, Rudolf, 146, 296*n*

Wicklmayr, Karl Friedrich, 109, 145, 148-9, 165, 211, 227, 254, 260-1, 277, 303*n*, 308*n*; confissão e condenação de, 245-6

Wieland, Ludwig, 171, 299*n*

Wiener, dr.: assassinato de, 59

Winkler, Max, 106, 108, 169-71, 218, 299*n*

Wintersberger, Karl, 53-9, 61, 84, 202-3, 210, 213, 241, 244, 248, 250, 276, 285*n*, 298*n*, 304-5*n*; acusação padrão de, 202, 212; alegações de Hartinger descartadas por, 60, 70, 99-100, 206, 213, 227, 248; em cooperação com as investigações de Hartinger, 224, 227; encontro de Himmler com, 216-22, 225, 227, 248, 304*n*

Wintrich, Josef, 85, 246

Wircerburgia, clube (Bamberg), 151, 161

Wirthgen, Willy, 138

Wülfert (açougueiro), 178

Wünsch, Ferdinand, 100

Ybarra, Thomas Russell, 192-4, 289*n*, 300*n*, 302*n*

Zahneisen, Lorenz, 153

Zyklon B, 233

ESTA OBRA FOI COMPOSTA EM MINION PELO ACQUA ESTÚDIO E IMPRESSA
PELA RR DONNELLEY EM OFSETE SOBRE PAPEL PÓLEN SOFT DA SUZANO
PAPEL E CELULOSE PARA A EDITORA SCHWARCZ EM MAIO DE 2017

A marca FSC® é a garantia de que a madeira utilizada na fabricação do papel deste livro provém de florestas que foram gerenciadas de maneira ambientalmente correta, socialmente justa e economicamente viável, além de outras fontes de origem controlada.